TRADUÇÕES, LÍNGUAS E ENSINO

Catalogação na Fonte
Elaborado por: Josefina A. S. Guedes
Bibliotecária CRB 9/870

T763t
2023

Traduções, línguas e ensino / Carmem Praxedes, Marcelo Costa Sievers (orgs.). – 1. ed. – Curitiba: Appris, 2023.
228 p. ; 23 cm. – (Linguagem e literatura).

Inclui referências.
ISBN 978-65-250-5354-7

1. Tradução e interpretação. 2. Língua portuguesa – Estudo e ensino. 3. Língua italiana – Estudo e ensino. 4. Semiótica. 5. Eco, Umberto, 1932-2016. I. Praxedes, Carmem. II. Sievers, Marcelo Costa. III. Título. IV. Série.

CDD – 418.02

Livro de acordo com a normalização técnica da ABNT

Appris editora

Editora e Livraria Appris Ltda.
Av. Manoel Ribas, 2265 – Mercês
Curitiba/PR – CEP: 80810-002
Tel. (41) 3156 - 4731
www.editoraappris.com.br

Printed in Brazil
Impresso no Brasil

Carmem Praxedes
Marcelo Costa Sievers
(org.)

TRADUÇÕES, LÍNGUAS E ENSINO

FICHA TÉCNICA

EDITORIAL	Augusto Coelho Sara C. de Andrade Coelho
COMITÊ EDITORIAL	Marli Caetano Andréa Barbosa Gouveia - UFPR Edmeire C. Pereira - UFPR Iraneide da Silva - UFC Jacques de Lima Ferreira - UP
SUPERVISOR DA PRODUÇÃO	Renata Cristina Lopes Miccelli
PRODUÇÃO EDITORIAL	Bruna Holmen
REVISÃO	Isabela do Vale Poncio
DIAGRAMAÇÃO	Jhonny Alves dos Reis
CAPA	Carlos Pereira
1ª REVISÃO	Fernanda da Conceição Pacobahyba de Souza
2ª REVISÃO	Marcelo Costa Sievers
3ª SUPERVISÃO	Carmem Praxedes

de Carmem Praxedes
A minha avó Maria José Cruz (in memoriam).
de Marcelo Sievers
Aos que nos trouxeram até aqui,
E àqueles que levaremos conosco.

AGRADECIMENTOS

De Carmem Praxedes

À UERJ.

À USP.

Aos e às estudantes.

De Marcelo Sievers

Aos meus professores de toda a vida.

O amor é mais sábio que a sabedoria.
(Umberto Eco)

SUMÁRIO

INTRODUÇÃO

Tradução, línguas e ensino

A proposta de organização deste livro tem uma história que começa com a leitura de *A busca da língua perfeita na cultura europeia*, de Umberto Eco, em italiano e português brasileiro no final de 2019 e início de 2020, quando estávamos excepcionalmente felizes por podermos gozar as férias de janeiro com o bônus de termos o mês de fevereiro para preparamos as aulas. Então, não teríamos de dedicar parte do nosso descanso à tal tarefa.

Paradoxalmente ao senso comum, a nossa escolha não foi senão uma que de todas as formas nos envolveu na reflexão, tanto do ensino, quanto da pesquisa! E isso tem uma significação muito profunda para nós; a de quanto uma oportunidade aparentemente de lazer pode favorecer o desenvolvimento do trabalho. E isso se dá porque temos uma visão de mundo construída e focada na profissão; que é uma das formas por nós escolhida de ser, estar e nos relacionarmos com o mundo; visto que, se o trabalho nos satisfaz e nos completa, o levaremos conosco de forma espontânea. Todavia, isso não quer dizer que uma pausa tranquila não seja necessária, até porque o que nos move em termos de atividade laborativa é a essência da profissão e não as suas disfunções, na maioria das vezes burocráticas, que são capazes de remover o lado cor de rosa de qualquer existência, jogando-nos continuadamente para o lado cinza.

A leitura de *A busca da língua perfeita na cultura europeia* se deu pelo nosso interesse por línguas e pela obra de Umberto Eco, além de termos assumido o desafio e pedido desse autor, posto em seu testamento, de que lêssemos os seus livros ao invés de fazermos a ele homenagens, por ocasião de sua morte em 19 de fevereiro de 2016.

Não nos surpreendemos com a quantidade e qualidade das informações sobre as línguas existentes neste livro, tanto que propusemos uma ementa de disciplina eletiva para o mestrado em linguística da UERJ e a ministramos em 2020.1, a nosso ver, com bom proveito para todos e todas. Dessa disciplina foi produzida a maior parte dos textos que compõem este livro, por nós organizado com Marcelo Sievers e que possui o mesmo título que foi o tema da referida disciplina. Além disso, e ao desenvolvermos a pesquisa Traduções imperfeitas, *ma non troppo*, propusemos outro projeto de pesquisa mantendo o tema da tradução, mas em diálogo com as línguas e o ensino, em que se destaca a questão do omniefável (ECO, 2001, p. 44) na tradução, pois para podermos atender à expectativa geral de traduções perfeitas precisaríamos que as línguas também o fossem.

Necessariamente orbitando ao redor do tema Tradução, línguas e ensino estão os textos aqui apresentados que não se poupam em rever e repensar traduções anteriormente feitas, pondo em discussão as escolhas tradutórias para além de um ou outro achado em dicionários, mas tendo em vista a produção de sentidos e significações que cada escolha traz do texto de partida ao ser dialeticamente articulado àquele de chegada. É importante destacar que a tradução, no âmbito dos nossos projetos desenvolvidos e em desenvolvimento, é vista não apenas enquanto produto – o texto traduzido – mas também enquanto processo; a tradução *in acto* uma atividade cognitiva, sendo *a traduzibilidade uma das propriedades fundamentais dos sistemas semióticos* [...] (Greimas; Courtés, 1989, p. 465). Advém dessa perspectiva uma relação dinâmica do objeto a ser traduzido – as línguas ou qualquer signo em sua semiosfera – com o ensino e a aprendizagem, daí o título que demos à disciplina que ministramos e ao projeto que ora desenvolvemos, *Tradução, línguas e ensino* – relações intersemióticas vinculado no Programa de Pós-Graduação em Letras (PPGL) do Instituto de Letras da UERJ à linha de pesquisa *Descrição linguística e cognição*: modelos de uso, aquisição e leitura.

À guisa de exemplos, temos o texto bíblico, considerado sensível, é indubitavelmente aquele cujas traduções mais geraram polêmicas até a contemporaneidade, como nos aponta Aslonov (2015, p. 24-26), que, quando se refere ao *famoso versículo de **Isaías** 7, 14*, em que a palavra *"almāh"*, "garota", foi traduzida como *παρθένος* (*parthénos*, "virgem"), oferece um exemplo significativo da irresponsabilidade do tradutor, que não enxergou ou não quis enxergar a diferença entre as noções de "garota" e de "virgem". A tradução desse tipo de texto é um desafio a mais, bem como o desenvolvimento de estudos e pesquisas científicas sobre ele pela sua importância socioeconômico e cultural para a humanidade e sua História.

Os organizadores

AS ESCOLHAS TRADUTÓRIAS NA RETRADUÇÃO DO CONTO "FANTASTICHERIA" DE GIOVANNI VERGA

Alcebiades Arêas
Edvaldo Sampaio Belizário
Maria Aparecida Cardoso Santo

Introdução

Fantasticheria é um conto de Giovanni Verga (1840-1922) que faz parte da coletânea *Vita dei campi*, publicada pela primeira vez em 1880 e reeditada numa versão definitiva em 1897. O texto relembra, em forma epistolar, um diálogo ideal entre o narrador siciliano e uma amiga francesa que, ao passar de trem pelo pequeno vilarejo de pescadores de Aci-Trezza, encanta-se pela beleza do lugar e decide ficar ali por um mês. Entretanto, dois dias após a sua chegada, a amiga francesa se dá conta da monotonia da vida no vilarejo e, sentindo-se entediada, vai embora mais cedo do que havia pretendido ficar. O narrador, então, tenta explicar-lhe as características da vida em Aci-Trezza, descrevendo-lhe, sobretudo, como funciona aquela pequena sociedade de pescadores, na qual o apoio dos conterrâneos é fundamental para a sobrevivência. Com efeito, o narrador usa como metáfora o princípio ideal das ostras e da sociedade das formigas para se entender o mecanismo social da cidadezinha de Aci-Trezza. Tal analogia aparece no texto de *Fantasticheria* em diversas passagens e, como veremos, foi de grande ajuda para algumas das nossas escolhas tradutórias. O conto *Fantasticheria*, do século XIX, apresenta uma característica textual bem particular, como não deveria ser diferente, em relação à maioria dos textos atuais, e, portanto, procuramos manter, sob certos aspectos, algumas destas peculiaridades na nossa proposta de retradução, preocupando-nos, contudo, em não caricaturar o nosso trabalho com excesso de arcaísmos. Embora em boa parte dos contos de Verga, que pertencem à coletânea *Vita dei campi*, as personagens se expressem sem o filtro do narrador culto e onisciente, com uma linguagem simples, pobre, intercalada de expressões idiomáticas, impropérios, provérbios e frases em dialeto siciliano, em *Fantasticheria* essas características narrativas não estão presentes uma vez que retrata o diálogo entre o narrador e sua amiga francesa ambos pertencentes a uma classe social mais culta. Desta forma, o conto *Fantasticheria* nos poupou de algumas situações tradutórias mais complexas, mas nem por isso o trabalho foi menos desafiador. A nossa tradução foi feita com base na edição de 1986 da editora Oscar Mondadori. Para reforçar as nossas posições e escolhas tradutórias, confrontaremos o nosso trabalho, sempre que necessário, com as traduções já existente de Darly N. Scornaienchi (2001), em português, de C. Rivas Cherif (1920), em espanhol, e de Stanley Appelbaum (2002), em inglês. Contudo, não pretendemos, de forma alguma, condenar estes trabalhos, queremos apenas utilizá-los para reafirmar nossas posições em relação à proposta de retradução do conto *Fantasticheria* de Giovanni Verga. A nossa proposta de retradução do conto do autor italiano é fruto de uma necessidade de apresentar um trabalho com base nos avanços que o estudo da tradução obteve nos últimos anos, para, assim, oferecer ao leitor hodierno um texto de chegada harmônico e fluido sem descaracterizar a proposta do texto original.

O título do conto: um desafio à parte

O primeiro desafio que encontramos, quando nos propusemos a retraduzir o conto *Fantasticheria*, foi definir a palavra que melhor expressasse o significado do título em italiano. Segundo o dicionário italiano *Il Sabatini Coletti*, *fantasticheria* significa "imagem fantástica, ideia sem bases reais; propósito irrealizável"[1] e tem como sinônimos as palavras "quimera, fantasia, projetos fantasiosos, sonho"[2]. Aos sinônimos já mencionados, poderíamos acrescentar as palavras "devaneio", "imaginação", "utopia", "idealização", e até mesmo "extravagância" e "capricho". Como podemos observar, em um primeiro momento, todas as palavras citadas conseguiriam, de uma certa forma, corresponder a uma tradução razoável do título do conto verguiano. Por exemplo, na tradução em português, feita por Darly N. Scornaienchi (2001), o título ficou *Fantasia*, em língua espanhola, C. Rivas Cherif (1920) usou a palavra *Capricho* (*capricho*, em português) e, em inglês, Stanley Appelbaum (2002) se valeu do termo *Reverie* (*devaneio, fantasia, sonho*, em português).

Entretanto, para definirmos o termo que usaríamos na nossa retradução, fomos atrás de alguma informação dentro do próprio conto que pudesse ajudar na nossa escolha. Primeiramente, partimos do título que

---

[1] "Immagine fantastica, idea senza basi reali; proposito irrealizzabile".

[2] "Chimera, fantasia, castello in aria, sogno".

faz referência ao devanear do narrador sobre as lembranças de uma breve estadia em Aci-Trezza em companhia de uma amiga oriunda de um ambiente aristocrático e burguês. Nas suas lembranças e nas suas reflexões sobre o local, colocadas na carta enviada à amiga, que dá forma ao conto, encontramos um trecho interessante que nos fez pensar em uma ideia de "devanear", "conceber na imaginação", "divagar com o pensamento", "sonhar com olhos abertos", inclinando-nos a escolher o termo "devaneio": "Além das lembranças felizes que você me deixou, tenho centenas de outras, vagas, confusas, dispersas, recolhidas aqui e ali, já não sei mais onde; talvez algumas sejam lembranças de sonhos tidos com olhos abertos" (a tradução é nossa).[3]

Em seguida, ainda receosos quanto à escolha da tradução do título *Fantasticheria* em português, buscamos na literatura crítica de Verga algum comentário que pudesse consolidar a nossa decisão. A este propósito, foi-nos útil o raciocínio de Luperini (2015) de que o sentimento de romântica ilusão que leva a amiga francesa do narrador, num primeiro momento, a encantar-se com as belezas da ilha siciliana, parte do princípio que o ambiente rústico é frequentemente visto de uma perspectiva de sonhos com olhos abertos em uma espécie de *devaneio*, mas, quando apresentado do ponto de vista da gente pobre, que vive nele, a impressão inicial acaba se contrapondo às paixões impetuosas e incessantes das grandes cidades, transformando o sentimento de deslumbramento em uma inevitável sensação de tédio que se confunde com uma melancolia sufocante. De grande importância, também, para a escolha do termo "devaneio", como título em português do conto *Fantasticheria,* foi a tradução feita por Mário da Silva da palavra francesa *rêverie,* no livro *Fundamentos de literatura italiana,* de Christian Bec, no seguinte trecho (BEC, 1984, p. 323): "Os assaltos conjugados da história e da natureza a levam a reagir como a ostra da novela *Fantasticheria* (*Devaneio*)..."[4]. Após estas constatações, pareceu-nos, portanto, apropriada a palavra "devaneio", confirmando o nosso gosto inicial, visto que o termo, na sua inteira acepção, assimila as ideias de "sonho", "utopia", "quimera", "fantasia", "delírio", "extravagância", "capricho", "imaginação", que a palavra italiana *fantasticheria* transmite a partir da impressão final deixada pela leitura do conto do autor italiano.

---

[3] "Oltre i lieti ricordi che mi avete lasciati, ne ho cento altri, vaghi, confusi, disperati, raccolti qua e là, non so più dove; forse alcuni son ricordi di sogni fatti ad occhi aperti". **Fantasticheria**, G. Verga – p. 123.

[4] "Les assauts conjugues de l'histoire et de la nature l'amènent à réagir comme l'huître de la nouvelle *Fantasticheria* (*Rêverie*)..." – texto original (BEC, Christian. **Précis de littérature italienne**. Paris: Presses Universitaires de France, 1982, p. 340).

O caso do pronome *voi*

Em *Fantasticheria*, Verga se dirige à sua amiga utilizando o pronome de tratamento *voi* que, em um primeiro momento, pode sugerir uma tradução mais formal em português: "senhora". Foi o que aconteceu, por exemplo, na tradução de Darly N. Scornaienchi (2001):

> Una volta, mentre il treno passava vicino ad Aci-Trezza, voi, affacciandovi allo sportello del vagone, esclamaste: «Vorrei starci un mese laggiù!» (*Fantasticheria*, G. Verga – p. 121).
>
> Certa vez, enquanto o trem passava por perto de Acitrezza, a senhora chegando-se à janelinha do vagão, exclamou: - Eu queria ficar lá um mês! (*Fantasia*, Darly N. Scornaienchi – p. 179).

Entretanto, ao verificarmos uma certa intimidade entre o narrador personagem e a sua interlocutora, consideramos que a utilização do pronome "você" seria compatível, mesmo tratando-se de uma literatura do século XIX, uma vez que nas obras brasileiras do mesmo período o uso deste pronome já se faz presente. Além disso, a língua italiana usou por diversos séculos a tripartição dos pronomes *tu*, *voi* e *Lei* de um modo bem consistente. Enquanto *tu* teve sempre a função de uma variante não formal e *Lei* era usado num contexto de máxima formalidade, o *voi*, por sua vez, era de uso mais difuso e não marcado (Puato, 2016, p. 111). Fundamentados, então, no que colocamos aqui, fizemos a seguinte tradução do trecho inicial do conto do autor italiano:

> Certa vez, enquanto o trem passava próximo a Aci-Trezza, você, olhando pela janela do vagão, exclamou: - Gostaria de ficar um mês ali! (*Devaneio*, tradução nossa).

Corrobora com o nosso entendimento em relação ao pronome *voi*, usado por Verga, a tradução do conto *Fantasticheria* feita em espanhol (1920). Nela, o tradutor Rivas Cherif usou o pronome *tú*, que não tem em espanhol a formalidade do pronome *usted*, para traduzir a forma alocutiva *voi*:

> E si indovinava che lo sapevate anche voi dal modo col quale vi modellavate nel vostro scialletto... (*Fantasticheria*, G. Verga – p. 122).
>
> Y bien se adivinaba que tú lo sabías, según la manera de modelar a tu cuerpo el chal... (*Capricho*, C. Rivas Cherif – p. 58).

Esta escolha reforça a ideia (Pauto, 2016) de que a forma alocutiva *voi* tinha um uso menos marcado em relação à formalidade nas relações interpessoais, podendo ser usado como pronome de tratamento em contextos mais informais com interlocutores com os quais se tem um certo grau de confidência. Consolidamos, então, a nossa preferência pelo uso do pronome "você" como tradução do pronome italiano *voi* estendendo este entendimento aos pronomes e verbos ligados a ele no corpo do texto verguiano, como podemos ver nos seguintes exemplos:

> Noi vi ritornammo e vi passammo non un mese, ma quarantott'ore; i terrazzini che spalancavano gli occhi vedendo i vostri grossi bauli avranno creduto che ci sareste rimasta un par d'anni. (*Fantasticheria*, G. Verga – p. 121).
>
> Nós voltamos lá e passamos não um mês, mas quarenta e oito horas; os habitantes, que arregalavam os olhos vendo seus enormes baús, teriam acreditado que você permaneceria ali por alguns anos. (*Devaneio*, tradução nossa).
>
> [...] e mi faceva pensare a voi, sazia di tutto, perfino dell'adulazione che getta ai vostri piedi il giornale di moda, citandovi spesso in capo alla cronaca elegante – sazia così da inventare il capriccio di vedere il vostro nome sulle pagine di un libro. (*Fantasticheria*, G. Verga – p. 124).
>
> [...] e me fazia pensar em você, farta de tudo, até mesmo da bajulação que a revista de moda lança aos seus pés, frequentemente citando-a na elegante crônica – tão farta a ponto de inventar o capricho de ver seu nome nas páginas de um livro. (*Devaneio*, tradução nossa).
>
> Quando scriverò il libro, forse non ci penserete più; intanto i ricordi che vi mando, così lontani da voi in ogni senso, da voi inebbriata di feste e di fiori, vi faranno l'effetto di una brezza deliziosa, in mezzo alle veglie ardenti del vostro eterno carnevale. (*Fantasticheria*, G. Verga – p. 124).
>
> Quando eu escrever o livro, talvez você não pense mais nele; entretanto, as lembranças que lhe mando tão distantes, em todos os sentidos, de você, embriagada de festas e de flores, vão lhe provocar o efeito de uma brisa deliciosa, em meio aos ardentes festejos de seu eterno carnaval. (*Devaneio*, tradução nossa).

O caso dos sufixos nominais com noção de diminuição e de afetividade

Muito recorrente no texto verguiano é a utilização de sufixos nominais com noção de diminuição e de afetividade. Em língua italiana sua utilização, muitas vezes, tem um valor expressivo que em português obriga o tradutor a buscar soluções variadas para que a escolha tradutória não provoque nenhuma estranheza ao texto de chegada.

É interessante observar, num primeiro momento, que os sufixos nominais diminutivos -inho, -inha, -zinho, -zinha, muitas vezes, podem dar à palavra modificada uma significação que vai além das suas funções primordiais, ou seja, a de diminuir em relação ao normal e a de determinar afetividade. Sendo assim, de acordo com a necessidade estilística de quem faz uso deste recurso, o sufixo diminutivo pode expressar redução: *As crianças brincavam na casinha da árvore*; proximidade: *Viu toda a cena de pertinho*; afetividade: *Que comidinha gostosa a sua avó faz!*; depreciação: *Que mulherzinha vulgar!*; completude: *Não está faltando nada no seu relatório, está certinho*; familiaridade: *Paulinho, não faça isso!*; superlativo absoluto: *Essa bola é redondinha*; superlativo relativo: *Entre aqueles bebês, há um que é pequenininho*.

Outro ponto que devemos observar em relação ao uso dos sufixos nominais diminutivos é a nova significação que, em alguns casos, este recurso gramatical dá à palavra, afastando-se da sua função inicial de flexioná-la. Se tivéssemos que traduzir a palavra italiana *camicina*, modificada pelo sufixo diminutivo *-ina*, teríamos que levar em consideração a melhor adequação dela em português, uma vez que "camisinha", cuja tradução leva em conta o sufixo, provocaria, certamente, um embaraço textual. Atualmente, na língua portuguesa do Brasil, a palavra "camisinha" já não é mais usada para significar camisa pequena, mas sim, preservativo usado nas relações sexuais. Por conta disso, o cuidado que o tradutor deve ter com palavras modificadas por sufixos deve ser redobrado para que a sua tradução não crie nenhuma situação de embaraço para o texto de chegada.

A língua italiana é repleta de sufixos nominais que são usados em larga escala pelos autores italianos, principalmente quando querem dar às palavras conotação diminutiva e afetiva (*-ino, -ina, -etto, -etta, -uccio, -uccia, -ello, -ella, -ellino, -ellina, -erello, -erella, -ettino, -ettina*). Verga não é exceção, pois no seu texto encontramos inúmeros casos de uso dos sufixos com noção de diminuição e afetividade. Para a tradução dessas palavras encontradas no conto *Fantasticheria*, servimo-nos de três recursos, levando sempre em consideração a melhor adequação ao texto em português: 1) o uso do sufixo nominal diminutivo (forma sintética); 2) o uso de um adjetivo de valor diminutivo (forma analítica); 3) o uso da palavra não flexionada desconsiderando-se o sufixo. Vejamos alguns exemplos:

> Col pretesto d'imparare a remare vi faceste sotto il guanto delle bollicine che rubavano i baci... (*Fantasticheria*, G. Verga – p. 121).
>
> Com o pretexto de aprender a remar, você fez aparecer bolhinhas sob a luva que clamavam por beijos... (*Devaneio*, tradução nossa).

No trecho acima, para traduzir o substantivo *bollicine*, poderíamos ter utilizado os três recursos aqui apresentados, ou seja, a tradução com a utilização da forma sintética "bolhinhas", com a forma analítica "pequenas bolhas" ou com a forma "bolhas" renunciando à flexão do substantivo. Todas as opções não comprometeriam o texto de chegada, contudo, acompanhamos o texto original usando a forma sintética "bolhinhas" para ficar mais evidente a carga afetiva que a palavra tem na língua-fonte, afinal são "bolhinhas que clamavam por beijos".

Outro exemplo em que o sufixo diminutivo usado no texto original se integra perfeitamente ao texto de chegada foi verificado no trecho em que o narrador faz referência às formigas que a amiga afastava com um guarda-chuva:

> Qualcuna di quelle povere bestioline sarà rimasta attaccata alla ghiera del vostro ombrellino, torcendosi di spasimo. (*Fantasticheria*, G. Verga – p. 123).
>
> Alguma daquelas pobres criaturinhas terá ficado grudada à ponta de seu guarda-chuva, contorcendo-se de dor. (*Devaneio*, tradução nossa).

Como podemos ver, o uso do diminutivo foi bastante apropriado, porque a palavra "criaturinhas" se adequa perfeitamente às ideias de dimensão minúscula e de compaixão que o vocábulo italiano *bestioline* confere ao texto. O sufixo -inha dá à palavra "criatura" a noção de diminutivo por se referir às formigas e transmite a ideia de compaixão porque vem reforçada pelo adjetivo "pobre". Entretanto, acompanhar o texto original quanto ao uso do sufixo nominal diminutivo nem sempre foi a nossa melhor opção, como podemos observar no seguinte exemplo:

> [...] e in cima allo scoglio, sul cielo trasparente e profondo, si stampava netta la vostra figurina, colle linee sapienti che ci metteva la vostra sarta, e il profilo fine ed elegante che ci mettevate voi. – Avevate un vestitino grigio che sembrava fatto apposta per intonare coi colori dell'alba. (*Fantasticheria*, G. Verga – p. 121-122).

> [...] e no topo da rocha, no céu transparente e profundo, estava estampada com nitidez sua graciosa silhueta, com o impecável corte que sua costureira lhe punha, e o perfil fino e elegante que você lhe imprimia. – Você trajava um belo vestido cinza que parecia feito especialmente para combinar com as cores do alvorecer. (*Devaneio*, tradução nossa).

As duas palavras modificadas pelo sufixo diminutivo na língua-fonte, foram traduzidas, como podemos observar, com o auxílio da forma analítica. Escolhemos utilizar este recurso, porque entendemos que o uso dos adjetivos "graciosa" e "belo" reforçam a ideia de beleza vislumbrada pelo narrador em relação à figura de sua amiga. Além disso, não nos pareceu adequado usar as formas sintéticas "figurinha", "linhazinha", "corpinho" ou "silhuetinha" para a palavra italiana *figurinha* e "vestidinho" para *vestitino*, uma vez que tais escolhas poderiam tirar a intencionalidade discursiva delas no texto original. Com efeito, qualquer uma das soluções apresentadas com o uso do sufixo diminutivo dá ao texto de chegada, em nossa opinião, uma conotação que reduz o valor expressivo do texto de partida no qual nos é muito clara a ideia de contemplação da beleza feminina e do vestido. Contudo, não queremos, aqui, condenar nenhum trabalho que tenha tido um entendimento diferente do nosso, pois sabemos que jamais haverá uma uniformidade textual, principalmente, quando envolve o universo da tradução. É o caso, por exemplo, da tradução de Darly N. Scornaienchi (2001):

> [...]enquanto em cima do recife, no céu transparente e profundo, se estampava, clara, a sua figurinha, com as linhas sábias que sua costureira lhe dava e com o perfil fino e elegante que a senhora lhe imprimia. A senhora usava um vestidinho cinza que parecia feito de propósito para combinar com as cores da aurora. (*Fantasia*, Darly N. Scornaienchi – p. 180).

Outro exemplo em que o uso do sufixo diminutivo em italiano pode desvirtuar o texto de chegada é observado no seguinte trecho:

> [...] la mantellina di quella donnicciola freddolosa, accoccolata, poneva un non so che di triste e mi faceva pensare a voi... (*Fantasticheria*, G. Verga – p. 124).
>
> [...] a capa daquela pobre mulher friorenta, agachada, dava um ar de tristeza e me fazia pensar em você... (*Devaneio*, tradução nossa).

Se a nossa tradução para a palavra *donnicciola* fosse feita com a forma sintética "mulherzinha", não teríamos conseguido transmitir a ideia de compaixão que o narrador demonstra em relação à mulher. Por sua vez, "pobre mulher" transmite melhor a conotação que o sufixo diminutivo dá a palavra italiana, enquanto "mulherzinha" confere um valor pejorativo incompatível com o texto de partida.

Num outro fragmento, para encontrarmos uma solução tradutória para o termo *poveretto*, tivemos que nos valer de um substantivo ao invés de um adjetivo que seria o recurso mais usual nas traduções de palavras modificadas por sufixo, quando se usa a forma analítica.

> [...] non saper capire i meschini guai che il poveretto biascicava nel suo dialetto semibárbaro. (*Fantasticheria*, G. Verga – p. 124).
>
> [...] não conseguir entender os míseros queixumes que o pobre homem murmurava em seu dialeto semibárbaro. (*Devaneio*, tradução nossa).

Como vimos, optamos pela expressão "pobre homem" para traduzir a palavra *poveretto*, embora reconheçamos que "pobrezinho" poderia ter produzido o mesmo efeito. Entretanto, entendemos que a expressão "pobre homem", em português, expressa com maior sobriedade a ideia de compaixão observada no texto de partida.

Em outro trecho, decidimos mais uma vez traduzir a palavra *poveretto* usando a forma analítica, mas com o substantivo "coitado" no lugar de "homem". A mudança se deu, porque neste contexto a ideia de desventura recai com mais intensidade sobre o substantivo "coitado" do que recairia sobre o substantivo "homem".

> [...] come quel poveretto che è rimasto a Pantelleria. (*Fantasticheria*, G. Verga – p. 126).
>
> [...] como aquele pobre coitado que permaneceu na prisão de Pantelleria. (*Devaneio*, tradução nossa).

No próximo exemplo, o efeito que o sufixo diminutivo dá à palavra italiana *pezzentelli* não encontra boa aceitação no português, pois "pedintezinho" ou "mendiguinho" são soluções que dão ao texto em português uma sonoridade desagradável. Por este motivo, demos a preferência a uma tradução pela forma analítica "pequenos pedintes", tornando o texto de chegada mais agradável aos ouvidos.

> [...] e popoleranno Aci-Trezza di altri pezzentelli... (*Fantasticheria*, G. Verga – p. 127).
>
> [...] e povoarão Aci-Trezza com outros pequenos pedintes... (*Devaneio*, tradução nossa).

Muitas vezes, as palavras formadas por sufixo diminutivo não têm o mesmo apelo na língua-alvo que demonstram ter na língua-fonte, mesmo considerando-se a possibilidade da tradução pela forma analítica. Nestes casos, desconsiderar o sufixo modificador se transforma em uma solução bem atraente.

> - Un bel quadretto davvero! E si indovinava che lo sapevate anche voi dal modo col quale vi modellavate nel vostro scialletto... (*Fantasticheria*, G. Verga – p. 122).
>
> - Uma linda cena, de fato! E se intuía que você também sabia disso, pelo modo como se amoldava a seu xale... (*Devaneio*, tradução nossa).

No texto original, a palavra *quadretto* (quadrinho), reforçada pelo adjetivo *bel* (belo), tem uma carga semântica que, em língua italiana, passa ao leitor uma ideia perfeita de ternura estendida mais adiante ao substantivo *scialletto* (xalinho). Contudo, a harmonia do texto original se perde no português se utilizarmos o sufixo diminutivo, pois as expressões "uma bela ceninha", "um belo quadrinho" e "xalinho" não passam a mesma sensação de afetividade observada na língua italiana. Em tal caso, tivemos o consenso de outras traduções:

> Um belo quadro, realmente! E se podia adivinhar que a senhora também o sabia, através do modo pelo qual se arrumou em seu pequeno xale... (*Fantasia*, Darly N. Scornaienchi – p. 180).
>
> ¡Lindo cuadro en verdade! Y bien se adivinaba que tú lo sabías, según la manera de modelar a tu cuerpo el chal... (*Capricho*, C. Rivas Cherif – p. 58).
>
> - Really a lovely picture! And it was easy to guess that you knew it, too, from the way in which you draped your-self in your shawl... (*Reverie*, Stanley Appelbaum – p. 43)[5].

Menos frequentes, em se tratando do texto verguiano, foram os casos em que a palavra italiana apareceu desprovida do sufixo diminutivo, mas a sua utilização no texto de chegada se fez necessária para dar maior clareza à tradução. Eis alguns exemplos:

> Il giorno in cui ritornerete laggiù, se pur ci ritornerete, e siederemo accanto un'altra volta, a spinger sassi col piede... (*Fantasticheria*, G. Verga – p. 124).

[5] Lembramos que na língua inglesa, para a formação do diminutivo, utiliza-se a forma analítica através dos adjetivos *little*, *small* e *tiny*. Deste modo, as palavras italianas *quadretto* e *scialletto* correspondem, respectivamente, em inglês às formas *little picture* e *little shawl*.

> No dia em que você voltar lá, se voltar mesmo, e nos sentarmos lado a lado outra vez, movendo pedrinhas com o pé... (*Devaneio*, tradução nossa).

A mesma necessidade foi verificada no fragmento:

> [...] allorquando uno di quei piccoli, o più debole, o più incauto, o più egoista degli altri... (*Fantasticheria*, G. Verga – p. 127).
>
> [...] quando um daqueles pequeninos, ou mais fraco, ou mais imprudente, ou mais egoísta que os outros... (*Devaneio*, tradução nossa).

Outro exemplo curioso foi a reduplicação do adjetivo *cheto* (quieto) no texto original feita com valor superlativo. Neste trecho, *cheto cheto* tem um significado equivalente a "muito quieto" em português. Todavia, encontramos no uso do sufixo diminutivo um recurso muito válido para trazer a expressão italiana ao texto de chegada:

> Eppure in quei momenti in cui si godeva cheto cheto la sua "occhiata di sole" accoccolato sulla pedagna della barca... (*Fantasticheria*, G. Verga – p. 125).
>
> Contudo, naqueles momentos em que ele relaxava quietinho sob o sol, agachado sobre a premedeira do barco... (*Devaneio*, tradução nossa).

O caso dos tempos verbais: a estratégia da adaptação

O conto *Fantasticheria,* conduzido em discurso direto segundo o artifício da carta escrita pelo autor a uma amiga pertencente à classe burguesa, contém uma estrutura narrativa que, em algumas passagens, obriga o tradutor a ter muito critério para facilitar a compreensão na língua de chegada, principalmente no que diz respeito aos tempos verbais. Apresentaremos, aqui, apenas os casos em que traduzir o tempo verbal do texto original nos exigiu o uso da estratégia da adaptação. Logo no início do conto, encontramos o tempo verbal italiano *futuro anteriore* que, estruturalmente, corresponde ao nosso futuro do presente composto do indicativo, mas que foi traduzido como pretérito perfeito simples do indicativo para dar maior clareza ao texto de chegada.

> I terrazzani che spalancavano gli occhi vedendo i vostri grossi bauli avranno creduto che ci sareste rimasta un par d'anni. (*Fantasticheria*, G. Verga – p. 121).

> Os habitantes, que arregalavam os olhos vendo seus enormes baús, acreditaram que você permaneceria ali por alguns anos. (*Devaneio*, tradução nossa).

Como podemos observar, o uso do futuro do presente composto (terão acreditado) causaria desarmonia no texto que retrata um evento passado cuja conclusão se dá com um verbo no futuro do pretérito (permaneceria), expresso mais adiante. De fato, um verbo no futuro do pretérito (permaneceria) demonstra posterioridade em relação a um tempo do passado (acreditaram) e não do futuro.

Num outro trecho, para o verbo *abbiano* (tenham), no *presente congiuntivo* (presente do subjuntivo), usamos o pretérito imperfeito do subjuntivo "tivessem" por considerar que este tempo verbal, em língua portuguesa, consegue dar maior harmonia ao texto quando combinado com a expressão "como se" (*quasi*). Vejamos o resultado:

> [...] come se la miseria fosse un buon ingrasso, strillano e si graffiano quasi abbiano il diavolo in corpo. (*Fantasticheria*, G. Verga – p. 122).
>
> [...] como se a miséria fosse um bom nutriente, gritam e se arranham, como se tivessem o diabo no corpo. (*Devaneio*, tradução nossa).

Mais comum no texto italiano e no português de Portugal, o infinitivo gerundivo (a + infinitivo) não é uma forma muito usual no português do Brasil, que tem como preferência a forma nominal do gerúndio. Sabendo disto, usamos este padrão sem nenhuma resistência, como pode ser visto no exemplo:

> Vi siete mai trovata, dopo uma pioggia di autunno, a sbaragliare un esercito di formiche tracciando sbadatamente il nome del vostro ultimo ballerino sulla sabbia del viale? (*Fantasticheria*, G. Verga – p. 123).
>
> Você já se viu, depois de uma chuva de outono, desbaratando um exército de formigas, enquanto escrevia, distraidamente, o nome de seu último par na areia da alameda? (*Devaneio*, tradução nossa).

Por outro lado, considerando o mesmo exemplo, optamos por desprezar o gerúndio na tradução em português do verbo italiano *tracciando* para usarmos o pretérito imperfeito do indicativo "escrevia". A adaptação foi possível graças ao uso da conjunção "enquanto" que reforça a ideia de uma ação em processo de realização característica do pretérito imperfeito.

No trecho que apresentaremos a seguir, mostraremos dois casos em que, para a tradução dos verbos usados em italiano no *futuro semplice*, usamos outras formas verbais diferentes do futuro do presente, mesmo sendo este o tempo verbal equivalente ao correlato italiano:

> Lo spettacolo vi parrà strano, e perciò forse vi divertirà. (*Fantasticheria*, G. Verga – p. 123).
>
> O espetáculo vai lhe parecer estranho e, por essa razão, talvez você se divirta. (*Devaneio*, tradução nossa).

No primeiro caso, usamos a forma perifrástica "vai parecer" para traduzir o verbo italiano *parrà*. Cunha & Cintra (1985) afirmam que, na língua portuguesa, a forma perifrástica do verbo ir + infinitivo é usada em substituição ao futuro do presente para indicar uma ação futura imediata. Esta forma perifrástica já tinha largo uso nos textos literários do século XIX, o que nos encorajou a utilizá-la sem receios. Em língua italiana, entretanto, esta forma verbal não tem uso difuso e não tem valor para substituir o *futuro semplice* italiano. No segundo caso, o verbo italiano *divertirà* foi usado após o advérbio *forse* (talvez) que expressa ideia de dúvida, de possibilidade e de incerteza. Tanto em italiano quanto em português, as orações que denotam dúvida, possibilidade e incerteza são expressas com um verbo do modo subjuntivo (em italiano *congiuntivo*). Contudo, enquanto em português o modo subjuntivo aparece em orações principais, independentes e subordinadas, em italiano, o *modo congiuntivo* é majoritariamente usado nas orações subordinadas. Desta forma, a utilização de um tempo verbal do *modo congiuntivo*, em língua italiana, não é comum em orações independentes iniciadas com o advérbio *forse*, diferentemente da nossa língua que prefere os tempos do modo subjuntivo em orações introduzidas pelo advérbio "talvez", confirmando, assim, a nossa escolha tradutória. Lembramos, entretanto, que, em relação aos dois casos apresentados, o uso do futuro do presente no texto de chegada não representa uma inadequação linguística, mas uma opção genuinamente válida:

> O espetáculo lhe parecerá estranho e por isto, talvez, a divertirá. (*Fantasia*, Darly N. Scornaienchi – p. 181).

O *modo condizionale* italiano é composto de dois tempos verbais, o *presente* ou *semplice*, e o *passato* ou *composto*. Em português, os dois tempos do *modo condizionale* italiano equivalem aos tempos futuro do pretérito simples e futuro do pretérito composto, ambos pertencentes ao modo indicativo. Vale destacar que o *modo condizionale* apresenta um fato que poderia ou teria podido acontecer em consequência de uma determinada condição. Nas frases subordinadas, o *modo condizionale* serve para indicar um fato que poderia ter acontecido posteriormente a uma situação passada (futuro no passado). Em língua italiana, a escolha entre o tempo *semplice* e *composto* é determinada pela possibilidade de realização ou não da ação. Com efeito, se usa o *condizionale semplice* para expressar um desejo ou uma intenção realizável no presente ou no futuro, enquanto o *condizionale composto* é usado para expressar uma ação não realizada no passado e não realizável seja no presente que no futuro (Katerinov; Ketrinov, 1985, p. 225-226). A língua portuguesa é mais flexível quanto ao uso do futuro do pretérito simples e composto, principalmente no que diz respeito às ações não realizáveis no presente e no futuro, sendo o tempo simples mais usual. Observemos o exemplo:

> Gli domandavate forse in qual altro emisfero vi avrebbe ritrovata fra un mese? (*Fantasticheria*, G. Verga – p. 122).
>
> Perguntava-lhe, talvez, em que outro hemisfério você estaria dentro de um mês? (*Devaneio*, tradução nossa).
>
> A senhora lhe perguntava, porventura, em que hemisférios se encontraria dali a um mês? (*Fantasia*, Darly N. Scornaienchi – p. 180).

Mas quando se trata do período hipotético da irrealidade ao passado, tanto em italiano quanto em português, a construção se dá combinando-se o pretérito mais-que-perfeito do subjuntivo (*congiuntivo trapassato*) com o futuro do pretérito composto (*condizionale composto*):

> Ma se avesse potuto desiderare qualche cosa egli avrebbe voluto morire in quel cantuccio nero vicino al focolare... (*Fantasticheria*, G. Verga – p. 124).
>
> Mas se ele tivesse podido desejar alguma coisa, teria querido morrer naquele cantinho escuro perto da lareira... (*Devaneio*, tradução nossa).
>
> Mas se tivesse podido desejar alguma coisa, ele teria querido morrer naquele cantinho escuro, perto do fogão... (*Fantasia*, Darly N. Scornaienchi – p. 183).

Sabemos que os tempos verbais do passado, pretérito imperfeito, pretérito perfeito e pretérito mais-que-perfeito, todos do modo indicativo, são essenciais para a construção do texto narrativo. O pretérito imperfeito expressa uma ação em processo de realização, o pretérito perfeito exprime um fato já concluído e o pretérito mais-que-perfeito é utilizado quando o narrador retoma um acontecimento ainda mais anterior aos fatos que narra. Para as ações anteriores a fatos já acontecidos, tanto o italiano quanto o português usam dois tempos verbais: o pretérito mais-que-perfeito simples (*trapassato remoto*) e o pretérito mais-que-perfeito composto (*trapassato prossimo*). Em língua italiana, o *trapassato prossimo* é muito mais utilizado do que o *trapassato remoto*, sendo este último utilizado em situações bem específicas. Em língua portuguesa, o pretérito mais-que-perfeito simples é usado sobretudo na escrita literária, enquanto o composto é mais usado na oralidade. Bagno (2011, p. 167) afirma que "diante da existência de dois pretéritos mais-que-perfeitos, um simples e outro composto, os falantes abrem mão do simples e empregam, na interação oral, exclusivamente o tempo composto". Com base nestas colocações, adotamos nas nossas traduções o emprego do pretérito mais-que-perfeito simples para o discurso indireto (voz do narrador) e o pretérito mais-que-perfeito composto para o discurso direto (voz das personagens), mesmo observando que, no texto verguiano, o *trapassato prossimo* é predominante em todas as formas discursivas.

> La donna sola non aveva mutato, stava un po' in là a stender la mano ai carrettieri... (*Fantasticheria*, G. Verga – p. 123).
>
> A mulher solitária não mudara, estava um pouco mais afastada, estendendo a mão para os carroceiros... (*Devaneio*, tradução nossa).
>
> Egli era vissuto sempre tra quei quattro sassi, e di faccia a quel mare bello e traditore... (*Fantasticheria*, G. Verga – p. 125).
>
> Ele sempre vivera entre aquelas quatro pedras, e de frente para aquele belo e traiçoeiro mar... (*Devaneio*, tradução nossa).

No conto *Fantasticheria*, o discurso direto é quase inexistente, o que nos limitou a apresentar apenas exemplos com o mais-que-perfeito simples, preferido, por nós, como tempo verbal mais adequado para a voz do narrador. A distinção entre os dois tempos mais-que-perfeitos é mais bem percebida nos nossos trabalhos em outros contos da coletânea *Vita dei campi*, nos quais encontramos tanto o discurso direto quanto o indireto.

Um caso típico de adequação permitida na nossa língua e na língua italiana é a substituição de um tempo verbal por uma das formas nominais do verbo. Não se trata de uma necessidade linguística, mas de uma preferência estilística do tradutor. Vamos a um exemplo:

> [...] egli vi ha impedito dieci volte di bagnarvi le vostre belle calze azzurre. (*Fantasticheria*, G. Verga – p. 124).
>
> [...] ele impediu dez vezes que você molhasse suas lindas meias azuis. (*Devaneio*, tradução nossa).

Para tal adequação, tivemos que usar o pronome de tratamento "você" e a conjunção "que", respectivamente, no lugar do pronome pessoal "lhe" e da preposição "de" necessários para uma construção mais semelhante ao texto original com o verbo "molhar" no infinitivo (ele *lhe* impediu dez vezes *de molhar* suas lindas meias azuis).

O caso das expressões idiomáticas ou metafóricas

A expressão metafórica ou expressão idiomática é uma sequência fixa de palavras ou locução cristalizada numa língua, cujo significado não é dedutível dos significados das palavras que a compõem e que geralmente não pode ser entendida ao pé da letra. Todas as línguas se servem de expressões metafóricas que representam um modo de dizer privativo de uma determinada língua. Por esta peculiaridade, é muito difícil traduzi-las literalmente para outras línguas. Rónai (1981, p. 58) afirma que

> [...] o problema das metáforas lembra-nos mais uma vez que não estamos traduzindo palavras, mas sentenças. Noutros termos: o bom tradutor, depois de se inteirar do conteúdo de um enunciado, tenta esquecer as palavras em que ele está expresso, para depois procurar, na sua língua, as palavras exatas em que semelhante ideia seria naturalmente vazada.

No processo tradutório, devemos estar atentos para que uma expressão idiomática não passe despercebida, pois a tradução isolada das palavras, que a formam, pode corromper a qualidade do texto de chegada. "Ai do tradutor que não identifica a metáfora convencional e a verte dissecada em seus elementos", adverte Rónai (1981, p. 56). Mas, o que se deve fazer para traduzir as expressões idiomáticas? Baker (2011, p. 76-86) apresenta sete estratégias de tradução para as expressões idiomáticas: a primeira é encontrar na língua de chegada uma expressão com significado e forma semelhantes à da língua de partida; a segunda é usar na língua de chegada uma expressão com mesmo significado, mas que a forma seja diferente da expressão de partida; a terceira é o empréstimo de uma expressão idiomática da língua de partida, principalmente quando a expressão não é traduzida para a língua de chegada e seu uso se torna comum, é o caso, por exemplo, do termo *Halloween*; a quarta é a tradução feita por paráfrase, quando não encontramos correspondência entre expressões de culturas diferentes ou quando, por razões estilísticas, não é adequado fazer a tradução idiomática, podendo-se, neste caso, aplicar a estratégia de explicar o significado da expressão da língua de partida; a quinta é a omissão do jogo de palavras que forma a expressão idiomática, optando-se pela tradução literal da expressão de origem e, dessa forma, sacrificando o seu significado idiomático; a sexta é a omissão total da expressão idiomática; a sétima e última é a estratégia da compensação, através da qual o tradutor poderá omitir ou substituir a expressão da língua de partida por um enunciado não idiomático na língua de chegada, sendo que uma nova expressão idiomática poderá ser utilizada em outro ponto do texto-alvo para que o efeito de estilo do texto-fonte seja mantido. Para Baker, as estratégias de omissão devem ser evitadas sempre que houver a possibilidade de se aplicar outros recursos tradutórios.

Para Xatara (1998, p. 78) há três mecanismos para se traduzir expressões idiomáticas: 1) utilizar uma expressão idiomática com significado e forma semelhantes; 2) utilizar uma expressão idiomática com forma diferente, mas mantendo a idiomaticidade da expressão da língua de partida; 3) utilizar uma paráfrase.

Não nos agradam as estratégias de omissão ou a tradução literal das expressões idiomáticas, pois, na nossa opinião, elas provocam danos ao texto de chegada que vão além das questões estéticas. Portanto, no nosso trabalho de tradução do conto *Fantasticheria*, fizemos uso dos três mecanismos apresentados por Xatara, por considerá-los suficientes para uma boa tradução de expressões idiomáticas. Passamos aos exemplos em que traduzimos a expressão idiomática da língua de partida por uma com significado e forma semelhantes na língua de chegada:

> I terrazzani che spalancavano gli occhi vedendo i vostri grossi bauli... (*Fantasticheria*, G. Verga – p. 121).
>
> Os habitantes, que arregalavam os olhos vendo seus enormes baús... (*Devaneio*, tradução nossa).

A expressão *spalancare gli occhi* significa abrir os olhos exageradamente por surpresa, medo, admiração ou alegria. A expressão italiana corresponde à nossa “arregalar os olhos” que tem a mesma forma e o mesmo significado.

> [...] bisogna farci piccini anche noi. (*Fantasticheria*, G. Verga – p. 123).
>
> [...] também nós temos que nos fazer pequenos. (*Devaneio*, tradução nossa).

Como no exemplo anterior, *farsi piccino* encontra equivalência na expressão "fazer-se pequeno" e ambas significam tentar não chamar atenção, não ser percebido, por humildade, vergonha, medo ou ainda tornar-se pequeno.

Nos próximos exemplos, apresentaremos algumas expressões idiomáticas que foram traduzidas por uma expressão equivalente em significado, mas com forma diferente:

> [...] che vi facevano batter le mani per ammirazione. (*Fantasticheria*, G. Verga – p. 122).
>
> [...] que lhe fazia bater palmas de admiração. (*Devaneio*, tradução nossa).

A expressão *battere le mani* que significa aplaudir, poderia até ser considerada semelhante em forma e em significado com a nossa "bater palmas", embora na língua italiana, para a sua construção, houve a preferência pelo termo *mani*, e não *palmi* ou *palme* como ocorreu em português. Contudo, tanto na língua de partida quanto na língua de chegada, a alteração dos substantivos *mani* e "palmas", causaria prejuízo ao valor metafórico das expressões, pois *battere le palmi* e "bater as mãos" não significam aplaudir nas suas respectivas línguas.

> [...] bisogna contentarsi di stare a guardarlo dalla riva, colle mani in mano, o sdraiati bocconi... (*Fantasticheria*, G. Verga – p. 122).
>
> [...] é necessário contentar-se em observá-lo da praia, de braços cruzados, ou deitado de bruços... (*Devaneio*, tradução nossa).

Neste exemplo, a expressão *con le mani in mano*, que significa sem fazer nada, encontra equivalência na nossa expressão "de braços cruzados", porque cruzar os braços é uma postura de quem não quer fazer nada, de quem quer ficar voluntariamente inativo. Outra possibilidade de tradução da expressão italiana por outra da língua de chegada com mesmo significado, mas com forma diferente, seria "à toa". Já a tradução literal "com as mãos em mão" não seria, em hipótese alguma, uma escolha feliz para um tradutor experiente e criterioso, pois não transmitiria ao texto-alvo o significado do texto-fonte.

> Meglio per loro che son morti, e non «mangiano il pane del re» [...] (*Fantasticheria*, G. Verga – p. 126).
>
> Melhor para eles que estão mortos, e não "veem o sol nascer quadrado" [...] (*Devaneio*, tradução nossa).

A expressão *mangiare il pane del re*, utilizada por Verga, é bem antiga e significa "viver às custas do rei", que representava o Estado no século XIX, na Itália. A expressão faz alusão às pessoas encarceradas e, por isso, estavam sob a tutela do Estado que lhes fornecia o pão, ou seja, o alimento. Em português optamos por uma expressão mais moderna e bem diferente na sua forma, mas que tem a mesma significação enquanto denota a ideia de encontrar-se atrás das grades.

Para a tradução de algumas expressões idiomáticas, tivemos que usar o método da paráfrase por falta de uma expressão na língua de chegada. Vejamos os exemplos:

> [...] avranno creduto che ci sareste rimasta un par d'anni. (*Fantasticheria*. G. Verga – p. 121).
>
> [...] acreditaram que você permaneceria ali por alguns anos. (*Devaneio*, tradução nossa).

A expressão *un par di*, variação de *un paio di*, indica genericamente um número limitado que alude à quantia de dois, enquanto entendida como um conjunto de duas coisas de igual natureza. Embora a ligação com o número dois seja bem evidente na expressão, este valor é mais genérico e aproximativo do que exato, podendo significar um pouco menos ou um pouco mais do que dois. Literalmente, em português, a expressão significa "um par de", mas a tradução literal "um par de" não nos pareceu adequada para compor o texto de chegada, portanto, recorremos ao mecanismo de explicar a expressão italiana, usando a paráfrase "por alguns", que recupera a ideia de valor aproximado e não exato. Já na tradução de Darly N. Scornaienchi (2001) a ideia do par com valor exato de dois foi levada em consideração:

> [...] pensavam que a senhora ficaria lá por uns dois anos. (*Fantasia*, Darly N. Scornaienchi – p. 183).

No próximo exemplo, a expressão *mal di mare* significa náusea provocada, neste caso específico, por quem viaja num meio de transporte marítimo.

> [...] vi sembravano avessero il mal di mare anch'esse. (*Fantasticheria*, G. Verga – p. 122).
>
> [...] lhe pareciam nauseadas também. (*Devaneio*, tradução nossa).

A tradução literal "doença de mar" ou "mal de mar", apesar de não nos parecer a solução mais adequada, poderia não comprometer a compreensão do texto-alvo. Entretanto, para uma maior clareza do texto de chegada, utilizamos a estratégia da paráfrase que, para tanto, foi necessário desconsiderar a forma verbal *avessero* do texto-fonte. Por outro lado, poderíamos ter parafraseado a expressão metafórica italiana sem abrir mão da forma verbal *avessero*, substituindo o verbo "nausear" pelo substantivo "náusea" na construção "lhe pareciam ter náuseas também". Para traduzir *mal di mare*, Darly N. Scornaienchi (2001) cria uma expressão alternativa bastante curiosa ao tentar uma solução que fosse bem semelhante àquela usada na língua-fonte:

> [...] lhe pareciam estar sofrendo também de enjoo de mar. (*Fantasia*, Darly N. Scornaienchi – p. 180).

Nos exemplos a seguir, optamos por uma tradução mais explicativa do ponto de vista contextual do que usar expressões com equivalência total ou parcial. No primeiro deles, a expressão *nei guai*, forma reduzida de *essere nei guai*, que significa "estar numa situação difícil", poderia ter sido traduzida pela nossa expressão "em apuros", mas a preferência pela palavra "encrencado" se deu por considerarmos uma solução mais harmônica em relação ao contexto, uma vez que se trata, "como dizem lá", de uma expressão de cunho popular.

> «Nei guai!» come dicono laggiù. (*Fantasticheria*, G. Verga – p. 125).
>
> "Encrencado!", como dizem lá. (*Devaneio*, tradução nossa).

No segundo, *fare capolino* significa, numa tradução mais livre, "esticar a cabeça para dar uma espiadela". Uma tradução mais literal seria "fazer cabecinha", algo que na nossa língua não tem nenhuma relação com o significado da expressão italiana. Embora a nossa expressão "ficar à espreita" fosse uma boa solução, assim como no primeiro exemplo, optamos por uma tradução que explicasse a expressão italiana com base no contexto, dando, desta forma, maior fluidez ao texto de chegada.

> Quella ragazza, per esempio, che faceva capolino dietro i vasi di basilico... (*Fantasticheria*, G. Verga – p. 125).
>
> Aquela garota, por exemplo, que espreitava atrás dos vasos de manjericão... (*Devaneio*, tradução nossa).

O caso das expressões dialetais e regionais

A questão das expressões dialetais e regionais tem feito parte dos interesses dos estudiosos da tradução, todavia, estamos aparentemente longe de conseguir chegar a um consenso sobre o assunto. No caso específico da Itália, onde dialetos diferentes são falados em todas as partes da península, encontrar uma solução para a tradução das palavras dialetais e regionais é um desafio quase insuperável que, em muitos casos, pode levar o tradutor a recorrer a soluções equivocadas ou caricatas. Entretanto, consideramos que, para a tradução das expressões dialetais, devemos observar no texto de chegada se o uso do dialeto envolve questões sociais relacionadas à classe a que pertencem as personagens retratadas ou questões geográficas ligadas a uma determinada região do país. Quando o uso do dialeto tem a finalidade de retratar personagens de uma classe social menos favorecida e, portanto, menos culta, a utilização de expressões do falar cotidiano pode ser uma boa solução. Por outro lado, quando o uso do dialeto pretende pôr em evidência a diferença regional entre as personagens, a adaptação na língua de chegada torna-se perigosa, principalmente no caso do confronto entre a cultura italiana e a brasileira, pois o risco de se criar uma tradução caricata é muito grande. Quando a intenção artística do autor do texto-fonte não pode ser interpretada com clareza, a tradução das expressões dialetais e regionais pode ser mais conservadora e acompanhar o registro usado em todo o texto-alvo. Foi esta, portanto, a estratégia que usamos na nossa tradução, pois, nos dois casos, as expressões fizeram parte do discurso do narrador. Vamos aos exemplos:

> Di tanto in tanto il tifo, il cólera, la malannata... (*Fantasticheria*, G. Verga – p. 122).
>
> De quando em quando, o tifo, a cólera, a escassez... (*Devaneio*, tradução nossa).

O termo *malannata*, usado regionalmente na Sicília do século XIX, com o significado de ano no qual o cultivo não ia bem, é formado pelas palavras *male* (mau) + *annata* (ano). Segundo o Dicionário Siciliano-Italiano (1858), *malannata* é sinônimo de *caristia*; em italiano, *carestia*; em português, “carestia”, “escassez”, “miséria”.

> [...] e trovò il letto vuoto, colle coperte belle e distese. (*Fantasticheria*, G. Verga – p. 126).
>
> [...] e encontrou a cama vazia, com os cobertores arrumados e estendidos. (*Devaneio*, tradução nossa).

A expressão *belle e distese* é uma espécie de regionalismo toscano e corresponde às expressões italianas mais usuais *bell'e pronto, bell'e fatto*, que, em português, significa "já feito", "já terminado", "pronto". Então, achamos bem adequado, em função do contexto, traduzir a expressão *belle e distese*, que se refere aos cobertores, por "arrumados e estendidos".

O caso dos acréscimos: traduzir o não dito

No processo tradutório muitas vezes é necessário traduzir o não dito para que o texto alvo tenha mais clareza. Nós chamamos este recurso tradutório de acréscimo. Os acréscimos são segmentos textuais incluídos pelo tradutor no texto-alvo, não motivados por qualquer conteúdo explícito ou implícito do texto-fonte. Sobre os acréscimos, Rónai (1981, p. 75-76) afirma que

> [...] o sentido de um enunciado não é a mera soma dos vocábulos que o compõem. [...] Muitas vezes, porém, mesmo semelhante memento estrutural faz falta; aí só a convivência com a língua-fonte pode advertir o tradutor de que há elementos subentendidos. Assim, em latim ocorrem amiúde sentenças sem cópula, tais como *Periculum in mora*. "O perigo [está] na demora", ou outros enunciados com reticência, como, por exemplo, *Conditio sine qua non*, "Condição sem a qual [não se conclui negócio]", ou ainda *Panem et circenses*, "[Queremos] pão e jogos de circo", que não devem constituir dificuldade maior para um profissional com alguma tarimba.

Como podemos ver, o acréscimo de palavras não existentes no texto-fonte é um recurso muito valioso para a tradução e acontece com bastante frequência. Pelo menos foi o que ocorreu no nosso trabalho de tradução do conto *Fantasticheria*. Eis alguns exemplos:

> La mattina del terzo giorno, stanca di vedere eternamente del verde e dell'azzurro [...] (*Fantasticheria*, G. Verga – p. 121).
>
> Na manhã do terceiro dia, cansada de ver eternamente [só] verde e azul [pelo caminho] [...] (*Devaneio*, tradução nossa).

Amparados pelo contexto, pudemos usar o recurso do acréscimo para a inserção das expressões "só" e "pelo caminho", que dão mais clareza ao texto de chegada, uma vez que o fragmento retrata o passeio que a amiga do narrador fez para conhecer a cidadezinha.

> [...] un'alba modesta e pallida, che ho ancora dinanzi agli occhi... (*Fantasticheria*, G. Verga – p. 121).
>
> [...] uma aurora discreta e pálida, cuja [imagem] ainda conservo diante dos [meus] olhos... (Devaneio, tradução nossa).

Incluímos no texto de chegada as palavras "imagem" e "meus" para dar mais harmonia à nossa tradução. Quando o narrador descreve a aurora, fazendo um *flashback* dos momentos vividos com a amiga, ele evoca uma imagem que está na sua memória e a projeta diante dos seus olhos. O pronome "meu", acrescentado na nossa tradução, consolida e reforça a ideia de que se trata de uma imagem vista apenas pelo narrador.

> [...] accoccolata sul mucchietto di sassi che barricano il vecchio *posto* della guardiã nazionale. (*Fantasticheria*, G. Verga – p. 123).
>
> [...] agachada sobre a pilha de pedras que bloqueiam [o acesso] ao antigo posto da guarda nacional. (*Devaneio*, tradução nossa).

Achamos melhor acrescentar a palavra "acesso" para marcar melhor, no texto de chegada, a posição em que se encontra a pilha de pedras responsável pelo bloqueio do caminho que dá para o posto da guarda nacional.

> [...] masticando del pane bianco, servito dalle bianche mani delle suore di carità [...] (*Fantasticheria*, G. Verga – p. 124).
>
> [...] mastigando [um pedaço] de pão branco, servido pelas mãos brancas das irmãs de caridade [...] (*Devaneio*, tradução nossa).

O acréscimo da expressão "um pedaço", no texto de chegada, foi permitido pela presença, no texto de partida da preposição *del* que tem valor partitivo e indica uma parte de um todo. A expressão italiana *del pane* teria um significado literal de "do pão" que na construção "mastigar do pão" equivale, sem qualquer perigo de equívoco, a "mastigar um pedaço do pão".

> La vita è ricca, come vedete, nella sua inesauribile varietà. (*Fantasticheria*, G. Verga – p. 125).
>
> A vida é rica, como você [pode] ver, em sua variedade inesgotável. (*Devaneio*, tradução nossa).

O acréscimo do verbo "poder", no fragmento "como você pode ver", reforça a noção de que o narrador diz à sua interlocutora que há a possibilidade de ela enxergar a vida a partir do seu ponto de vista, desfazendo, assim, a noção de imposição de uma ideia que a escolha "como você vê" poderia estabelecer.

> E dicendo che quelli là almeno non avevano più bisogno di nulla... (*Fantasticheria*, G. Verga – p. 126).
>
> E, dizendo que aquelas [almas] ali pelo menos não precisavam de mais nada... (*Devaneio*, tradução nossa).

A introdução do substantivo "almas" no texto de chegada assinala com maior ênfase que a expressão italiana *quelli là* se refere às pobres almas que são confinadas num leito de hospital e ficam ali até a iminente morte.

Quando não traduzir é uma estratégia

Assim como traduzir o não dito é uma estratégia tradutória, omitir o dito faz parte do trabalho do tradutor, afirma Rónai (1981, p. 76) ao dizer que "o tradutor inexperiente, o mesmo que por instinto se limita a verter os elementos visíveis de uma sentença, mais de uma vez cairá no erro contrário, traduzindo vocábulos apenas expletivos". O tradutor experiente, ao contrário, percebe que no texto-fonte há palavras ou expressões que são dispensáveis para o texto-alvo. A estratégia da omissão visa dar maior harmonia e fluidez ao texto de chegada, principalmente quando este recurso é usado com palavras que têm um valor expletivo, pleonástico ou reforçativo. Por exemplo, a partícula italiana *ne*, é usada, muitas vezes, com valor expletivo, sendo sua tradução dispensável no texto de chegada, principalmente quando tem função partitiva e serve para indicar quantidade. Foi o que consideramos para traduzir o seguinte trecho:

> Oltre i lieti ricordi che mi avete lasciati, <u>ne</u> ho cento altri... (*Fantasticheria*, G. Verga – p. 123).
>
> Além das lembranças felizes que você me deixou, tenho centenas de outras... (*Devaneio*, tradução nossa).

No fragmento a seguir, o pronome demonstrativo italiano *quella* (aquela) foi suprimido do texto de chegada, porque o artigo "a", que combina com a preposição "de", absorve a função que ali teria o pronome demonstrativo "aquela". Ademais, no texto original, o pronome demonstrativo *quella* não é sentido como indispensável para marcar posição, podendo ser naturalmente omitido.

> E voi potete godervi senza scrupoli <u>quella</u> parte di ricchezza che è toccata a voi, a modo vostro. (*Fantasticheria*. G. Verga – p. 125).
>
> E você pode desfrutar sem escrúpulos da parte de riqueza que lhe coube, a seu modo. (*Devaneio*, tradução nossa).

A dispensabilidade do pronome demonstrativo italiano *quella*, no texto de chegada, foi observada, também, nas traduções de Scornaienchi (2001) e Cherif (1920):

> E a senhora pode gozar, sem escrúpulo, da parte de riqueza que lhe coube, a seu modo. (*Fantasia*, Darly N. Scornaienchi – p. 184).
>
> Y puedes, por lo tanto, sin escrúpulos, gozar a tu manera de la parte de riqueza que te ha correspondido. (*Capricho*, C. Rivas Cherif – p. 62).

Os pronomes pessoais em língua italiana têm, mais do que no português, um uso pleonástico que se torna inoportuno no ato da tradução. Na frase *le banane le ho mangiate tutte*, por exemplo, o pronome *le* ("as") é desnecessário ao texto traduzido para o português. De fato, a tradução "as bananas, eu as comi todas" não teria a mesma fluidez que "eu comi todas as bananas", sendo, neste caso, essencial dispensar o pronome. No exemplo a seguir, a omissão do pronome *gli* ("lhe") foi necessária para a harmonia do texto de chegada:

> [...] vi rammenterete con piacere che gli avete dato cento lire al povero vecchio. (*Fantasticheria*, G. Verga – p. 126).
>
> [...] lembrará com prazer que deu cem liras para o pobre velho. (*Devaneio*, tradução nossa).

Como vimos, o pronome *gli* não foi traduzido porque o objeto indireto (pobre velho) do verbo "dar" aparece na conclusão do enunciado, tornando desnecessária a inclusão do pronome pessoal.

Casos especiais

Além das situações apresentadas até aqui, encontramos, ao longo do nosso trabalho, alguns trechos que requereram uma atenção especial e para os quais lançamos mãos de recursos estratégicos bem específicos. Vamos aos casos:

> [...] e l'alba ci sorprese nell'alto del fariglione, un'alba modesta e pallida... (*Fantasticheria*, G. Verga – p. 121).
>
> [...] e o amanhecer surpreendeu-nos no alto do fariglione, uma aurora discreta e pálida... (*Devaneio*, tradução nossa).

A palavra italiana *fariglione* ou *faraglione*, que significa rochedo ou conjunto de rochedos perto da costa em forma de uma pequena ilha escarpada, é uma formação rochosa comum na Ilha de Capri e nas cidadezinhas de Aci-Castello e Aci-Trezza, na Sicília. Em português, podemos traduzi-la como "farelhão", "penhasco", "recife". Entretanto, por se tratar de um tipo de formação rochosa muito característica de certas regiões da Itália, o termo *fariglione* tem sido usado nos textos em língua portuguesa, principalmente de interesse turístico. Mantivemos a palavra em italiano por considerarmos que o autor italiano quis dar-lhe maior relevo e por entendermos se tratar de uma espécie de formação rochosa específica da região retratada no conto. Assim sendo, fazer a tradução desta palavra por um termo mais genérico tiraria dela a importância que lhe deu o próprio Verga. Por outro lado, conservar a palavra italiana *fariglione* não foi uma solução apreciada nas traduções de Scornaienchi (2001), Cherif (1920) e Appelbaum (2002), que usaram respectivamente as soluções "recife", *acantilado* (penhasco) e *lone rock in the sea* (rocha solitária no mar), como podemos observar:

> A aurora nos surpreendeu no alto do recife, uma aurora modesta e pálida... (*Fantasia*, Darly N. Scornaienchi – p. 179).
>
> [...] y el alba nos sorprendió en lo alto del acantilado, un alba modesta y pálida... (*Capricho*, C. Rivas Cherif – p. 58).
>
> [...] and dawn overtook us atop the lone rock in the sea, a modest, pale dawn... (*Reverie*, Stanley Appelbaum – p. 43).

No caso a seguir, usamos uma espécie de tradução metonímica, trocando o valor monetário *centomila lire* (cem mil liras) pelo valor estimativo "uma fortuna", pois, para o leitor dos dias atuais, fica mais fácil de compreender o que o autor quis, de fato, dizer em termos financeiros da época.

> Basta non possedere centomila lire di entrata, prima di tutto. (*Fantasticheria*, G. Verga – p. 122).
>
> Antes de mais nada, basta não possuir uma fortuna de renda. (*Devaneio*, tradução nossa).

No seguinte exemplo, tivemos o cuidado de manter a expressão "montinho marrom" (*monticello bruno*) na nossa tradução, para não desperdiçar a bela metáfora criada pelo autor para a palavra "formigueiro", conservando, assim, o valor estético do texto de partida.

> [...] saranno tornate ad aggrapparsi disperatamente al loro monticello bruno. (*Fantasticheria*, G. Verga – p. 123).
>
> [...] terão voltado a se agarrar desesperadamente ao seu montinho marrom. (*Devaneio*, tradução nossa).

No último exemplo, temos a utilização de uma expressão estrangeira no texto original.

> E mi avete chiesto di dedicarvi qualche pagina. Perché? à quoi bon? come dite voi? (*Fantasticheria*, G. Verga – p. 123).
>
> E você me pediu para lhe dedicar algumas páginas. Para quê? à quoi bon? Não é assim que você diz? (*Devaneio*, tradução nossa).

Optamos por conservar a expressão à quoi bon? (de que adianta?; para quê?, por quê?), em francês, para validar, no texto de chegada, a intenção do autor italiano que a usou por estar falando com uma amiga francesa. Além disso, a pergunta subsequente "não é assim que você diz?" (*come dite voi?*) implica a necessidade da manutenção da expressão em língua francesa, quando entendida, sobretudo, como "não é assim que se diz em francês?". Neste caso, não houve a necessidade de se colocar uma nota de rodapé para traduzir a expressão à quoi bon?, pois o próprio texto original já fornece o seu significado (*Perché?*/Para quê?).

Considerações finais

Nossas considerações finais conduzem à constatação de que são muitas as estratégias de tradução que precisam ser levadas em consideração na hora de se transportar um texto da língua-fonte para a língua-alvo. O bom tradutor deve conhecer cada uma delas e aplicá-las com critério ao longo das suas jornadas tradutórias, mostrando, quando necessário, sagacidade e bom senso a fim de que o seu trabalho sirva de orientação para os novos tradutores que desejam se enveredar por esta estrada.

Referências

BAGNO, Marcos. **Gramática pedagógica do português brasileiro**. São Paulo: Parábola, 2011.

BAKER, Mona. **In other words**: a coursebook on translation. 2. ed. Londres; Nova Iorque: New York: Routlege, 2011.

BEC, Christian. **Fundamentos de Literatura Italiana.** Tradução de Mário da Silva. Rio de Janeiro: Zahar, 1984.

CUNHA, Celso; CINTRA, Luís Felipe Lindley. **Nova gramática do português contemporâneo.** Rio de Janeiro: Nova Fronteira, 1985.

IL SABATINI COLETTI. **Dizionario della língua italiana**. Milano: Rizzoli, 2005.

KATERINOV, Katerin; KATERINOV, Maria Clotilde Boriosi. **La lingua italiana per stranieri**. Perugia: Edizioni Guerra, 1985.

LUPERINI, Romano. **Verga Moderno**. Bari: Editori Laterza, 2015.

MORTILLARO, Vincenzo *et al.* **Nuovo Dizionario siciliano-italiano. Compilato da una società di persone di lettere per cura del Barone Vincenzo Mortillaro**. Palermo: Tipografia del Giornale Letterario, 1838. v. 1.

PUATO, Daniela. **Lingue europee a confronto** – la linguistica contrastiva tra teoria, traduzione e didattica. Roma: Sapienza Unviversità Editrice, 2016.

RÓNAI, Paulo. **A tradução vivida**. 2 ed. Rio de Janeiro: Nova Fronteira, 1981.

VERGA, Giovanni. **Cenas da vida siciliana**. Vários tradutores. São Paulo: Berlendis e Vertecchia, 2001.

VERGA, Giovanni. **Sicilian stories/Novelle siciliane**: a dual-language book. Tradução de Stanley Appelbaum. Nova Iorque: Dover Publications, 2002.

VERGA, Giovanni. **La vida en los campos** – novelas cortas. Tradução de C. Rivas Cherif. Madri: Tipográfica Renovación, 1920.

VERGA, Giovanni. **Tutte le novelle**. Milão: Oscar Mondadori, 1986. v. 1.

XATARA, Cláudia Maria. **A tradução para o português de expressões idiomáticas em francês.** Araraquara, 1998. Tese (Doutorado em Letras: Linguística e Língua Portuguesas) – Faculdade de Ciências e Letras, Universidade Estadual Paulista, Araraquara, 1998.

MEDIAÇÃO ENTRE O DIVINO E O HUMANO: DA TRADUÇÃO AO ENSINO

Francisco José Bezerra da Silva
Rafael Mendonça de Souza
Carmem Praxedes

Introdução

A primeira parte deste capítulo propõe-se a apresentar três desafios do processo de tradução e interpretação dos textos bíblicos: a natureza divina do texto bíblico, a distância entre o estudioso atual e o texto bíblico, e as línguas em que os textos bíblicos foram escritos, a saber, hebraico, aramaico e grego. Tendo em vista que traduzir é uma prática antiga, e ainda que os próprios autores do texto bíblico tivessem a concepção de que interpretar não se constitui uma tarefa fácil, nosso objetivo é apresentar alguns desafios que cercam a tradução e a interpretação do texto bíblico para os estudiosos na atualidade.

Na segunda parte, expomos o método histórico-crítico como uma proposta metodológica dos estudos da teologia bíblica moderna para superar os desafios relacionados à tradução e à interpretação do texto bíblico. O método considera as seguintes etapas para se alcançar tal propósito: *crítica textual, crítica literária ou da constituição do texto, crítica da forma, crítica do gênero literário, crítica da redação e crítica das tradições.* Consequentemente, essas etapas por fim conduzem ao *comentário exegético* e à *tradução.*

Tendo em vista que uma das finalidades da exegese e da hermenêutica é a apresentação dos resultados, apresentamos, na última parte, uma proposta de ensino com o intento de proporcionar ao público em geral, estejam eles em ambiente informal (igreja, casa, reuniões) ou formal (universidades), as conclusões de um processo metodológico de tradução e interpretação dos textos bíblicos para o público em geral.

Desafios na tradução e interpretação de textos bíblicos

É consenso, desde muito cedo, que interpretar o texto bíblico constitui um grande desafio a qualquer pessoa que se debruce sobre tão árdua tarefa. Os próprios autores bíblicos tinham essa concepção:

> Toda visão é para vós como as palavras de um livro selado, que se dá a uma pessoa que sabe ler, dizendo-lhe: Lê isto! Ela então responde: Não posso, pois está selado. Entregando-se o livro a alguém que não sabe ler e dizendo-lhe: Lê isto!, ele então responde: Não sei ler (Isaías 29,11-12).

De acordo com Lima (2017, p. 5), à conclusão semelhante chegou o filósofo neoplatônico Orígenes, quando, na sua *Homilias sobre o Gênesis 6: 86-87,* falando sobre as dificuldades inerentes à natureza atribuída aos textos bíblicos, afirmou:

> Quem reconhece que estes escritos têm sua origem naquele que é o Criador do mundo deve ter a certeza de experimentar o mesmo que acontece aos exploradores do Universo. Mais ele avança na leitura, tanto mais lhe parece intransponível a montanha de mistérios.

Assim como para Orígenes, que considerou o aspecto da origem divina atribuída ao texto, muitos na contemporaneidade têm considerado o texto bíblico *um mistério* embrulhado *num enigma* e envolvido por *um segredo.* Nesse sentido, corrobora Lima (2017, p. 9), afirmando que "certamente, aqueles que procuram aventurar-se no mar amplo e profundo da interpretação dos textos bíblicos se deparam, logo no início, com a dificuldade do caminho a seguir". Portanto, transpor o caminho percorrido desde a tradução do texto bíblico até a sua interpretação e ensino compreende grandes dificuldades seja para o simples leitor ou até mesmo para os estudiosos e especialistas do assunto.

A seguir, neste capítulo, abordaremos as três dificuldades consideradas bem salientes nessa questão: a natureza divina do texto bíblico, a distância entre o estudioso atual e o texto bíblico e, por último, os desafios da tradução do texto.

A natureza divina do texto bíblico

A primeira dificuldade intrinsecamente ligada à interpretação do texto bíblico é aquilo que talvez o tenha essencialmente caracterizado: o cunho divino, sagrado. O próprio texto bíblico se define como possuindo natureza divina, conforme lemos, por exemplo, em: 2Timóteo 3:16, "Toda Escritura é inspirada por Deus..."; 2Pedro 1: 21, "[...] entretanto, homens [santos] falaram da parte de Deus, movidos pelo Espírito Santo".

Obviamente, é de se esperar que numa sociedade predominantemente cristã a consequência óbvia numa aproximação ao texto sagrado seja a reverência, o respeito e, muitas vezes, o medo. Como consequência desses pressupostos, tal aproximação carregada de reverência gera um fator que agrava a questão: a crença na inerrância do texto. Alguns, nesse sentido, foram ao extremo, como Geisler e Nix (2006, p. 24), que chegaram a afirmar que "a Bíblia não só é inspirada; é também, por causa de sua inspiração, inerrante, i. e., não contém erro. [...] Não existem erros históricos nem científicos nos ensinos das Escrituras". Por outro lado, uma disposição mais equilibrada nos é dada por Frank Hasel (2015, p. 51), ao afirmar: "As discrepâncias e imperfeições encontradas nas Escrituras se devem tão somente às fraquezas humanas".

Devido a essa atribuição de sacralidade, qualquer análise mais crítica ao texto bíblico, mesmo que não interferindo no teor essencial de sua mensagem, constitui-se em uma ofensa à dimensão das escrituras. Uma demonstração da sacralidade de como o texto bíblico tem sido abordado é indicado pelo modelo proposto para uma aproximação deste, conforme sugeriu o teólogo alemão Ekkehardt Mueller (2018, p. 161), que apresenta algumas diretrizes para a interpretação do texto bíblico ao mencionar que o primeiro passo nessa empreitada deve ser "buscar a Deus em oração". Da mesma forma, Fernandes (2010, p. 13) também indicou: "antes de ler, reze!".

Conquanto o texto bíblico possa ter essência e mensagem divinas, o que muitos desconsideram é que o texto do qual a grande massa faz uso atualmente é o resultado de um processo de cópias (inúmeras) do texto "original", que não existe mais. Além disso, sem conhecer o hebraico, o aramaico e o grego, os leitores em geral ficaram à mercê das traduções das escrituras – *e traduções não são perfeitas*. Uma tradução perfeita, fiel ao texto de partida, só seria possível se existisse uma língua perfeita, *efável*[6], língua esta que, até então, não sabemos se algum dia existiu ou se virá a existir. A consciência de tamanha pluralidade de cópias levou Ehrman (2005, p. 125) a concluir: "há mais variações entre nossos manuscritos que palavras no Novo Testamento". Sem considerar que esse fator agravante cresce com a descoberta a cada ano de novos manuscritos (Paroschi, 2012, p. vii). Contudo, mesmo diante de um cenário como esse, a referência sagrado/intocável não perdeu sua força, o que – não deveria ser dessa forma – continua a impor uma barreira no processo de aproximação, estudo e análise do texto bíblico.

---

[6] Neologismo criado pelo tradutor de *La ricerca della lingua perfetta nella cultura europea*, de Umberto Eco. *Efável*, do Latin *effabilis*, de *effari*, expressar-se, de *ex-* para fora + *fari* falar + *abillis*, capaz de. Não o encontramos nos dicionários de língua portuguesa. Curiosamente, o antônimo deste adjetivo – *inefável* – consta em todas as pesquisas realizadas.

A distância entre o estudioso atual e o texto bíblico

O segundo fator causador de dificuldade à compreensão do texto bíblico é a distância entre o leitor atual e o mundo do texto. A Bíblia foi escrita no Oriente Próximo por cerca de 40 autores, todos com suas particularidades e provindo de realidades grandemente distintas (Mazzarolo; Fernandes; Lima, 2015, p. 7), num período aproximadamente de 2500 anos (Davidson, 2015, p. 25), sendo que cerca de 1.900 anos nos separam do último escritor bíblico, ou seja, dentro do nosso contexto, uma distância temporal e espacial gigante.

Os diversos fatores que distanciam o texto bíblico da atualidade podem ser listados como: as línguas, o tempo, o espaço e a cultura. É o que diz Osborne (Klein; Blomberg; Hubbard, 1993 *apud* Osborne, 2009) ao afirmar que "o tempo, a cultura, a geografia e a língua" constituem um problema a ser transposto na interpretação do texto bíblico. Logo, somente a partir da compreensão de tais fatores pode-se solucionar o problema em torno da distância do texto e conduzir o leitor a entendê-lo mais adequadamente.

Considerando as línguas em que foram escritos, temos o Antigo Testamento (doravante AT) escrito em hebraico e aramaico, e o Novo Testamento (doravante NT) escrito em grego (Geisler; Nix, 2006, p. 125-126) – línguas distintas entre si, e em relação ao português. Portanto, não temos acesso aos autores dos textos originais, para fins de "conversações preliminares" durante o processo, conforme sugeriu Eco (2017, p. 14). A geografia nos impõe um enorme obstáculo: Oriente e Ocidente apresentam situações geopolíticas abissalmente distintas. A cultura sobre a qual o texto bíblico está assentado é discrepante em relação à cultura ocidental e à da época atual, seja pela religião, costumes, leis, tradições, alimentação ou pela cosmovisão. Assim, todos esses fatores reafirmam a dificuldade de tradução e interpretação dos textos sagrados. Há também a questão dos destinatários: os textos bíblicos foram dirigidos a uma determinada pessoa ou comunidade específica, como a carta de Paulo aos Colossenses (comunidade eclesial de Colossos) e a carta a Filemon (uma pessoa). Uma vez que cada destinatário tinha suas particularidades – problemas a serem resolvidos, momentos históricos distintos, contextos culturais e religiosos diferentes –, essas questões devem ser levadas em consideração ao traduzirmos e interpretarmos o texto bíblico.

As línguas em que os textos bíblicos foram escritos (hebraico, aramaico e grego)

Como já foi dito acima o AT e o NT foram escritos em hebraico, aramaico e grego, portanto, as diversas versões bíblicas encontradas em línguas diferentes dessas são *traduções*. A tradução da Bíblia não é uma prática recente: o AT foi traduzido pela primeira vez para o grego pouco tempo depois da morte de Alexandre, o Grande, por volta do ano 320 a.C., tradução esta denominada *Septuaginta* (LXX) (Geisler; Nix, 2006, p. 195-196). Posteriormente, por volta do ano 200 d.C., surgirá uma das mais antigas traduções ocidentais das Escrituras hebraicas, a *Antiga Latina*, a qual teve por base o texto da *Septuaginta*. Essa versão, por volta de 382 d.C., foi revisada por Jerônimo, que se tornou a atualmente conhecida como *Vulgata Latina* (Geisler; Nix, 2006, p. 210-214). De lá para cá, numerosas versões bíblicas vêm sendo produzidas.

Considerando apenas o contexto nacional, em 2003, cerca de 20 traduções bíblicas em português usadas com maior frequência foram listadas por Johan Konings (Konings, 2003, p. 215), sem levar em conta ainda as que continham somente o NT, donde se conclui haver um número exorbitante de versões. Todas essas traduções constituem um esforço de fornecer uma versão bíblica que atenda a, pelo menos, duas demandas: 1) ofertar uma tradução que seja capaz de expressar a essência do texto; e 2) tornar o texto bíblico acessível ao público em geral. Esse é um dos motivos para o crescente número de traduções bíblicas de equivalência dinâmica como a Bíblia na Linguagem de Hoje, Edição Pastoral da Bíblia, Bíblia do Peregrino, entre outras.

Qualquer pessoa mais atenta aos estudos de línguas e de tradução perceberá que qualquer tentativa de fornecer uma tradução que apreenda toda a essência do texto de partida constitui-se uma tarefa árdua e, talvez, impossível. Sejam traduções de caráter formal ou dinâmico, todas falham nesse propósito. Eco (2018, p. 19) chega a nomeá-las de "inábeis e infelizes traduções", por meio das quais o AT e o NT chegaram até nós.

Ratificando essa mesma ideia, Konings (2003, p. 219-223) apresenta pelo menos seis dificuldades a serem superadas na tentativa de se obter uma tradução satisfatória do texto bíblico: 1) conhecer bem as línguas de saída e de chegada; 2) as questões documentais, isto é, todos os textos originais se perderam, o que temos são várias cópias com diversas variantes; 3) as questões sócio-histórico-culturais; nesse caso, o tradutor precisa estar bem situado no mundo do texto; 4) a gramática do texto; 5) a semântica ou a relação dos significados com a realidade significada; e 6) a pragmática. Destarte, traduzir, ou, em outras palavras, transpor a cultura linguística de determinado povo, significa mais do que trocar uma palavra por outra num processo simplista, literal de tradução; traduzir requer apreender a própria essência de vida daquela cultura, e implica formar uma cosmovisão, assim como bem expressou Lopes (2008, p. 21) "cada língua natural é um microcosmo do macrocosmo que é o total da cultura dessa sociedade".

O método histórico-crítico como proposta metodológica para se chegar à tradução e interpretação do texto bíblico

Na tentativa de superar os problemas relacionados à tradução e à interpretação de textos bíblicos, diversos métodos foram sendo elaborados ao longo dos anos. Deter-nos-emos a expor aqui o método histórico-crítico, considerando em primeiro lugar o espaço objetivo proposto para este ensaio, e também pelo fato de ser esse modelo o mais bem difundido na pesquisa acadêmica nos programas de estudos em teologia bíblica.

Método histórico-crítico

O método histórico-crítico é atualmente um dos principais métodos utilizados entre as classes acadêmicas dos programas universitários de estudos em teologia bíblica. Como argumentou Lima (2014, p. 53), "a exegese atual se desenvolve com a utilização de variadas metodologias. A que mais se impôs no século passado e que atualmente tem ainda grande relevância está compendiada no chamado método histórico-crítico". O método que temos hoje é fruto de um longo processo histórico que se deu inicialmente por meio de comparações, a partir da escola teológica de Antioquia, com o trabalho de comparação de Orígenes. Posteriormente, com a descoberta lenta e gradual dos textos antigos e a valorização das línguas e culturas originais na época do Renascimento, passos importantes foram dados em direção à formulação do método, que, a princípio, passou a ser denominado de *crítica literária ou crítica das fontes, da redação e composição.* Todavia, os primeiros trabalhos significativos só surgiram nos séculos XVII e XVIII com R. Simon e J. Astruc.

Outro fator importante que contribuiu para o desenvolvimento desse método foram as descobertas da literatura das culturas do Antigo Oriente Próximo, que permitiram a comparação dos textos bíblicos com fontes extrabíblicas, levando ao desenvolvimento do que se chamou a *crítica das formas*. Tais estudos permitiram descrever o desenvolvimento dessas formas, de modo a traçar seu ponto inicial e sua evolução (*História das Formas*). A ênfase exclusiva nas formas – seu gênero literário e situação vital de origem – colocava em segundo plano os autores dos livros bíblicos. Como reação, em meados do século XX, valorizou-se o papel do escritor bíblico, concebido agora como o verdadeiro autor e redator. Esse método denominou-se *crítica da redação ou história da redação*. Pelo processo brevemente exposto acima, concluiu-se o ciclo que deu origem às diversas etapas do Método Histórico-crítico (Lima, 2014, p. 54-61).

A forma final do método conforme vemos hoje possui corte diacrônico e é composta de diversas etapas, cada qual com princípios e procedimentos próprios, podendo ser considerada parte de um processo mais abrangente (Lima, 2014, p. 54-75). As etapas podem ser sumarizadas como segue: *crítica textual, crítica literária ou da constituição do texto, crítica da forma, crítica do gênero literário, crítica da redação, crítica das tradições*. Essas etapas, por consequência, levam ao *comentário exegético* e à *tradução* (Lima, 2014, p. 75-80).

A *crítica textual* é uma etapa prévia que busca investigar as fontes e as variantes, visando estabelecer maior proximidade do texto com aquele que, presumivelmente, foi o texto original do autor bíblico ou, como disse Paroschi (2012, p. xiii), "determinar a confiabilidade do texto". A *crítica literária* procura analisar de que forma o texto foi constituído, buscando indicar os limites que o compõe e se esse faz parte de processo redacional ou é resultado de uma única intervenção, assim como também sua unidade literária (Lima, 2014, p. 85). Em seguida, o método passa à análise da *crítica da forma*, a qual aborda a análise sintática e estuda os períodos oracionais e seus elementos em sua articulação com os outros, compreendendo os seguintes procedimentos: a) segmentar o texto, separando em linhas as suas proposições; b) análise sintática das proposições: tipos de orações, formas verbais, posição dos nomes nas frases, relação entre proposições; c) uso e a frequência de morfemas; d) uso e a frequência de nomes e advérbios.

Dentro do mesmo quadro, temos ainda a *análise lexicográfica-semântica* que se ocupa da observação do "tipo" de vocábulos usados: *verbos* (de ação, movimento, estado, dicção etc.), *nomes* (substantivos, adjetivos, pronomes, advérbios), *partículas* (conjunções, preposições etc.). Aqui, faz-se necessário o uso de dicionários. A *análise estilística*, por sua vez, procura concentrar-se na identificação e avaliação das figuras de estilo utilizadas no texto, dentre as quais se colocam os recursos fonéticos acaso utilizados (aliterações, paronomásias, rima etc.) (Lima, 2014, p. 109-111). A *crítica do gênero literário* está ligada *à crítica literária* e, como já sugere a nomenclatura, lida com o modelo literário sobre o qual está construído o texto (Lima, 2014, p. 123). A *crítica da redação* se propõe a identificar a época em que o texto foi formulado, suas eventuais etapas, indicando a procedência e a finalidade das intervenções redacionais (Lima, 2014, p. 131).

Em seguida, temos a *crítica das tradições,* que procura identificar as tradições subjacentes ao texto. O termo *tradições* aqui apreende o panorama cultural amplo em que o texto em apreço se situa; almeja-se responder se o texto evoca uma concepção transmitida através das gerações (Lima, 2014, p. 143). Chega-se então à *tradução* do texto, sendo que, de acordo com o método, ela é fruto de todo o processo metodológico, como indicou Lima (2014, p. 80): "num trabalho científico, utiliza-se a tradução a que se chegou ao ser concluído o círculo metodológico". A *tradução* no final desse circuito metodológico demonstra a importância que ela tem na transposição das dificuldades para a compreensão e interpretação dos textos bíblicos.

A tradução

A partir da perspectiva do método histórico-crítico, a *tradução* deveria, portanto, ser o resultado de um processo de compreensão de todos os fatores – linguísticos, históricos, culturais, religiosos, geográficos, geopolíticos – que estão subjacentes aos textos escritos em determinada língua. Visto que a língua é um fenômeno social (Ducrot; Todorov, 2010, p. 120), os textos escritos de cada cultura estão carregados de sua cosmovisão, ou seja, eles possuem marcas de sua cultura, da religião, da política e da maneira de compreender e enxergar a realidade.

Eco (2007, p. 17) seguiu na mesma direção quando afirmou que

> [...] a tradução é uma das formas da interpretação e que deve sempre visar [...], reencontrar não digo a intenção do autor, mas a *intenção do texto,* aquilo que o texto diz ou sugere em relação à língua em que é expresso e ao contexto cultural em que nasceu.

Por conseguinte, *traduzir* não significa simplesmente substituir palavra por palavra de uma determinada língua para outra: devem ser considerados todos os aspectos inerentes ao texto, sejam eles linguísticos, culturais, religiosos, geográficos, geopolíticos, a fim de expressá-los da melhor maneira possível na língua para a qual se traduz.

Se considerarmos as questões linguísticas como, por exemplo, aquelas relacionadas às impossibilidades de equivalência na língua para qual se verte determinado texto, nem sempre é possível dizer a mesma coisa, ser fiel ao texto original, porque toda tradução implica, imperiosamente, escolhas por parte de quem traduz e, consequentemente, essas escolhas suscitarão interpretações outras para o leitor do texto traduzido. Em relação à não viabilidade de equivalência exata com o original, destacamos uma fala de Umberto Eco (2007, p. 15, grifo nosso) em seu livro *Quase a mesma coisa,* que se refere às traduções para outras línguas de suas obras:

> Por outro lado, no decorrer de minhas experiências de autor traduzido, sentia-me continuamente dividido entre a necessidade de que a versão fosse "**fiel**" ao que escrevera e a descoberta excitante de como o meu texto poderia (aliás, às vezes *deveria*) **transformar-se no momento mesmo em que fosse recontado em outra língua**.

Quanto às possibilidades e/ou impossibilidades de equivalência na língua de chegada, Eco (2007, p. 15-16, grifo nosso) reforça o que vimos discutindo neste trabalho – toda tradução, por melhor que seja, nunca será perfeita – e que também nos revela que todo texto vertido sofre a influência de quem o traduz (*Traduttore, traditore?*)[7]:

> E se às vezes percebia impossibilidades – que de algum eram resolvidas –, com maior frequência percebia possibilidades: ou seja, percebia como, no contato com a outra língua, o texto exibia potencialidades interpretativas que passaram despercebidas por mim mesmo, e como, às vezes, **a tradução podia melhorá-lo** (digo "melhorar" precisamente em relação à *intenção* que o próprio texto manifestava de improviso, **independente da minha intenção originária** de autor empírico).

Um ponto que vale a pena ressaltar diz respeito aos aspectos linguísticos relacionados à tradução e às categorias verbais, conforme enumeradas por Roman Jakobson (193, p. 182-184, *apud* Soares, 1984, p. 7): *aspecto, estatuto, evidência,* gênero, *modo,* número, *pessoa, taxe, tempo* e *voz.* Grafaremos, doravante, os nomes das categorias linguísticas com inicial maiúscula no

[7] *Traduttore, traditore* – locução italiana que significa "tradutor, traidor". Aforismo italiano segundo o qual quase todas as traduções são infiéis e atraiçoam por consequência o pensamento do autor do original.

intuito de diferenciarmos, por exemplo, tempo (sucessão de horas, dias, anos etc.) de Tempo (categoria linguística).

Deter-nos-emos a apenas duas dessas categorias: Aspecto e Tempo. Como a oração é uma unidade construída em torno de um núcleo verbal, e "é autônoma por natureza e pode ocorrer no discurso realizando um ato enunciativo completo, independentemente de qualquer seguimento verbal precedente ou subsequente" (Azeredo, 2014, p. 290-291), torna-se indispensável levar em conta não somente o momento em que a ação ocorre (o Tempo, dêitico), mas também como essa ação se desenvolve no tempo (cronológico) quanto à duração, começo e fim, ao traduzirmos um enunciado para outro idioma.

Tomemos, à guisa de ilustração, os dois primeiros versos do Gênesis, onde se lê: "No princípio, criou Deus os céus e a terra. A terra era sem forma e vazia; e havia trevas sobre a face do abismo, mas o Espírito de Deus pairava sobre a face das águas" (Gênesis 1: 1-2). Os verbos destacados estão no pretérito perfeito e imperfeito (passado). De imediato, temos um problema: como na língua portuguesa as nuances expressas pelo verbo relativas ao desenrolar da ação (Aspecto) – concluída, progressiva, iterativa, cursiva – se dá pelas formas dos tempos verbais, como, então, traduzir adequadamente os versos bíblicos acima sem levar em conta esse recorte aspectual? Devemos considerar – se almejamos uma correspondência mais próxima possível em outro idioma – como a ação expressa pelos verbos se desenvolve no tempo, ou seja, "a constituição temporal interna de uma situação" (Comrie, 1976, p. 3), e não apenas a referência ao tempo (físico) em que a ação acontece. Conforme nos aponta Travaglia (2016), Aspecto e Tempo são categorias temporais do verbo, e se diferenciam uma da outra quanto ao modo de observação da ação:

> O aspecto é, como dissemos, uma categoria verbal ligada ao "TEMPO", pois antes de mais nada ele indica o espaço temporal ocupado pela situação em seu desenvolvimento, marcando a sua duração, isto é, o tempo gasto pela situação em sua realização (Travaglia, 2016, p. 42).

Com a finalidade de ilustração – e comparação –, apresentamos abaixo, com os verbos realçados em negrito, os versos na versão em português, inglês e russo:

> Gênesis 1 – [1]No princípio **criou** Deus os céus e a terra. [2]A terra **era** sem forma e vazia; e **havia** trevas sobre a face do abismo, mas o Espírito de Deus **pairava** sobre a face das águas.

> Genesis 1 – [1]In the beginning God **made** the heaven and the earth. [2]And the earth **was** waste and without form; and it **was** dark on the face of the deep: and the Spirit of God **was moving** on the face of the waters.
>
> Бытие 1 – [1]В начале сотворил Бог небо и землю. [2]Земля же была безвидна и пуста, и тьма над бездною, и Дух Божий носился над водою.

Em inglês, os verbos estão nos seguintes Tempos: *simple past e past progressive*. Em comparação com o português – na tentativa de se obter uma equivalência em termos de tempo/aspecto dos verbos –, temos o *simple past* para o *pretérito perfeito*; o *simple past* para o *pretérito imperfeito*; o *past progressive* para o *pretérito imperfeito*. No russo, temos as seguintes formas verbais em comparação às do português: сотворил (*passado perfectivo*) para **criou** (*pretérito perfeito*); была (*passado imperfectivo*) para **era** (*pretérito imperfeito*); носился (*passado imperfectivo*) para **pairava** (*pretérito imperfeito*).

Na língua russa, todos os verbos são marcados morfologicamente quanto ao Aspecto, ao passo que no inglês e no português essa categoria verbal se realiza pelas formas dos tempos dos verbos e/ou por meio de perífrases: *pairava, was moving*. Por exemplo, o verbo ***criar*** em russo tem duas formas, uma imperfectiva e outra perfectiva: творить/сотворить. Ambas têm o mesmo sentido: criar. A diferença entre elas é a questão aspectual: творить (imperfectivo) e сотворить (perfectivo) – o prefixo "со" marca morfologicamente a forma perfectiva do verbo.

Com um olhar mais atento a versões dos versículos do Gênesis, perceberemos que nas traduções para o inglês e para o português, no tocante aos verbos, foram utilizados os recursos linguísticos Tempo e Aspecto com o propósito de se chegar a uma equivalência de sentido nesses idiomas. Não é nosso objetivo tratar dessas categorias verbais neste ensaio: os trechos bíblicos traduzidos servem tão somente para evidenciarmos, por outra perspectiva, as inúmeras dificuldades com as quais nos deparamos no exercício da tradução.

Conforme afirmou Eco (2014, p. 10), "nunca se diz a mesma coisa, se pode dizer quase a mesma coisa", e mesmo assim, "dizer quase a mesma coisa é um procedimento que se coloca, sob o signo da negociação". Como verter, por exemplo, um poema para outro idioma sem perder a essência, a beleza, a métrica de seus versos? Em princípio, isso só seria exequível com a existência de uma língua perfeita, *efável* ou *omniefável*, "capaz de exprimir toda a nossa experiência, física e mental, e portanto de poder expressar sensações, percepções, abstrações e responder até mesmo à indagação por que há o Ser em lugar do Nada" (Eco, 2018, p. 36). Por isso, nesse sentido, tradução deveria ser entendida como "reencontrar a intenção do texto" (Eco, 2007, p. 17). A tentativa de reencontrar tal intenção levou Vanhoozer (2005) a escrever sua obra intitulada *Há um significado neste texto?*, na qual ele apresenta os vários desafios que cercam essa questão.

Os desafios relacionados à tradução da Bíblia levaram Li (2015, p. 41) a afirmar que traduzir textos bíblicos para uma língua moderna "é como acertar um alvo em movimento, que acelera ao longo dos séculos", o que nos leva à impossibilidade de traduzirmos fielmente as escrituras. Nesse aspecto, durante muito tempo, adotou-se uma concepção equivocada do próprio conceito de traduzir. Geisler e Nix (2006, p. 183-184), autores bastante referenciados nos programas de graduação em teologia da escola tradicional no Brasil, chegaram a afirmar que:

> tradução é simplesmente a transposição de uma composição literária de uma língua para outra. Por exemplo, se a Bíblia fosse transcrita dos originais hebraico e grego para o latim, ou do latim para o português, chamaríamos esse trabalho de tradução. [...] A tradução literal é uma tentativa de expressar, com toda a fidelidade possível e o máximo de exatidão, o sentido das palavras originais do texto que está sendo traduzido. Trata-se de uma transcrição textual, palavra por palavra.

Não precisamos, entretanto, ser linguistas ou tradutores para sabermos que *traduzir* não significa "simplesmente a transposição literária de uma língua para outra", nem, menos ainda, trata-se de uma "transcrição textual, palavra por palavra". Como definiu Eco (2014, p. 18), *traduzir* requer

> [...] entender o sistema interno de uma língua, a estrutura de um texto dado nessa língua e construir um duplo do sistema textual que, submetido a uma certa discrição, possa produzir efeitos análogos no leitor, tanto no plano semântico e sintático, quanto no plano estilístico, métrico, fono-simbólico, e quanto aos efeitos passionais para os quais tendia o texto fonte.

Como apresentar os resultados ao público em geral

Em razão da complexidade e das dificuldades da tradução/versão abordadas neste estudo – sobretudo aquelas concernentes aos textos bíblicos

–, nos deparamos com outro obstáculo: como apresentar eficazmente os resultados a que chegamos ao público em geral, ou seja, àquele que não se ocupa da prática da tradução ou do estudo de línguas?

A complexidade e as dificuldades aqui tratadas nos levam, ao tentarmos responder à pergunta acima, a recorrer à Teoria das Múltiplas Inteligências de Howard Gardner (1999b, p. 33-34 *apud* Torresan, 2020, p. 21), que define inteligência como "o potencial biopsicológico de elaborar informações que provêm de um determinado contexto cultural, a fim de resolver problemas ou criar produtos aos quais, dentro do mesmo contexto cultural, é atribuído valor". Segundo Machado (2005, p. 47), "inteligência é a resposta do ser às suas necessidades, como ele encontra os meios de se adaptar para atingir seus objetivos, incluindo aí o pensamento criativo". Essa definição se coaduna com a etimologia da palavra: *inteligência* vem do latim *inter*, "entre", *legĕre*, "colher", "ler", donde se depreende o sentido de "colher conhecimento" (*legĕre*), por meio de "relacionar" (*inter*) (Machado, 2005, p. 46).

Inteligência vem sendo tradicionalmente ligada aos testes psicológicos. A esse respeito, contesta Torresan (2020, p. 22), que diz: "o fato de ser a inteligência um conceito dinâmico, [...] deve se considerar o aprendiz como um sistema aberto à mudança, não mais como um indivíduo que se presta a ser facilmente definido com base em resultados de testes psicológicos". Assim, não podemos ver a inteligência como algo que pode ser comprovado por meio de testes psicológicos (os de QI, por exemplo). Temos, por seu turno, que considerar a Teoria das Múltiplas Inteligências quando da apresentação de uma proposta de ensino que propicia ao público em geral as conclusões de um processo metodológico de tradução e interpretação dos textos bíblicos.

Sete são as modalidades – ou tipologias – de inteligência conforme listadas por Torresan (2020): ***corpórea* ou *cinestésica*** (controle do corpo), ***espacial*** (localização no tempo e no espaço), ***pessoais*** (*interpessoal:* interação com os pares; *intrapessoal*: relacionada ao autoconhecimento), ***linguística*** (expressão do pensamento e compreensão do outro), ***lógica*** (habilidade com cálculos e previsões, rapidez de raciocínio), ***musical*** (percepção sonora aguçada, chegando à percepção dos fonemas) e ***naturalista***, que se refere à análise e compreensão dos fenômenos da natureza e também à comparação de conjuntos, ainda que artificiais, como é caso das línguas.

Cabe ressaltar que, conforme aponta Torresan (2020, p. 15), a Teoria das Múltiplas Inteligências vem evoluindo, pois há uma nova tipologia chamada de "*inteligência existencial*" em processo de validação, o que "comprova que o número de competências que pode ser associado à inteligência não é definitivo nem é o centro da teoria". O autor salienta que é importante atentar para

> [...] o caráter múltiplo da inteligência e a possibilidade de que suas manifestações engendrem algo como uma teia de relações, tramadas entre as várias dimensões possíveis, abandonando então a ideia de que a inteligência poderia ser medida e representada por grandezas finitas (notas, conceitos numéricos, ou por letras etc.) ou com um conjunto de habilidades isoladas.

Assim sendo, qualquer processo voltado para o ensino-aprendizagem tem que contemplar a Teoria das Múltiplas Inteligências, visto que esta – assim como a arte da tradução – envolve fatores diversos, tais como cultura, geografia, conhecimento de mundo, o *background* que o aprendiz traz para o ambiente escolar etc. Tendo em vista que "os professores habitualmente se esquecem de o aluno tem um corpo" (Torresan, 2020, p. 17), precisamos desenvolver formas de se ensinar e aprender que sejam compatíveis com a maneira como cada pessoa aprende, ou seja, temos que ensinar os alunos a aprender a aprender, pois "toda criança nasce gênio, não há dificuldade em aprender, e, sim, maneiras erradas de ensinar" (Machado, 1999, p. 11).

Todas as pessoas são capazes de aprender qualquer coisa (inclusive línguas estrangeiras!), contanto que lhes sejam oferecidas atividades voltadas para aprendizagem que abarquem as diferentes modalidades de inteligências aqui descritas, as quais devem ser consideradas na elaboração de metodologia de ensino compatível com as diversas formas de aprender que cada indivíduo traz consigo de berço. Por fim, a partir da definição de inteligência dada por Gardner (já transcrita acima), destacamos os elementos que cooperam para o desenvolvimento da inteligência, conforme enumerados por Torresan (2020, p. 21): *o acervo biológico*, no qual estão compreendidos fatores hereditários e genéticos; *o contexto histórico-cultural*, ou melhor, o tempo e o lugar e, consequentemente, a sociedade na qual uma pessoa nasce e cresce; *o contexto educativo e as decisões pessoais*: família e escola, além da escolha feita pelo indivíduo.

Conclusão

Embora o escopo deste trabalho não esgote – e não resolva definitivamente – as questões relacionadas às dificuldades inerentes a tradução/

versão, seja dos textos bíblicos, seja de qualquer outro tipo de texto, concluímos que, pela breve exposição aqui tratada, há muito a se pesquisar, estudar, observar, apreender para termos – ou chegarmos perto de – uma tradução que possa ser considerada perfeita. Como transpor as barreiras linguísticas, históricas, culturais, religiosas, geográficas e geopolíticas se não temos um idioma com o qual possamos exprimir, em essência, todas as coisas? Será que um dia teremos uma língua *efável, omniefável,* para conseguir tal proeza? Que língua seria essa? Que língua teria Deus usado para falar com Adão? Que língua Adão usou para nomear os seres e as coisas do mundo? Que língua seria capaz de expressar toda a experiência humana?

Como a língua perfeita pressupõe a *efabilidade* – o poder de expressar em palavras a essência dos seres e das coisas – percebemos que a língua verbal não é *efável*, porquanto temos que recorrer a indicações, gestos e inflexões tonêmicas, por exemplo, se quisermos descrever em palavras a diferença entre o perfume da verbena e do alecrim. Segundo Eco (2001, p. 44), "os projetos de língua perfeita se referiram quase todos ao modelo de língua verbal", o que se deve ao fato de que "entre todos os sistemas semióticos ela aparece como aquela que dispõe de um raio mais amplo e satisfatório de efabilidade".

Diante de tal inexistência dessa língua perfeita, os métodos abordados neste ensaio, utilizados ao longo da história da prática da tradução, nas versões dos textos bíblicos, bem como o recorte aspectual – quando tratamos de tempo e aspectos verbais –, entre outros, nos levam a crer que as traduções não são só imperfeitas, elas são também impossíveis de serem realizadas no que tange à fidelidade ao texto original. As empreitadas tradutórias dos textos sagrados não têm sido em vão: todo esse esforço feito por inúmeros especialistas – teólogos, historiadores, linguistas, tradutores etc. – para se chegar o mais próximo possível do texto de partida nas mais variadas línguas para as quais o AT e o NT foram vertidos, nos instiga a "vasculhar" ainda mais esse mundo intrigante – o universo da tradução – e a pesquisar mais profundamente os métodos existentes e a desenvolver novas metodologias de interpretação/versão das escrituras e de qualquer obra.

Enquanto isso, esperamos ansiosamente que uma língua perfeita, *ominiefável* possa vir a existir em um *l'avenir* da humanidade, visto que o mundo, com o avanço frenético da tecnologia, está se tornando cada vez menor, com a comunicação entre as pessoas em qualquer parte do planeta (e até mesmo fora dele) cada vez mais instantânea, em tempo real. Podemos sonhar com o advento de uma língua global, realmente *efável,* com a qual todos os seres humanos possam se comunicar e se expressar sem as barreiras linguísticas hoje inerentes às línguas vivas.

Referências

ALAND, K.; ALAND, B. **O texto do Novo Testamento:** introdução às edições científicas do Novo Testamento Grego bem como à teoria e prática da moderna crítica textual. Tradução de Vilson Scholz. Barueri: Sociedade Bíblica do Brasil, 2013.

AZEREDO, J. C. de. **Gramática Houaiss da Língua Portuguesa**. 3. ed. São Paulo: Publifolha, 2014.

BILINGUAL Holy Bible. Disponível em: http://www.transcripture.com/portuguese-russian-genesis-1.html. Acesso em: 15 jan. 2021.

COMRIE, B. **Aspect**: an introduction to the study of verbal aspect and related problems. Cambridge: Cambridge University Press, 1976.

COSTA, S. B. B. **O aspecto em português**. 3. ed. São Paulo: Contexto, 2002.

DAVIDSON, R. M. Quem é o autor da Bíblia? *In:* PFANDL, G. (org.). **Interpretando as Escrituras**: descubra os sentidos dos textos mais difíceis da Bíblia. Tatuí: Casa Publicadora Brasileira, 2015.

DUCROT, O.; TODOROV, T. **Dicionário enciclopédico das ciências da linguagem.** São Paulo: Perspectiva, 2010.

ECO, U. **Quase a mesma coisa:** experiências de tradução. Tradução de Eliana Aguiar. Rio de Janeiro: Record, 2007.

ECO, U. **A busca da língua perfeita na cultura europeia.** Tradução de Antonio Angonese. São Paulo: EdUNESP, 2018.

ERHMAN, D. B. **O que Jesus disse? O que Jesus não disse? Quem mudou a Bíblia e por quê?** Tradução de Marcos Marcionilo. Rio de Janeiro: Ediouro, 2005.

FERNANDES, L. A. **A Bíblia e a sua mensagem:** uma introdução à leitura e ao estudo da Bíblia. Rio de Janeiro: PUC-Rio, 2010.

FERREIRA, A. B. H. **Novo Dicionário Aurélio da Língua Portuguesa.** Curitiba: Positivo, 2009.

FRANCISCO, E. F. **Manual da Bíblia Hebraica:** introdução ao texto massorético, guia introdutório para a Bíblia Hebraica Stuttgartensia. São Paulo: Vida Nova, 2008.

GEISLER, N.; NIX, W. **Introdução bíblica:** como a bíblia chegou até nós. Tradução de Oswaldo Ramos. São Paulo: Vida, 2006.

HASEL, F. M. Existem erros na Bíblia? *In:* PFANDL, G (Org.). **Interpretando as Escrituras:** descubra os sentidos dos textos mais difíceis da Bíblia. Tatuí: Casa Publicadora Brasileira, 2015.

KONINGS, J. **Tradução e traduções da Bíblia no Brasil.** Perspectiva Teológica, n. 35, p. 215-238, 2003.

LI, T. Como escolher uma versão bíblica? *In:* PFANDL, G (Org.). **Interpretando as Escrituras:** descubra os sentidos dos textos mais difíceis da Bíblia. Tatuí: Casa Publicadora Brasileira, 2015.

LIMA, M. L. C. **Exegese bíblica:** teoria e prática. São Paulo: Paulinas, 2014.

MACHADO, L. J. A. **Toda criança nasce gênio – uma nova didática que visa à mobilização de capacidades humanas como elemento de autorrealização**. Rio de Janeiro: Gráfica da UERJ, 1990.

MACHADO, L. **Superinteligência**. Rio de Janeiro: Qualitymark, 2005.

MAZZAROLO, I.; FERNANDES, L. A.; LIMA, M. L. C. **Exegese, teologia e pastoral:** relações, tensões e desafios. Santo André: Academia Cristã, 2015.

MEYER, R. M. de B.; ALBUQUERQUE, A. **O pretérito perfeito composto no português para estrangeiros**: fronteiras com outras línguas. Rio de Janeiro: Livre Expressão, 2011.

MUELLER, E. Diretrizes para a interpretação das Escrituras. *In:* REID, G. W. (ed.) **Compreendendo as Escrituras:** uma abordagem adventista. Tradução de Francisco Alves de Pontes. Engenheiro Coelho: UNASPRESS, 2018.

OSBORNE, G. R. **A Espiral hermenêutica:** uma nova abordagem à interpretação bíblica. Tradução de Daniel de Oliveira, Robinson N. Malkomes, Sueli da Silva Saraiva. São Paulo: Vida Nova, 2009.

PAROSCHI, W. **Origem e transmissão do texto do Novo Testamento.** Barueri: Sociedade Bíblica do Brasil, 2012.

RAMOS, J. C. **Mensagem de Deus:** como entender as profecias bíblicas. Tatuí: Casa Publicadora Brasileira, 2012.

SOARES, M. A. B. P. **A semântica do aspecto verbal em russo e em português**. Rio de Janeiro: EdUFRJ, 1984.

TIMM, A. R. Antecedentes históricos da interpretação bíblica adventista. *In:* REID, G. W (Ed.). **Compreendendo as Escrituras:** uma abordagem adventista. Tradução de Francisco Alves de Pontes. Engenheiro Coelho: UNASPRESS, 2018.

TORRESAN, P. **Inteligência e didática das línguas**. Tradução de Carmem Praxedes e Ilduara Silveira. São Carlos: Pedro & João, 2020.

TRADUTTORE, traditore. *In:* **Dicionário Priberam da Língua Portuguesa**. Disponível em: https://dicionario.priberam.org/traduttore,%20traditore. Acesso em: 15 jan. 2021.

TRAVAGLIA, L. C. **O aspecto verbal no português**: a categoria e sua expressão. 5. ed. Uberlândia: EdUFU, 2016.

VANHOOZER, K. **Há um significado neste texto?** interpretação bíblica: os enfoques contemporâneos. Tradução de Álvaro Hattnher. São Paulo: Vida, 2005.

STATUS QUAESTIONIS DA SEGUNDA LINHA DO HINO CRISTOLÓGICO DE 1TIMÓTEO 3,16 (PARTE 1)

Rafael Mendonça de Souza
Waldecir Gonzaga

Introdução

O hino cristológico de 1Timóteo 3,16 (doravante 1Tm 3,16) está localizado na primeira das cartas que compõem as chamadas *pastorais*, (Gonzaga, 2017, 19-41) na perícope *1Tm 3,14-16*. Chamam-nos a atenção sua beleza literária e seu rico conteúdo teológico. O versículo 16 (doravante v. 16) é constituído de uma breve introdução seguida do hino cristológico propriamente dito, contendo seis linhas. Mais especificamente, o objeto material considerado pelo presente capítulo é a sua segunda, a qual afirma "ἐδικαιώθη ἐν πνεύματι/ *foi considerado justo no espírito*" (v. 16c)[8], conforme aparece na edição crítica *Nestle-Aland 28*. (Nestle-Aland, 2012) O v. 16 está organizado da seguinte forma:

16 καὶ ὁμολογουμένως μέγα ἐστὶν τὸ τῆς εὐσεβείας μυστήριον	(Introdução)
ὃς ἐφανερώθη ἐν σαρκί,	(Primeira Linha)
ἐδικαιώθη ἐν πνεύματι,	**(Segunda Linha)**
ὤφθη ἀγγέλοις,	(Terceira Linha)
ἐκηρύχθη ἐν ἔθνεσιν,	(Quarta Linha)
ἐπιστεύθη ἐν κόσμῳ,	(Quinta Linha)
ἀνελήμφθη ἐν δόξῃ.	(Sexta Linha)

Considerando as implicações que envolvem um capítulo demasiado grande, estruturamos a presente pesquisa em duas partes. Nesta primeira delas, a qual passaremos a expor logo abaixo, apresentamos o *Status Quaestionis*[9] do texto de 1Tm 3,16 desde a tradução e interpretação dada por Martin

[8] Tradução dos autores.

[9] Expressão latina cuja tradução é *Estado da Questão*, e indica aqui como o texto foi traduzido e interpretado ao longo dos anos.

Luther[10] em meados do século XVI até à exposição feita por L. Ann Jervis em 1999. Na segunda parte, no segundo capítulo dessa exposição, temos a continuação do *Status Quaestionis* da segunda linha desse hino, porém, apresentando os dados das pesquisas que surgiram a partir do início do século XX, com Thomas C. Oden, Peter J. Gorday e William D. Mounce até obras mais recentes, desse início do século XXI.

Ao todo, apresentamos as conclusões das pesquisas de 49 autores sobre a segunda linha desse hino cristológico. Esse mapeamento oferece um panorama que nos ajuda a entender como essa segunda linha do hino que afirma "ἐδικαιώθη ἐν πνεύματι" foi traduzida e interpretada ao longo dos anos. Vale ressaltar ainda que esses dados foram coletados a partir de quatros tipos de fontes teóricas, a saber, os comentários gerais sobre o NT, também dos comentários que consideraram apenas as Cartas Pastorais (1 e 2 Timóteo, Tito), e de comentários específicos sobre 1Timóteo. Finalmente, também de artigos científicos publicados que trataram sobre tema. A ordem de exposição das obras a qual adotamos nesse passo foi *cronológica*, partindo das obras mais antigas às mais recentes.

DOS AUTORES E COMENTÁRIOS

Martinho Lutero (meados do século XVI)

Em meados do século XVI, Martinho Lutero elaborou uma série de comentários e sermões contemplando a primeira carta a Timóteo, que posteriormente se tornariam uma obra sobre 1Timóteo. No ano 2000, foi publicado em espanhol um comentário sobre A Primeira Carta a Timóteo que traz a tradução desses comentários de Lutero, tendo como título *A Primeira Carta de Pablo a Timoteo* (Lutero, 2000).

Ao comentarem sobre o caráter da obra, os editores afirmam que "o tom desse comentário é um pouco forte; [...] a exposição de Lutero dessa epístola obedece a motivos apologéticos" (Lutero, 2000, 12). Porém, embora de caráter apologético, a obra apenas margeia uma exegese exaustiva do texto. Ao considerar o hino cristológico de 1Tm 3,16, e mais especificamente a segunda linha que diz ἐδικαιώθη ἐν πνεύματι[11], Lutero a traduz por "Justificado no Espírito" (Lutero, 2000, 117). Ao comentar o que essa expressão significa, ele afirma que

[10] Martinho Lutero.

[11] Toda oração, expressão, ou palavra grega utilizadas com a intenção de apresentar o texto bíblico grego, no corpo desse trabalho foi retirado de NESTLE-ALAND. *Novum Testamentum Graece*. Ed. XXVIII.

> O Espírito Santo justifica quando se o considera uma realidade santa e saudável. O mundo não condena seu mistério. Tampouco são feitos por pagãos, seitas, sabedoria ou justiça. Só o Espírito justifica. Ou seja, eles acreditam que Cristo possui o poder de justificar em espírito. (Lutero, 2000, 121)

Em outras palavras, para Lutero Cristo é "Justificado em Espírito", quando o ser humano O reconhece *como santo, salutar e possuidor do poder de perdoar*, e tal concepção só pode ser produzida por meio do Espírito Santo.

Johannes Jacob von Oosterzee, Edward Abiel Washburn e Edwin Harwood (1867)

Em 1867, Johannes Jacob von Oosterzee publicou em alemão sua obra sobre as Cartas Pastorais a Timóteo com o título *Christelijke dogmatiek.* Posteriormente, em 1870, essa obra foi traduzida para o inglês com o título *The Two Epistles of Paul to Timothy* (Oosterzee *et al.*, 1870). A tradução para o inglês ganhou adições de Edward Abiel Washburn e Edwin Harwood.

Podemos destacar que Oosterzee, Washburn e Harwood não são exaustivos na explicação de 1Tm 3,16. Eles traduzem a segunda linha do hino cristológico ἐδικαιώθη ἐν πνεύματι por "justificado no Espírito" (Oosterzee *et al.*, 1870, 46), tradução essa que procuram conectar ao significado da linha anterior "manifestado na carne". Assim, entendem as duas primeiras linhas do hino como estando relacionadas. Na sequência, oferecem uma explicação para o texto.

De acordo com eles, o termo "justificado em Espírito" significa que Cristo "provou ser a própria pessoa que realmente era (por esse sentido de justificado)" (Oosterzee *et al.*, 1870, 46), ou seja, Cristo provou ser justo. E acrescentam que "Ele é por Sua glória divina, conhecido "ἐν πνεύματι", pelo qual esses Seus atos são efetuados" (Oosterzee *et al.*, 1870, 46). Nesse sentido, "o justificado em Espírito" para eles significa que as ações de Cristo são efetuadas pela ação do Espírito, assim, os seus atos O justificam ser divino.

Então acrescentam que o Espírito ressuscitou Jesus dentre os mortos e que tal obra "O revela em Sua alta natureza e dignidade" (Oosterzee *et al.*, 1870, 46). Dessa forma, está claro que na compreensão de Oosterzee, Washburn e Harwood, o significado de "justificado no Espírito" em 1Tm 3,16 está relacionado às ações operadas por Cristo por meio do Espírito e a sua ressurreição, que revela sua natureza justa, divina e digna.

Robert Jamieson, Andrew Robert Fausset e David Brown (1871)

Em 1871, foi publicada em inglês a coleção *A Commentary, Critical and Explanatory on the Old and New Testaments,* de autoria de Robert Jamieson, Andrew Fausset e David Brown. Cerca de 120 anos depois, essa coleção foi revisada e atualizada, ganhando uma nova edição em 1996, edição essa que foi traduzida para o espanhol em 2002, com o título *Comentario Exegetico y Explicativo de la Bíblia* (Jamieson *et al.*, 1871), obra da qual fazemos uso aqui.

Considerando o hino cristológico de 1Tm 3,16, a tradução oferecida à frase grega analisada aqui, ἐδικαιώθη ἐν πνεύματι, é "foi justificado no Espírito" (Jamieson *et al.*, 1871, 623). Assim, como sinônimo de *justificado* eles entendem "aprovado por ser Justo" (Jamieson *et al.*, 1871, 623). Os autores colocam em paralelo a primeira linha e a segunda linha do hino, pois, para eles, essas linhas devem ser compreendidas complementarmente, tal como esclarecem:

> Ele foi justificado no Espírito ao mesmo tempo em que Se manifestou na carne, ou seja, foi vindicado como divino "em Seu Espírito", isto é, em Sua natureza superior, em contraste com "em carne", Sua natureza humana visível. (Jamieson *et al.*, 1871, 623).

Ou seja, de acordo com eles, Jesus possui as duas naturezas: humana e divina, e, como ser divino, possui uma natureza superior, a espiritual. Os autores argumentam que a palavra *justificado* é usada para significar justificado em sua verdadeira natureza. Sua manifestação "na carne"

> O expôs a ser mal interpretado, como se Ele não fosse nada mais que homem. Sua justificação, ou vindicação, com respeito ao Seu Espírito ou Seu ser superior, foi efetuada por tudo aquilo que manifestava Aquele ser superior: Suas palavras, Suas obras, pelo testemunho de Seu Pai no momento de Seu batismo e na transfiguração, e especialmente em Sua ressurreição. (Jamieson *et al.*, 1871, 623).

Assim, a *justificação* de Jesus está relacionada com Sua natureza espiritual e Suas obras, que eram realizadas em conformidade com o Espírito Santo, e que encontrou seu clímax na *ressurreição.*

Johann Eduard Huther (1875)

Em 1875, foi publicada em alemão uma coleção sobre o Novo Testamento intitulada *Kritischexegetischer Kommentar zum Neuen Testament.* Quando essa coleção foi traduzida e publicada para a língua inglesa, chegou a ser considerada uma das melhores obras sobre o Novo Testamento do século XIX.[12] O volume que trata das cartas pastorais tem como autor Johann Eduard Huther e foi publicado em 1881, com o título *Critical and Exegetical Commentary on the New Testament Hoandbook to the Epistles of St. Paul to Timothy and Titus* (Huther, 1881).

Considerando a segunda linha do hino de 1Tm 3,16 "ἐδικαιώθη ἐν πνεύματι", Huther não oferece uma tradução, porém, procura atribuir um significado à expressão. Em primeiro lugar, ele afirma que a segunda linha do hino está em contraste com a primeira linha (Huther, 1881, 160), e, em seguida, afirma que "ἐδικαιώθη ἐν πνεύματι" significa "ser mostrado tal como Ele é em natureza; aqui, portanto, o sentido é: Ele foi mostrado em Sua glória divina" (Huther, 1881, 161).

Esclarecendo o contraste apontado anteriormente, para Huther "ἐν πνεύματι" deve ser entendido em contraste com "ἐν σαρκί", pois que "ἐν σαρκί", denota "a maneira terrena e humana de Seu aparecimento", e em "ἐν πνεύματι" denota "o princípio interno que formou a base de Sua vida" (Huther, 1881, 161), assim o sentido final é que "o espírito revelado Nele era o meio de revelar Sua verdadeira natureza" (Huther, 1881, 161). Ou seja, para Huther, foi a atuação do Espírito Santo em Jesus que o *justificou* ao revelar nEle Sua natureza divina.

Vanderlei Dorneles, Diogo Cavalcante e Alceu L. Nunes (1953) (editores)

Em 1953 foi publicado um comentário bíblico de toda a Bíblia, em língua inglesa, intitulado *The Seventh-Day Adventist Bible Commentary*, tendo como editor o teólogo Francis D. Nichol. Depois de 60 anos, esse comentário foi traduzido para a língua portuguesa com o título *Comentário Bíblico Adventista do Sétimo Dia*. O título do volume, que trata da primeira carta a Timóteo, é *Comentário Bíblico Adventista do Sétimo Dia: Filipenses a Apocalipse (CBASD)* (Dorneles *et al.*, 2014), tendo como editores Vanderlei Dorneles, Diogo Cavalcante e Alceu L. Nunes. Os comentários sobre 1Timóteo não são de um estudioso específico, sugerindo assim que a argumentação do texto é uma representação da posição adotada pela Igreja Adventista do Sétimo Dia sobre o significado dos textos. O *Comentário*, embora seja volumoso, não oferece uma análise exegética do texto, apenas teológico-pastoral.

[12] https://www.logos.com/product/9847/critical-and-exegetical-commentary-on-the-new-testament. Pesquisado em: 09/08/2020.

Sobre a segunda linha do hino cristológico – ἐδικαιώθη ἐν πνεύματι –, a tradução sugerida na obra é "justificado em Espírito ou no espírito" (Dorneles *et al.*, 2014, 310). A expressão é explicada de forma separada, primeiro "ἐδικαιώθη" e depois "ἐν πνεύματι". Sobre o significado dessa expressão, primeiro é dito que o verbo "δικαιόω" significa "ser declarado justo" e, com isso, acrescenta que "Cristo foi declarado justo porque era sem pecado" (Dorneles *et al.*, 2014, 310). Em seguida, é afirmado que "ἐν πνεύματι" significa "no que diz respeito às coisas espirituais" (Dorneles *et al.*, 2014, 310), e logo depois é finalizada a explicação sobre o texto.

Sendo assim, em outras palavras, de acordo com o *CBASD* a expressão quer dizer que *Cristo foi declarado justo no que diz respeito às coisas espirituais porque não teve pecado*. Todavia, tal Comentário deixou de explicar o porquê da tradução da expressão "ἐν πνεύματι" por "no Espírito", uma vez que o significado da expressão para os autores está relacionado a *coisas espirituais* e não propriamente a uma pessoa divina.

Martin Dibelius e Hans Conzelmann (1955)

Em 1955 foi publicado um comentário sobre as cartas pastorais, em língua alemã, intitulado *Die Pastoralbrief,* de autoria de Martin Dibelius[13]. Depois de quase duas décadas, em 1972, a coleção de língua inglesa *Hermeneia* apresenta uma edição dessa obra revisada por Hans Conzelmann, com o título *The Pastoral Epistles* (Dibelius; Conzelmann, 1972).

Considerando a segunda linha do hino cristológico de 1Tm 3,16 que rege ἐδικαιώθη ἐν πνεύματι, Dibelius e Conzelmann a traduzem por "vindicado no espírito" (Dibelius; Conzelmann, 1972, 62) e a consideram como sendo uma frase problemática em relação à sua interpretação. Eles argumentam que "o fato de o processo ser designado por "vindicado" ("ἐδικαιώθη") mostra um uso da palavra que de forma alguma corresponde ao uso comum em Paulo." (Dibelius; Conzelmann, 1972, 62) Ou seja, nesse contexto especifico o verbo "δικαιόω", no aoristo passivo, não deve ser entendido como "justificado", como ele é traduzido e interpretado geralmente dentro dos escritos paulinos, mas melhor é entendê-lo como *vindicado*. Com efeito, os autores argumentam que o significado do verbo "vindicado" ou "justificado" aqui não se refere ao perdão dos pecados, mas antes, à entrada no divino reino, o reino da justiça" (Dibelius; Conzelmann, 1972, 62). Para Dibelius e Con-

[13] Martin Dibelius morreu em 1947, porém, deixou o referido comentário pronto. (ver Foreword to the Third and Fourth German Editions, p. xii em DIBELIUS, M.; CONZELMANN, H. The Pastoral Epistles.

zelmann há uma diferença no significado da tradução "vindicado", porém, não esclarecem qual seja a diferença entre "justificado" e "vindicado" ao se optar por uma das duas traduções.

John Norman Davidson Kelly (1963)

Em 1963, John N. D. Kelly publicou, em inglês, seu comentário sobre as cartas pastorais com o título *A Commentary on Pastoral Epistles*. Vinte anos depois, em 1983, foi traduzido e publicado em língua portuguesa, com o título *I&II Timóteo e Tito* (Kelly, 1983).

Inicialmente, Kelly coloca as seis linhas do hino em paralelo e busca mostrar a relação existente entre elas. A tradução oferecida por ele para a segunda linha do hino cristológico "ἐδικαιώθη ἐν πνεύματι" é "justificado em espírito" (Kelly, 1983, 90), e reconhece ser essa uma frase de difícil interpretação. Considerando a primeira parte da frase, Kelly afirma que esse "justificado" aqui possui um "sentido que não tem em qualquer outro lugar no NT" (Kelly, 1983, 90) e acrescenta que, por se tratar de uma citação, pode ser uma justificativa para esse uso diferente dos demais usos do termo nas cartas paulinas (Kelly, 1983, 90).

Em seguida, Kelly argumenta que o termo *"justificado"* pode ser entendido como "declarado justo e demonstrado como sendo realmente o Filho de Deus, no que diz respeito à Sua natureza espiritual, sendo subentendida uma referência à ressurreição" (Kelly, 1983, 91). Ou seja, Kelly enxerga uma referência à ressurreição e não à justificação como apresentada nos demais textos paulinos.

Joachim Jeremias (1963)

Em 1963, Joachim Jeremias publicou sua obra sobre as cartas pastorais e hebreus, em língua alemã, com o título *Die Briefe an Thimotheus und Titus. Der Brief an die Hebräer.* A primeira parte da obra é um comentário de J. Jeremias sobre as cartas pastorais, e a segunda parte constitui um comentário à carta aos Hebreus, de autoria de Hermann Strathmann. Esse volume, posteriormente (1973), foi traduzido para o italiano, sob o título *Le Lettere a Timoteo e a Tito, La Lettera agli Ebrei* (Jeremias, 1973).

Nessa obra, Jeremias organiza seu comentário sobre 1Tm 3,16 expondo primeiramente em paralelo as seis linhas do hino e estabelecendo uma relação quiástica entre elas – "carne-Espírito; anjos-pessoas; mundo-glória"

(Jeremias, 1973, 50). Posteriormente, ele traduz a segunda linha – "ἐδικαιώθη ἐν πνεύματι" – do hino como "justificado no Espírito" (Jeremias, 1973, 50), e argumenta que a expressão "justificado no Espírito" aqui significa "que Deus mostra ao mundo inteiro como o Justo, é que foi crucificado como um malfeitor. Concretamente, em ambos os casos, a justificativa é a *ressurreição*; isso aconteceu 'no Espírito' (de Deus)." (Jeremias, 1973, 51) Ou seja, Jeremias afirma que por meio da *ressurreição,* Cristo é demonstrado "justificado" diante de todos, porque foi *ressuscitado* através do Espírito, e esse Espírito não pode operar na *ressurreição* do injusto, o que leva a crer, nesse sentido, que Jesus foi *justificado.*

Joseph Reuss (1967)

A obra de Joseph Reuss foi publicada pela primeira vez, em língua alemã, em 1963, com o título *Der Erste Brief an Timotheus,* e, posteriormente (1967), foi traduzida e publicada para o português com o título *A Primeira Epístola a Timóteo* (Reuss, 1967).

A tradução oferecida por Joseph Reuss para a segunda linha do hino cristológico de 1Tm 3,16, "ἐδικαιώθη ἐν πνεύματι" é "justificado no Espírito" (Reuss, 1967, 59). Ademais, ele divide seu comentário sobre esse trecho bíblico em três seções, sendo que cada seção comtempla duas linhas do hino. Sobre a primeira e segunda linhas, ele coloca em paralelo as duas esferas da atuação de Cristo, que ele mesmo denomina de "a revelação de Cristo na carne, a justificação no Espírito." (Reuss, 1967, 59).

Ao explicar essa relação, primeiramente ele defende que a "revelação na carne" se dá mediante a encarnação de Cristo (Reuss, 1967, 60). Em segundo lugar, ao tratar sobre a "justificação no Espírito", acrescenta que "através do Espírito, Jesus Cristo foi justificado em Sua divindade. Tudo isso aconteceu por meio de Sua vida admirável, da sua ressurreição e da sua ascensão ao Pai" (Reuss, 1967, 60). Em outras palavras, Reuss afirma que a "justificação em Espírito" de Cristo foi dada mediante *Sua vida admirável, ressurreição e ascensão.*

Finalmente, ele acrescenta que o Espírito Santo é o agente da "*justificação*" de Cristo e reitera que "Deus, pelo 'Espírito', dá a todo o mundo testemunho de que aquele que morreu na cruz como criminoso é O 'justo e santo'" (Reuss, 1967, 60). Ou seja, para Reuss, é por meio do Espírito Santo, atuando nos três momentos da vida de Cristo – sua vida admirável, sua ressurreição e sua ascensão –, que Cristo é apresentado como justo e santo.

Werner de Boor (1969)

Em 1969, em alemão, Werner de Boor publicou sua obra sobre cartas pastorais e Tessalonicenses com o título *Die Briefe des Paulus an die Thessalonicher; Der erste Brief des Paulus an Timotheus; Der zweite Brief des Paulus an Timotheus, die Briefe an Titus und na Philemon.* Em 2007, essa obra foi traduzida para a língua portuguesa com o título *Carta aos Tessalonicenses, Timóteo, Tito e Filemon* (Boor, 2007).

Ele nos oferece uma tradução que se afasta da demais traduções encontradas até aqui. Ele traduz a expressão grega "ἐδικαιώθη ἐν πνεύματι" assim: "que obteve a razão no Espírito" (Boor, 2007, 224, 226). Aprofundando a questão, Boor explica que a expressão "que obteve a razão no Espírito" significa que Jesus foi "confirmado na glória" (Boor, 2007, 226) e essa "confirmação" se deu por intermédio do Espírito Santo na ressurreição, assim "a ressurreição no poder do Espírito é a confirmação de sua verdadeira condição divina" (Boor, 2007, 227). Ele conclui que "foi exclusivamente a ressurreição que o confirmou" (Boor, 2007, 227).

Dessa forma, fica claro que na compreensão de Boor, a *ressurreição* aconteceu por meio do *Espírito*, e tal *ressurreição* confirma a verdadeira condição divina de Jesus, ou seja, que Ele é Deus.

Allan G. Nute (1979)

Em 1979, em inglês, foi publicada a coleção *New International Bible Commentary*. Ela é resultado de uma ampliação da obra *A New Testament Commentary,* publicada em 1969. Em 2008, essa obra foi publicada em língua portuguesa com o título *Comentário Bíblico NVI: Antigo e Novo Testamento* (Nute, 2008). Allan Nute é o responsável pelos comentários às duas cartas a Timóteo.

Considerando a segunda linha do hino cristológico de 1Tm 3,16, que diz "ἐδικαιώθη ἐν πνεύματι", Nute a traduz como "justificado no Espírito" (Nute, 2008, 2056). Em seguida, ele apresenta haver uma relação contrastante entre a primeira linha do hino, que diz "ὃς ἐφανερώθη ἐν σαρκί", e a segunda linha do hino que declara "ἐδικαιώθη ἐν πνεύματι". Nesse sentido, o autor afirma que a segunda linha está justapondo a primeira (Nute, 2008, 2056).

Ele sugere duas possibilidades de interpretação à segunda linha do hino. Sobre a primeira possibilidade, ele argumenta:

> Ao escrever a palavra *Espírito* com a inicial maiúscula, a NVI[14] denota o Espírito Santo como o agente da vindicação de Cristo. Se esse for o caso, então a mente é dirigida de forma natural ao clímax da obra de *justificação*, ou seja, a *ressurreição*. (Nute, 2008, 2056)

Sendo assim, para Nute, a primeira possibilidade é que a expressão grega signifique a *ressurreição*. A segunda interpretação possível sugerida por ele é que o termo possa referir-se ao *espírito humano*. Se esse for o caso, ele afirma que "ao longo de todo seu ministério o Salvador conhecia uma vindicação interior, que a sua consciência dava aprovação concreta de todo pensamento, palavra e ação" (Nute, 2008, 2056). Dessa forma, Jesus era dirigido por uma concepção interior baseada em realidade concreta.

Finalmente, o autor se posiciona ao lado da primeira possibilidade, quando afirma que, em relação a Jesus, "seria mais provável que o *corpo* estivesse em justaposição a Ele, um espírito humano, e que quando o termo *carne* é usado metaforicamente, sua antítese natural é o Espírito divino" (Nute, 2008, 2056). Nessa questão, portanto, é a justaposição dos termos usados nas linhas um e dois do hino que justifica a escolha de Nute pela primeira interpretação, a qual, conforme dito, afirma que o significado da expressão é a *ressurreição*.

Robert H. Gundry (1979)

Em 1979, em língua inglesa, foi publicada a obra *Apostolic History and the Gospel: Biblical and Historical Essays, presented to F. F. Bruce*. Tal obra constitui a compreensão de vários estudiosos sobre alguns temas importantes do NT. Entre esses estudiosos está Robert Gundry, que nesse trabalho escreveu um capítulo intitulado *The Form, Meaning and Background of the Hymn Quoted in 1 Timothy 3:16* (Gundry, 1979), no qual considera, de forma bastante significativa, o conteúdo da segunda linha do hino cristológico.

Em primeiro lugar, a tradução oferecida por Gundry (1979) para "ἐδικαιώθη ἐν πνεύματι" é "vindicado em espírito" (Gundry, 1979, 210). Em seguida, ele analisa a função de "ἐν πνεύματι" e afirma que

> [...] a expressão denota o espírito humano individual de Cristo, bem como a esfera geral em que sua reivindicação ocorreu e que a ausência de um qualificador como 'ἅγιός' com 'πνεύματι'

[14] Fazendo menção à versão bíblica inglesa *New International Version*.

> [...] favorece uma referência ao seu espírito humano, o que confirma sentido locativo de 'ἐν' e afasta a interpretação de 'ἐν πνεύματι' por "no Espírito [Santo]". (Gundry, 1979, 211-12).

Gundry (1979) apresenta sua posição a respeito do significado da expressão. Para ele, esse significado está relacionado com um momento antes da ressurreição. Sobre tal momento, ele começa dizendo que "a linha 2 se refere à vindicação de Cristo durante e pelo *Descensus ad Inferos* em forma espiritual entre a morte e a ressurreição." (Gundry, 1979, 213).

Finalmente, colocando o texto de 1Tm 3,16 em paralelo ao de 1Pe 3,18, Gundry (1979) conclui que

> 1 Pedro, então, quer dizer que após sua expiração Jesus ressuscitou em espírito por meio de uma renovada comunhão com o Pai. Depois foi para o abismo em forma de espírito para proclamar seu triunfo, e assim desfrutou de vindicação diante dos espíritos hostis ali. Da mesma forma, a linha 2 em 1 Timóteo 3:16 provavelmente se refere àquela vindicação em espírito antes da ressurreição. (Gundry, 1979, 213).

Ou seja, Gundry (1979) sugere um momento antes da ressureição no qual Cristo foi justificado diante dos espíritos hostis. Nesse sentido, ele vai em direção diferente de todos os outros autores até aqui consultados.

William Hendriksen (1981)

William Hendriksen, em 1981, publicou seu comentário sobre as cartas pastorais, em inglês, com o título *New Testament Commentary, Exposition of the Pastoral Epistles.* Em 2011, esse comentário foi traduzido para o português com o título *1 Timóteo, 2 Timóteo e Tito* (Hendriksen, 2011). Considerando a segunda linha do hino cristológico de 1Tm 3,16, Hendriksen traduz a frase como "vindicado pelo Espírito" (Hendriksen, 2011, 172). Em seguida, comentando o texto, ele afirma que o hino possui uma estrutura quiástica e que as seis linhas estão em paralelo antagônico: "(linha 1) carne x (linha 2) Espírito; (linha 3) nações x (linha 4) anjos; (linha 5) mundo x (linha 6) glória" (Hendriksen, 2011, 176), e que a partir dessa compreensão elas podem ser interpretadas. Em seguida ela passa a comentar as linhas separadamente.

Sobre a frase "vindicado pelo Espírito", Hendriksen afirma que ela significa que

> [...] sua justiça foi estabelecida mediante todos os atos de poder, pois seguramente o Espírito Santo não teria dado esse poder a um pecador. Mas foi especialmente pela sua *ressurreição dentre os mortos* que o Espírito vindicou *plenamente* a reivindicação de Jesus de que ele era o filho de Deus. (Hendriksen, 2011, 176)

Ou seja, para o autor, os atos de poder de Jesus e a ressurreição dentre os mortos não poderiam ter ocorrido se Jesus fosse um pecador, assim constituem o significado do "vindicado pelo Espírito" de 1Tm 3,16.

Cornelius Richard Stam (1983)

Em 1983, Cornelius R. Stam publicou seu comentário sobre as cartas pastorais paulinas, em inglês, com o título *Pastoral Epistles of Paul the Apostle* (Stam, 1983). O comentário, porém, não apresenta uma exposição exegética extensa sobre a segunda linha do hino cristológico de 1Tm 3,16 ou sobre o hino como um todo.

Em primeiro lugar, o autor oferece-nos uma tradução da frase grega "ἐδικαιώθη ἐν πνεύματι", frase essa que ele traduz por "justificado no Espírito" (Stam, 1983, 70). Em seguida, se limita a dizer apenas o seguinte:

> [...] as palavras "justificado no Espírito" parecem inadequadas quando aplicadas a Cristo. Nem Ele nem Sua conduta precisavam, portanto, ser justificados. Ele era a personificação da justiça. (Stam, 1983, 70)

Ou seja, para Stam o termo "justificado" não deve ser aplicado a Cristo, uma vez que seu uso comum está ligado a atribuição de "perdoado" ao pecador. Assim, de acordo com ele, Cristo não é pecador, mas a própria justiça encarnada.

Gordon D. Fee (1988)

Em 1988, Gordon Fee escreveu, em inglês, seu comentário sobre as cartas pastorais com o título *1 and 2 Timothy, Titus* (Fee, 1988) na coleção *New International Biblical Commentary*. Na análise, ele não chega a apresentar um comentário exaustivo sobre a segunda linha do hino cristológico de 1Tm 3,16, todavia, ele reconhece e considera a dificuldade de interpretação dessa linha dois, ao chamá-la de "o que é menos certo" (Fee, 1988, 94) e referindo-se à sua interpretação e entendimento dentro do hino.

De acordo com a argumentação de Fee (1988), a opção pela tradução "'ele foi vindicado pelo Espírito' apresenta dificuldades consideráveis" (Fee, 1988, 94) na sua aceitação. Ele sugere que uma tradução literal e fiel ao texto deveria ser "ele foi justificado em espírito [ou Espírito]" (Fee, 1988, 94), isso porque a primeira tradução se distancia do sentido de "vindicado" aplicado ao texto.

Finalmente, ele explica que o termo "ἐδικαιώθη" está indicando a "exaltação referente à ressurreição de Cristo" (Fee, 1988, 94). E mais adiante ele afirma que "os conjuntos cantam respectivamente Sua encarnação e ressurreição, Sua ascensão e proclamação na terra, Sua recepção na terra e no céu" (Fee, 1988, 96). Em outras palavras, para Fee (1988), Cristo foi *justificado em espírito* mediante a *exaltação da ressurreição*.

Thomas Clark Oden (1989)

Em 1989, também Thomas Oden publicou, em inglês, seu comentário sobre as cartas pastorais, ao qual deu o título de *First and Second Timothy and Titus*. Essa obra foi traduzida para o italiano e publicada em 2015 com o título *I e II Timoteo, Tito* (Oden, 1989).

Para o autor, a segunda linha do hino cristológico de 1Tm 3,16 deve ser traduzida como "ele foi justificado no Espírito" (Oden, 1989, 63). Após sua sugestão de tradução, ele faz uma série de afirmações explicativas sobre o significado dessa frase. Ele afirma enfaticamente que essa justificação se deu "especialmente por Sua [*de Cristo*] ressurreição" (Oden, 1989, 63). Ele não se demora em seu comentário, mas, de forma clara, faz uso abundante da ênfase à ressurreição como significando o *justificado em Espírito* nesse texto paulino.

Em outra parte, ele afirma novamente, em referência a Jesus, que o Espírito "o justificou ressuscitando dentre os mortos" (Oden, 1989, 63) e de novo, "segundo o Espírito de santidade, pela ressurreição dos mortos" (Oden, 1989, 63). Nesse sentido, fica claro que para Oden (1989) o significado da expressão *"justificado no Espírito"* é a *ressurreição de Jesus*.

Robert A. Wild (1989)

Também em 1989 foi publicado, em inglês, o comentário *The New Jerome Biblical Commentary,* sendo o mesmo, uma edição atualizada do *The Jerome Bible Commentary*, de 1968. Essa obra representa a contribuição de vários teólogos católicos no campo da interpretação dos textos do Novo Testamento. Em 2011, esse comentário foi publicado em língua portuguesa com o título *Novo Comentário Bíblico de São Jerônimo: Novo Testamento e artigos sistemáticos* (Wild, 2011). Robert A. Wild é o estudioso responsável pelos comentários ao texto das cartas pastorais paulinas.

Considerando o hino cristológico de 1Tm 3,16, ele traduz a segunda linha "ἐδικαιώθη ἐν πνεύματι" por "*justificado [ou vindicado] no Espírito*" (Wild, 2011, 646). Ele sugere duas possíveis traduções para o verbo no aoristo "ἐδικαιώθη", mas não explica por que o verbo pode ser entendido nos dois termos, ou a diferença entre ambos. Em seguida, sobre o significado da expressão, Wild (1989) afirma somente que "se refere à ressurreição de Cristo" (Wild, 2011, 646), porém não justifica sua opção por esse significado. Assim, de acordo com ele, a *ressurreição de Cristo* é o que constitui o significado da segunda linha do hino cristológico.

George W. Knight III (1992)

A obra de George W. Knight sobre as cartas pastorais foi publicada em 1992 com o título, em inglês, *The Pastoral Epistles* (Knight, 1992) na coleção *The New International Greek Testament Commentary.*

Knight (1992) inicia seu comentário sobre a nossa frase em questão sugerindo uma tradução para a segunda linha do hino cristológico de 1Tm 3,16 por "justificado pelo Espírito" (Knight, 1992, 184). Em seguida, procura esclarecer o significado do verbo aoristo "ἐδικαιώθη", que embora o traduza por *justificado,* afirma que significa aqui *vindicado* (Knight, 1992, 184). O autor declara que esse significado é corroborado pelo sentido encontrado em Mt 11,19; Lc 7,29; Rm 3,4 (Knight, 1992, 184), ou seja, "essa justificação está relacionada à afirmação de Cristo de ser o Messias prometido e filho de Deus" (Knight, 1992, 184).

Em seguida, Knight (1992) passa a analisar o significado de "ἐν πνεύματι", no qual afirma que pode ser melhor compreendido comparando-o ao texto de Rm 1,4, no qual há uma relação do Espírito Santo com a ressurreição (Knight, 1992, 185). Em outras palavras, para o autor a *ressurreição,* assim como a *justificação,* se dá pela atuação do Espírito Santo.

Finalmente, Knight (1992) se posiciona sobre toda a frase "ἐδικαιώθη ἐν πνεύματι" afirmando que o autor aqui "está falando da *vindicação* de Jesus pelo Espírito Santo através de sua ressurreição." (Knight, 1992, 185). Ou seja, Cristo foi ressuscitado pelo Espírito Santo, isso constitui a Sua vindicação.

Frances Margaret Young (1994)

Em 1994, a teóloga britânica Frances Young publicou, em inglês, seu comentário sobras as cartas pastorais com o título *The Theology of the Pastoral Letters* (Young, 1994). Young (1994) não apresenta um comentário exegético sobre o texto, mas considera os aspectos teológicos envolvidos na sua elaboração.

Para ela, o autor das pastorais não tinha uma teologia própria, mas se valia da construção teológica de outros homens a fim de fundamentar seus conceitos (Young, 1994, 47). Ela chega a afirmar que esse conceito pode ser fundamentado ao se observar que

> [...] muitas das declarações explicitamente teológicas ocorrem no que parecem ser passagens ou hinos litúrgicos. Assim, supõe-se que eles expressem as afirmações da comunidade em vez de uma posição teológica formada de forma criativa, e que foram simplesmente inseridos no texto para pontuá-lo com declarações de fé. (Young, 1994, 47)

Young (1994) coloca nosso texto dentro de uma categoria de "passagens cristológicas de difícil exegese e tradução" (Young, 1994, 61), apesar disso, porém, ele sugere uma tradução ao texto como "vindicado em Espírito" (Young, 1994, 68).

Buscando explicar o sentido do "ἐδικαιώθη ἐν πνεύματι", ela sugere que tal termo pode significar "a ressurreição ou ascensão (Young, 1994, 68)"; no entanto, reitera que "as frases são tão condensadas que tornam a interpretação conjectural" (Young, 1994, 68). Assim, a sugestão de Young (1994) é que a justificação de Jesus tenha sido dada mediante a ressurreição ou a ascensão.

Lorenz Oberlinner (1994)

Também em 1994, Lorenz Oberlinner publicou, em alemão, sua obra sobre a carta pastoral a Timóteo, a qual intitulou *Die Pastoralbriefe: Kommentar zum ersten Timotheusbrief*. Cerca de cinco anos mais tarde, em 1999, essa obra foi traduzida para o italiano com o título *La Lettere pastorali: La prima lettera a Timoteo* (Oberlinner, 1999).

Considerando o hino cristológico de 1Tm 3,16, Oberlinner (1994) traduz a sua segunda frase por "justificado no Espírito" (Oberlinner, 1999, 263). Ele compreende as seis linhas do hino de forma paralela e em gradação ascendente (Oberlinner, 1999, 278), ou seja, uma estrutura em clímax. O autor comenta as proposições do hino de forma binária, assim relaciona a primeira linha à segunda linha, depois a terceira linha à quarta linha, e, por fim, a quinta linha à sexta linha. Oberlinner (1994) ainda argumenta que "ἐδικαιώθη ἐν πνεύματι" (que constitui a segunda linha da primeira estrofe) está em relação à primeira linha "em caráter antitético", pois

> [...] os dois níveis são incompatíveis, irreconciliáveis como modos de existência. Todavia, essa revelação de Deus só pode ocorrer de uma das duas maneiras de existir de cada vez. (Oberlinner, 1999, 282).

Ele não acredita que em Jesus comporte os dois modos de existências (carne e espírito) de forma simultânea.

Na sequência, o escritor passa a analisar o verbo "ἐδικαιώθη" no texto e sua relação com um texto paralelo que poderia ser usado para ajudar a esclarecer o significado de "ἐδικαιώθη" em 1Tm 3,16. O texto ao qual ele faz referência é Romanos 1,3-4, onde afirma haver uma relação comumente estabelecida do verbo ἐδικαιώθη com o tema da ressurreição (Oberlinner, 1999, 282). Oberlinner (1994), porém, exclui essa possibilidade de uso ao texto de 1Tm 3,16 ao afirmar:

> [...] por mais de uma razão, a equiparação entre 'ἐδικαιώθη' e a afirmação da ressurreição deve ser excluída. Antes de tudo, na primeira parte deste primeiro versículo, não há menção à morte de Jesus ou à sua execução; pareceria, portanto, bastante arbitrário interpretar o conceito de 'justificação' nesse contexto, vinculando-o à profissão do evento da ressurreição de Jesus. (Oberlinner, 1999, 282-83).

Para Oberlinner (1994) o termo *justificado* precisa ser entendido aqui numa esfera de gradação ascendente, que irá desembocar no *πνεύμα*, nesse caso, deveria ser entendido na relação: "carne – justificado – espírito" em ação de clímax (Oberlinner, 1999, 283).

Concluindo, ele interpreta a frase afirmando que nesse caso "pode-se simplesmente falar em "exaltação ao mundo celestial". É esse retorno a Deus – nesse sentido, seria pressuposto a pré-existência que, no entanto, não seria enfatizada, mas entendida como a confirmação escatológica de Deus, que leva ao cumprimento da função mediadora de Jesus na perspectiva da vontade salvífica de Deus (Oberlinner, 1999, 283). Dessa forma, para Oberlinner (1994), o significado da frase grega é a exaltação de Jesus à esfera de Deus eterno novamente.

Charles E. Bradford (1994)

No mesmo ano de 1994, Charles Bradford publicou um comentário sobre as cartas pastorais, em espanhol, com o título *La Biblia Amplificada: Timoteo y Tito* (Bradford, 1994). Como comentário de cunho não exegético, Bradford (1994) lida apenas com os aspectos teológicos e pastorais do texto.

Ele usa a tradução da *New International Bible (NIB)* e afirma que a segunda linha do hino cristológico "ἐδικαιώθη ἐν πνεύματι" deve ser traduzida como "foi vindicado pelo Espírito" (Bradford, 1994, 74). O teólogo desestimula o uso de "justificado" como tradução para o termo, e argumenta que

> [...] o uso da palavra *vindicado* provavelmente está mais próximo do que a comunidade cristã primitiva entendeu, pois Jesus certamente não precisava de justificativa para a salvação, como fazem os seres humanos pecadores. A missão do Espírito Santo era glorificar a Jesus. (Bradford, 1994, 74).

Assim, a relação do termo *vindicado* com a experiencia de Jesus não é como a de alguém que *foi perdoado* ou que *precisava de salvação,* mas como a de alguém que foi *glorificado* pelo Espírito.

Ainda sobre o significado de "ἐδικαιώθη", ele afirma que a expressão "eleva ao Senhor ressuscitado" (Bradford, 1994, 74), ou seja, para Bradford (1994) a exaltação máxima de Jesus por meio do Espírito Santo se deu na ressurreição, e esse é o significado da expressão.

John Fullerton MacArthur (1995)

Em 1995, John MacArthur escreveu seu comentário sobre 1 Timóteo, em inglês, com o título *The MacArthur New Testament Commentary 1 Timothy* (MacArthur, 1995). Ele começa o comentário sobre 1Tm 3,16 oferecendo uma tradução para a segunda linha do hino cristológico como "foi vindicado no Espírito" (MacArthur, 1995, 182). O autor afirma que o ser "vindicado no Espírito" aqui significa que "Jesus Cristo foi justificado – declarado justo - com relação à Sua natureza espiritual" (MacArthur, 1995, 182). Mais à frente ele explica que

> Sua ressurreição pelo Espírito provou Sua impecabilidade. Se Ele tivesse algum pecado, teria ficado morto como a penalidade por esse pecado. A afirmação de Sua perfeita justiça veio quando o Espírito Santo O ressuscitou dentre os mortos. (MacArthur, 1995, 183).

Ou seja, fica claro na compreensão de MacArthur (1995) que a *ressurreição* constitui o significado de "vindicado no Espírito", e que ela só ocorreu porque Jesus foi considerado sem pecado. Assim, ele apresenta duas relações aqui: a vida justa de Jesus e o testemunho do Espírito.

Cesare Marcheselli Casale (1995)

Em 1995, Cesare Marcheselli Casale publicou sua obra sobre as cartas pastorais, em italiano, com o título *Le Lettere Pastorali* (Marcheselli-Casale, 1995). Considerando o hino cristológico de 1Tm 3,16, primeiramente, apresenta três propostas de estruturação para hino, as quais ele chama de "estrutura binária, ternária e senária" (Marcheselli-Casale, 1995, 268). Casale (1995) opta em escolher a estrutura binária (Marcheselli-Casale, 1995, 269) em sua pesquisa, colocando em paralelo as seis linhas do hino da seguinte forma: a primeira linha e a segunda linha, a terceira linha e a quarta linha, e, então, em paralelo a quinta linha e a sexta linha (Marcheselli-Casale, 1995, 269). Essa definição é importante aqui, porque vai nortear o comentário que o autor faz de forma conjunta sobre nosso texto em questão.

Passando aos pormenores, Casale (1995) traduz a frase "ἐδικαιώθη ἐν πνεύματι" por "Ele foi creditado (justificado) no Espírito" (Marcheselli-Casale, 1995, 271). Ele constrói sua explicação da frase grega de pelos menos 3 perspectivas. Na primeira observação explicativa, refere-se às duas primeiras linhas do hino, ao afirmar que Jesus "apareceu na "situação humana" e foi totalmente justificado com o retorno "na situação de Deus" (Marcheselli-Casale, 1995, 271). Mais à frente, o autor acrescenta que essa mudança de situação se deu mediante a Sua ressurreição e exaltação (Marcheselli-Casale, 1995, 277), e que foi o Espírito do Pai que O declarou justo quando O exaltou (Marcheselli-Casale, 1995, 277). Em segundo lugar, acrescenta que em *contexto retórico* a "justificação no Espírito (a') também se refere à qualidade da vida terrena de Jesus Cristo confortada pela ação do Espírito" (Marcheselli-Casale, 1995, 279).

Dessa forma, Casale (1995) coloca em relevo duas fases da vida de Jesus referentes à justificação: sua conduta de vida enquanto humano e sua ressurreição. E finalmente, explica que a frase pode ser entendida a partir de um fundo judaico-rabínico e temático do hino (Marcheselli-Casale, 1995, 281). Nesse ponto, afirma que "1 Tim 3:16 não foi escrito por Paulo. É uma unidade literária pré-existente" (Marcheselli-Casale, 1995, 281), portanto, dessa forma precisa ser entendida dentro da perspectiva primário do hino, nesse caso, a partir da compreensão "judaico rabínica". Sob essa perspectiva, a forma verbal "ἐδικαιώθη" deve ser entendida significando *redimir e justificar, redimido e justificado,* como remontando as fontes judaicas do *Yom Kippur* (Marcheselli-Casale, 1995, 282). Ou seja, Jesus foi justificado quando de sua exaltação pelo Espírito Santo mediante sua vida confortada pelo Espírito, sua ressurreição e de seu retorno à condição de Deus.

Robert J. Karris (1996)

Em 1996, Robert Karris publicou sua obra, em inglês, sobre os hinos neotestamentários[15], onde ele analisa contexto, conceitos e imagens dos hinos. Tal obra recebeu o título de *A Symphony of New Testament Hymns* (Karris, 1996). Entre esses hinos analisados por Karris (1996) está o hino cristológico de 1Tm 3,16.

Em primeiro lugar, Karris (1996) traduz a frase grega "ἐδικαιώθη ἐν πνεύματι" por "*vindicado no espírito*" (Karris, 1996, 112) e afirma que o significado da expressão está em relação direta com a estrutura do hino. Divide sua explicação em duas partes, conforme ele mesmo estrutura o hino.

Primeira parte: Cristo manifestado na carne, vindicado no espírito e revelado aos anjos. Segunda parte: Cristo pregado entre os gentios e acreditado em todo o mundo, levantado em glória (Karris, 1996, 116-17, 119). Karris (1996) afirma que a chave para se interpretar as linhas do hino é encontrada no verbo "vindicado" na linha dois (Karris, 1996, 116-17). Então como explicação para o significado da expressão, usa a explicação de Philip H. Towner.[16] Com as palavras de Towner, ele argumenta que

> [...] a ocasião da vindicação de Cristo foi sua ressurreição/exaltação, momento em que foi 'vindicado' diante de poderes hostis, humanos ou angélicos. Assim, a linha 2 afirma que ao entrar na esfera sobrenatural por meio da ressurreição, Cristo recebeu vindicação. (Karris, 1996, 118).

Sendo assim, para Karris (1996) o "justificado no espírito" significa que a *ressurreição e a exaltação* não possuem o sentido de "justificado", mas marcam

---

[15] Comentários sobre os hinos: Filipenses 2,5-11; Colosensses 1,15-20; Efésios 2,14-16; 1 Timóteo 3,16; Tito 3,4-7; 1 Pedro 3,18-22 e 2 Timóteo 2,11-13.

[16] A posição de Phillip H. Towner sobre o significado da nossa expressão em análise, também é exposta em nosso *Status Quaestionis* do texto, no item *1.35.1.*

o momento em que tal ato ocorreu, em outras palavras, o "justificado no espírito" significa a passagem de Jesus da esfera humana para a esfera divina.

Vidal Valencia (1996)

Também em 1996, Vidal Valência publicou, em espanhol, sua obra sobre as cartas pastorais paulinas, com o título *Primeira Timoteo, Segunda Timoteo, Tito* (Valencia, 1996), obra a qual faz parte da coleção *Comentario Biblico del Continiente Nuevo*. Como o autor mesmo afirma, o trabalho busca alcançar "obreiros, líderes e pastores" (Valencia, 1996, 3), ou seja, ela é de cunho especificamente pastoral.

Ao expor sua análise sobre a segunda linha do hino cristológico de 1Tm 3,16, Vidal (1996) a traduz como "justificado no Espírito" (Valencia, 1996, 59). Ao explicar o significado dessa linha, ele afirma que se refere

> [...] ao reconhecimento divino da pessoa de Cristo, expressado várias vezes em público, como na hora do batismo (Mt. 3:16-17), na transfiguração (Mt. 17:5), diante de uma multidão à qual falava Jesus de sua morte (Jo 12:28). (Valencia, 1996, 59).

Assim, Vidal (1996) atribui o significado da frase "ἐδικαιώθη ἐν πνεύματι" aos momentos em que Jesus era reconhecido como divino, seja pela pessoa de Deus, no batismo, ou pelo público que o assistiu em vários momentos de seu ministério.

Ian Howard Marshall (1999)

Em 1999, Ian H. Marshall publicou seu comentário sobre as cartas pastorais, em inglês, com o título *A Critical and Exegetical Commentary on The Pastoral Epistles* (Marshall, 1999). Esse volume faz parte da série de comentários eruditos sobre a Bíblia *The International Critical Commentary*. Ao analisar 1Tm 3,16, Marshall (1999) em primeiro lugar nos oferece uma exposição das argumentações de vários autores em torno da estrutura e interpretação do hino e orienta-nos que as várias hipóteses sugerem que o texto não é de fácil análise (Marshall, 1999, 500-03).

A obra traduz a segunda linha do hino – "ἐδικαιώθη ἐν πνεύματι" – por "vindicado em Espírito" (Marshall, 1999, 525) e afirma que

> aqui, claramente, o pensamento não é de perdão, mas de vindicação no modelo do AT. [...] Isso está associado à entrada

> de Jesus na esfera celestial por Sua ressurreição dos mortos. [...] Por Sua ressurreição (Por isso), Jesus é confirmado para ser o que Ele se deu, apesar de Sua aparência puramente humana. (Marshall, 1999, 525).

Assim, para Marshall (1999) a ressurreição marca o retorno à condição posterior de Jesus à encarnação, sendo então Ele vindicado. Então, sobre "ἐν πνεύματι" o autor afirma que "se destina claramente a formar um contraste ou complemento para ἐν σαρκί" (Marshall, 1999, 526) e explica que

> [...] a frequente antítese de carne e espírito no NT, com seu pano de fundo no AT, sugere que o contraste é entre o modo humano (ou esfera) e o modo sobrenatural de Jesus dos dois estágios de existência como caracterizado pela atividade do Espírito Santo. (Marshall, 1999, 526).

Nesse sentido, a sobreposição é entre a esfera humana e divina de Jesus. E, por último, Marshall conclui que a ocasião da *vindicação* é

> [...] sua ressurreição e exaltação à destra de Deus; a ressurreição permitiu o acesso a este reino no qual o agente operativo é o Espírito Santo. Assim, a experiência humana de Jesus (que culminou em seu sofrimento e fraqueza humana) é seguida por seu retorno ao poder e vindicação no Espírito. (Marshall, 1999, 526).

Portanto, para Marshall (1999) a expressão *"vindicado em Espírito"* encontra seu significado no retorno de Jesus à sua esfera divina por meio da ressurreição.

DOS AUTORES E ARTIGOS

R. W. Micou (1892)

Em 1892, R. W. Micou publicou, em inglês, um artigo sobre 1Tm 3,16 no *Journal of Biblical Literature,* com o título *On ὤφθη ἀγγέλοις, I Tim. iii. 16* (Micou, 1892). O objetivo proposto por Micou (1892) foi considerar principalmente a terceira linha do hino cristológico "ὤφθη ἀγγέλοις" e as opções que foram adotadas para a sua tradução, porém, ele não deixa de abordar a respeito da segunda linha do hino em estudo neste trabalho.

Sobre essa linha, Micou (1892) a traduz por *"justificado em espírito"* (Micou, 1892, 201) e a coloca em relação paralela à primeira linha do hino que ele traduz por "Aquele que foi manifestado na carne" (Micou, 1892, 201). De acordo com a argumentação do autor, esse paralelismo também existe entre a terceira linha e a quarta linha, e entre a quinta linha e a sexta linha. E sobre o significado da expressão "justificado em espírito" ele afirma que

> [...] o sinal definitivo desta justificação e aceitação com Deus, em todos os Atos e Epístolas, é a ressurreição, seguida pela pregação da Palavra no poder do Espírito. (Micou, 1892, 202).

Para Micou (1892), portanto, o significado de "justificado em espírito" é *ressurreição* e a *pregação da Palavra* sendo confirmada pela poderosa ação do Espírito.

Jerome Murphy-O'Connor (1984)

Em 1984, Murphy-O'Connor publicou na revista francesa *Revue Biblique* um artigo em inglês, no qual considera 1Tm 3,16. A esse artigo ele deu o título *Redactional Angels in 1 Tim 3:16* (Murphy-O'Connor, 1984).

Em seu texto, O'Connor (1984) parte da definição da estrutura do hino para a explicação dele. De acordo com ele, "as seis frases introduzidas por *hos* são divididas em três dísticos que demonstram o paralelismo antitético *(sarx-pneuma; angelos-ethnos; cosmos-doxa)*" (Murphy-O'Connor, 1984, 179). Para o autor, cada linha deve ser tratada separadamente e, em sua exegese, a prioridade metodológica deve ser dada ao material em 1 Timóteo, depois nas outras pastorais e, finalmente, nas epístolas paulinas (Murphy-O'Connor, 1984, 182). A partir disso, O'Connor passa a analisar as linhas separadamente, chegando à segunda linha do hino que traz "ἐδικαιώθη ἐν πνεύματι". Forte ênfase é estabelecida por ele em decorrências dos termos "sarx-pneuma", porém, O'Connor (1984) não oferece uma tradução ao texto.

Sobre o significado do termo, ele considera o uso dela em outras obras de autoria paulina, mas é a partir do uso em 1 Timóteo que estabelece sua opinião sobre o significado. Argumenta ainda que há uma menção de *pneuma* imediatamente após o hino em 1Timóteo, e, embora nenhum adjetivo seja usado, a referência é ao Espírito Santo (4,1). O adjetivo aparece em 2Tim 1:14, "o Espírito Santo que habita em nós". *Pneuma* também é usado para o espírito humano (2Tim 1:7; 4:22) (Murphy-O'Connor, 1984, 183). Após essas considerações argumentativas, O'Connor (1984) afirma que "o contexto de pensamento fornecido pelas Pastorais sugere que a segunda linha do hino se refere "à qualidade da vida de Cristo sob a ação do Espírito Santo" (Murphy-O'Connor, 1984, 183).

Por fim, estabelecendo a relação de significado entre as duas primeiras linhas do hino, O'Connor (1984) declara que

> [...] o ponto e a relação das duas primeiras linhas agora estão claros. A graça salvadora de Deus foi encarnada em Cristo (linha 1) que, auxiliado pelo Espírito Santo, era inteiramente o que Deus pretendia que Ele fosse (linha 2). A este respeito, é importante ter em mente a ênfase desta carta nas virtudes humanas de Cristo. (Murphy-O'Connor, 1984, 183).

Em outras palavras, para O'Connor é *a vida de Jesus sob a ação do Espírito Santo* o significado da segunda linha do hino de 1Tm 3,16.

L. Ann Jervis (1999)

Em 1999, L. Ann Jervis publicou, em inglês, um artigo no renomado periódico católico *The Catholic Biblical Quarterly* sobre os hinos encontrados na carta a 1 Timóteo. Esse artigo foi intitulado *Paul the Poet in First Timothy 1:11-17; 2b-7; 3:14-16* (Jervis, 1999).

Jervis (1999) apresenta e discute um pouco do debate em torno da autoria paulina das cartas pastorais – 1 e 2 Timóteo e Tito, em que a maioria dos autores admite como sendo de autoria paulina duvidosa. De acordo com ela, essa discussão também é decorrente do uso que Paulo faz dos hinos no corpo das cartas (Jervis, 1999, 696). É nesse ponto que o hino cristológico de 1Tm 3,16 entra na discussão. Considerando esse texto, Jervis (1999) traduz a segunda linha do hino por "vindicado no espírito" (Jervis, 1999, 705).

Além disso, a autora se detém em considerar a parte introdutória do hino, do início do v.16 que diz "τὸ τῆς εὐσεβείας μυστήριον", e a qual ela traduz por "mistério de nossa piedade" (Jervis, 1999, 705) e, às vezes, por "mistério da piedade" (Jervis, 1999, 707).

O ponto que nos chama atenção aqui, é que embora Jervis (1999) se proponha apresentar-nos um estudo sobre o hino cristológico, e até chegue a sugerir uma tradução ao mesmo, não analisa todas as linhas do hino, e passa por alto uma sugestão de um significado ao texto.

Apropriação resumida do posicionamento dos autores consultados

A partir dessa primeira parte da pesquisa apresentado no *Status Quaestionis,* oferecemos um resumo do posicionamento dos autores consultados, com o objetivo de apresentar a posição de cada autor, sua tradução, interpretação do texto e o ano no qual escreveu.

A tabela abaixo está disposta em quatro colunas. A coluna um (da esquerda para a direita) indica o nome do autor consultado, a coluna dois indica sua proposta de tradução para a frase grega "ἐδικαιώθη ἐν πνεύματι" conforme aparece em 1Tm 3,16c, a coluna três apresenta o significado que tal autor atribuiu à frase, e, por fim, a coluna quatro apresenta o ano em que foi publicada o livro ou artigo. A ordem em termos de ano de publicação na coluna quatro segue o mesmo padrão cronológico adotado no texto corrido, objetivando apresentar como o texto de 1Tm 3,16c foi interpretado ao longo dos anos, e descrever de forma pontual quais foram as mudanças ocorridas na interpretação do hino.

Tabela 1 – Posicionamento dos autores

Autor	Tradução	Significado	Ano
Martinho Lutero	Justificado no Espírito.	Quando o ser humano reconhece Jesus *como santo, salutar e possuidor do poder de perdoar,* tal concepção só pode ser produzida por meio do Espírito.	meados século XVI
Johannes Jacob von Oosterzee, Edward Abiel Washburn e Edwin Harwood	Justificado no Espírito.	Cristo provou ser justo por meio de Suas ações realizadas pelo poder do Espírito.	1867
Robert Jamieson, Andrew Robert Fausset e David Brown	Foi justificado no Espírito.	Sua justificação, ou vindicação, com respeito ao Seu Espírito ou Seu ser superior, foi efetuada por tudo aquilo que manifestava aquele ser superior: Suas palavras, suas obras, pelo testemunho de Seu Pai no momento do seu batismo, na transfiguração e especialmente na em sua ressurreição.	1871
Johann Eduard Huther	Não traduz.	O espírito revelado nEle era o meio de revelar Sua verdadeira natureza. Jesus foi mostrado em sua glória divina.	1875

Autor	Tradução	Significado	Ano
R. W. Micou	Justificado em espírito	A ressurreição, seguida pela pregação da Palavra no poder do Espírito.	1892
Vanderlei Dorneles, Diogo Cavalvante e Alceu L. Nunes (ed.).	Justificado em Espírito ou no espírito.	Cristo foi declarado justo no que diz respeito às coisas espirituais, porque não teve pecado.	1953
M. Dibelius e H. Conzelmann	Vindicado no espírito.	Entrada no divino reino, o reino da justiça.	1955
John Norman Davidson Kelly	Justificado em espírito.	Declarado justo; demonstrado como sendo realmente ser o Filho de Deus; ressurreição.	1963
Joachim Jeremias	Justificado no Espírito.	Ressurreição.	1963
Joseph Reuss	Justificado no Espírito.	Vida admirável de Cristo, Sua ressurreição e ascensão.	1967
Werner de Boor	Que obteve a razão no Espírito.	Confirmado na glória por meio da ressurreição.	1969
Allan G. Nute	Justificado no Espírito.	Na ressurreição.	1979
Robert H. Gundry	Vindicado em Espírito.	Refere-se à vindicação de Cristo durante e pelo *Descensus ad Inferos* em forma espiritual entre a morte e a ressurreição.	1979
William Hendriksen	Vindicado pelo Espírito.	Por sua *ressurreição dentre os mortos*, o Espírito vindicou *plenamente* a reivindicação de Jesus como sendo o Filho de Deus.	1981
Cornelius Richard Stam	Justificado no Espírito.	O termo não deve ser aplicado a Cristo, pois é Ele a própria justiça encarnada.	1983
Jerome Murphy-O'Connor	Não traduz.	A qualidade da vida de Cristo sob a ação do Espírito Santo.	1984
Gordon D. Fee	Ele foi vindicado pelo Espírito.	Exaltação referente à ressurreição de Cristo.	1988
Thomas Clark Oden	Foi justificado no Espírito.	O Espírito o justificou Jesus ressuscitando-O dentre os mortos.	1989
Robert A. Wild	Justificado [ou vindicado] no Espírito.	Refere-se à ressurreição de Cristo.	1989

Autor	Tradução	Significado	Ano
George W. Knight III	Justificado pelo Espírito.	*Vindicação* de Jesus pelo Espírito Santo através de Sua ressurreição.	1992
Frances Margaret Young	Vindicado em Espírito.	A ressurreição ou ascensão de Jesus.	1994
Lorenz Oberlinner	Justificado no Espírito.	Exaltação ao mundo celestial. Trata-se do retorno de Cristo à esfera de Deus, à pré-existência.	1994
Charles E. Bradford	Foi vindicado pelo Espírito.	O Espírito Santo glorificou Jesus mediante a ressurreição.	1994
John Fullerton MacArthur	Foi vindicado no Espírito.	Jesus foi declarado justo em relação à Sua natureza espiritual por meio da ressurreição.	1995
Cesare Marcheselli-Casale	Foi creditado (justificado) no Espírito.	A condição de vida Jesus enquanto humano, a ressurreição e o retorno à situação de Deus (divina).	1995
Robert J. Karris	Vindicado no espírito.	Ao entrar na esfera sobrenatural por meio da ressurreição, Cristo recebeu vindicação.	1996
Vidal Valencia	Justificado no Espírito.	Reconhecimento divino da pessoa de Cristo, expressado várias vezes em público, como no batismo, na transfiguração etc.	1996
Ian Howard Marshall	Vindicado em Espírito.	A ressurreição e exaltação de Cristo à destra de Deus. A ressurreição permitiu o acesso a este reino no qual o agente operativo é o Espírito Santo. Retorno à condição antes da encarnação.	1999
L. Ann Jervis	Vindicado no Espírito.	Não explica.	1999

Fonte: elaboração do autor

Considerações Finais

A partir da análise do *Status Quaestiones* de 1Tm 3,16c, nota-se que a tarefa de traduzir sempre se constituiu grande desafio ao que se lança sobre determinada prática. Sob essa perspectiva, o presente trabalho apresenta a pluralidade de traduções propostas que os autores fizeram a uma mesma expressão composta por apenas três palavras. Embora esta pesquisa trate de um texto antigo, o mesmo ocorre na tarefa de traduzir textos da recentes.

No que diz respeito ao levantamento estabelecido pelo *Status Quaestionis*, percebe-se que, os três primeiros séculos, desde Martin Luther (século XVI) até ao final do século XVIII, foram de pouca produção teológica sobre o texto em questão. A presente pesquisa não pretendeu esgotar toda a produção teológica sobre o texto bíblico, porém, como se vê claramente dificuldade em se encontrar comentários ao já referido texto dentro desse período, a mesma serve como termômetro sobre a produção teórica sobre o mesmo. Como se vê, apenas o comentário feito por Martin Luther foi encontrado dentro do período de meados do século XVI até o final do século XVIII.

Por outro lado, percebe-se também que, o século XIX foi bastante fértil nas produções científicas sobre a segunda linha do hino cristológico, sendo encontrados vinte e oito trabalhos sobre o texto em questão dentro desse período, correspondendo, assim, a quase 50% de toda produção teórica sobre o texto nos cinco séculos pesquisados.

Percebe-se ainda que a maior parte do conteúdo teológico produzido sobre o texto veio de pesquisadores americanos e alemães, restando apenas poucos trabalhos vindos de pesquisas em italiano e um do espanhol. Tal dado indica a grande importância dada pelos americanos e alemães aos estudos relacionados aos textos bíblicos, o que por outro lado, deveria provocar estudiosos brasileiros a dedicarem mais atenção aos textos bíblicos, que, diga-se de passagem, fazem parte do dia a dia da maioria da população brasileira.

Referências

BRADFORD, C. E. **La Biblia Amplificada:** Timoteo y Tito. Buenos Aires: Asociación Casa Editora Sudamericana, 1997. (Coleccion Vida Abundante).

BOOR, W. **Carta aos Tessalonicenses, Timóteo, Tito e Filemon.** Curitiba: Esperança, 2007.

COTHENET, É. **As epístolas pastorais.** São Paulo: Paulus, 1995.

DIBELIUS, M.; CONZELMANN, H. **The Pastoral Epistles**. (Hermeneia). Filadélfia: Fortress Press, 1972.

DORNELES, V.; CAVALCANTI, D.; NUNES, A. L (ed.). **Comentário Bíblico Adventista do Sétimo Dia:** Filipenses a Apocalipse. Tatuí: Casa Publicadora Brasileira, 2014.

FEE, D. G. **1 and 2 Timothy, Titus.** (New International Biblical Commentary). Massachusetts: Hendrickson Publishers, 1988.

GONZAGA, W. O *Corpus Paulinum* no Cânon do Novo Testamento, **Atualidade Teológica**, Rio de Janeiro, v. 21, n. 55, p. 19-41, jan/abr. 2017.

GUNDRY, R. H. The Form, Meaning and Background of the Hymn Quoted in 1 Timothy 3:16. *In:* GASQUE, W. W.; MARTIN, R. P. **Apostolic History and the Gospel**. Biblical and Historical Essays Presented to F. F. Bruce. Exeter: The Paternoster Press, 1970. p. 203-222.

HENDRIKSEN, W. **1 Timóteo, 2 Timóteo e Tito**. Comentário do Novo Testamento. São Paulo: Cultura Cristã, 2011.

HUTTER, J. E. **Critical and Exegetical Handbook to the Epistles of St. Paul to Timothy and Titus.** Edimburgo: T.&T. Clark, 1881.

JAMIESON, R. FAUSSET, A. R.; BROWN, D. **Comentario exegetico y explicativo de la Biblia:** tomo II (El Nuevo Testamento). El Paso: Casa Bautista de Publicaciones, 2002.

JEREMIAS, J.; STRATHMANN, H. **Le Lettere a Timoteo e a Tito, La Lettera agli Ebrei.** Brescia: Paideia Editrice, 1973.

JERVES, L. A. Paul the Poet in First Timothy 1:11-17; 2:3b-7; 3:14-16. **The Catholic Biblical Quarterly,** v. 61, n. 4, p. 695-712, out. 1999.

KARRIS, R. J. **A Symphony of New Testament Hymns.** Collegeville: The Liturgical Press, 1996.

KELLY, J. N. D. **Epístolas Pastorais:** introdução e comentário. São Paulo: Vida Nova, 1983.

KNIGHT III, G. W. **The Pastoral Epistles:** a commentary on the Greek text. Grand Rapids; Carlisle: W. B. Eardmans; Paternoster Press, 1992.

LUTERO, M. **Primeira carta de Pablo a Timoteo.** Comentarios de Martín Lutero. Barcelona: Clie, 2000.

MACARTHUR, J. F. **1 Timothy.** The MacArthur New Testament Commentary. Chicago: Moody Publishers, 1995.

MARCHESELLI-CASALE, C. **Le Lettere Pastorali:** le due lettere a Timoteo e la lettera a Tito – introduzione, versione, comment. Bolonha: Editoriale Dehoniano, 1995.

MARSHALL, I. H. **A Critical and Exegetical Commentary on the Pastoral Epistles.** Nova Iorque: T&T Clark, 2006.

MICOU, R. W. On ὤφθη ἀγγέλοις, I Tim. iii. 16. **The Journal of Bilical Literature,** v. 11, n. 2, p. 201-205. 1892.

NESTLE-ALAND. ***Novum Testamentum Graece***. Ed. XXVIII. Stuttgart: Deutsche Bibelgesellschaft, 2012.

NUTE, A. G. Epístolas Pastorais: 1 Timóteo. *In:* BRUCE, F. F. (ed.). **Comentário Bíblico NVI**: Antigo e Novo Testamentos. São Paulo: Vida, 2008.

O'CONNOR, J. M. Redactional Angels in 1 Tim 3:16. **Revue Biblique,** v. 41, n. 2, p. 178-187, abr. 1984.

OBERLINNER, L. **Le Lettere Pastorali:** la prime lettera a Timoteo. Brescia: Paideia, 1999.

ODEN, T. C. **I e II Timoteo, Tito:** lettere di Paolo. 1. ed. Turim: Claudiana, 2015. 1989.

OOSTERZEE, J. J. VON; WASHBURN, E. A.; HARWOOD, E. **The Two Epistles of Paul to Timothy.** Nova Iorque: C. Scribner & Co., 1870.

REUSS, J. **A Primeira Epístola a Timóteo:** comentário e mensagem. Petrópolis: Vozes, 1967.

STAM, C. R. **Pastoral Epistles of Paul the Apostle.** Germantown: Berean Bible Society, 1983.

VALENCIA, V. **Primera Timoteo, Segunda Timoteo, Tito.** (Comentario Biblico del Continente Nuevo). Miami: Unilit, 1996. (Version in Logos Bible Software).

WILD, R. A. As cartas pastorais. In BROW, R. E.; FITZMYER, J. A.; MURPHY, R. E (ed.). **Novo Comentário Bíblico São Jerônimo:** Novo Testamento e artigos sistemáticos. São Paulo: Paulus, 2011.

YOUNG, F. M. **The Theology of the Pastoral Letters.** Cambridge: Cambridge University Press, 1994.

ZEHR, P. M. **1 & 2 Timothy, Titus.** Scottdale: Herald Press, 2010.

STATUS QUAESTIONIS DA SEGUNDA LINHA DO HINO CRISTOLÓGICO DE 1TIMÓTEO 3,16 (PARTE 2)[17]

Rafael Mendonça de Souza
Waldecir Gonzaga

Introdução

Continuamos nossa análise do *Status Quaestionis* da segunda linha do hino cristológico apresentado na Primeira Carta de Paulo a Timóteo. Nesse segundo capítulo, apresentamos as conclusões a que chegaram os teóricos bíblicos desde o início do século XX, com os trabalhos iniciados por Thomas C. Oden, Peter J. Gorday e William D. Mounce, até a contemporaneidade, no século XXI, com Samuel P. Millos e Michael G. Sirilla.

Vale ressaltar mais uma vez que, o hino cristológico de 1Timóteo 3,16 (1Tm 3,16) está localizado na primeira das cartas que compõem as chamadas *pastorais* (Gonzaga, 2017, 19-41), na perícope 1Tm 3,14-16. Nos chama atenção sua beleza literária e seu rico conteúdo teológico. O versículo 16 (v. 16) é constituído de uma breve introdução seguida do hino cristológico propriamente dito, o mesmo contendo seis linhas. Porém, mais especificamente, o objeto material considerado pelo presente capítulo é a sua segunda, a qual afirma "ἐδικαιώθη ἐν πνεύματι/*foi considerado justo no Espírito*" (v. 16c) conforme aparece na edição crítica Nestle-Aland 28 (Nestle-Aland, 2010). O v. 16 está organizado da seguinte forma:

16 καὶ ὁμολογουμένως μέγα ἐστὶν τὸ τῆς εὐσεβείας μυστήριον	(Introdução)
ὃς ἐφανερώθη ἐν σαρκί,	(Primeira Linha)
ἐδικαιώθη ἐν πνεύματι,	**(Segunda Linha)**
ὤφθη ἀγγέλοις,	(Terceira Linha)
ἐκηρύχθη ἐν ἔθνεσιν,	(Quarta Linha)
ἐπιστεύθη ἐν κόσμῳ,	(Quinta Linha)
ἀνελήμφθη ἐν δόξῃ.	(Sexta Linha)

[17] Esse capítulo corresponde à segunda parte do capítulo anterior. Os dois compreendem o segundo capítulo da minha dissertação de mestrado defendida na Pontifícia Universidade Católica do Rio de Janeiro (PUC-Rio) (2021.1).

Ao todo, apresentamos as conclusões das pesquisas de 49 autores. Esse mapeamento oferece um panorama que nos ajuda a entender como essa segunda linha do hino cristológico de 1Tm 3,16 foi traduzida e interpretada ao longo dos anos. Vale ressaltar que esses dados foram coletados a partir de três tipos de fontes teóricas, a saber, os comentários gerais sobre o NT, também dos comentários que consideraram apenas as Cartas Pastorais (1 e 2 Timóteo, Tito), e de comentários específicos sobre 1 Timóteo. Além disso, também de artigos científicos publicados que trataram sobre tema. A ordem de exposição das obras a qual adotamos nesse passo foi cronológica, partindo das obras mais antigas às mais recentes.

DOS AUTORES E COMENTÁRIOS

Thomas C. Oden e Peter J. Gorday (2000)

No ano 2000, foi publicado, em inglês, um comentário sobre algumas cartas paulinas, incluindo as pastorais, tendo como editores Thomas C. Oden e Peter J. Gorday, com o título *Colossians, 1-2 Thessalonians, 1-2 Timothy, Titus, Philemon*. O que torna essa obra particularmente singular em relação às outras já estudadas é que os comentários aos textos bíblicos são uma reunião de vários comentários de autoria dos *Padres da Igreja* sobre 1 Timóteo. Posteriormente, em 2002, essa obra foi traduzida para o espanhol com o título *Colosenses, 1-2 Tesalonicenses, 1-2 Timoteo, Tito, Filemón* (Gorday; Oden, 2002).

Embora esse não seja um comentário exegético, a obra expressa uma compreensão da antiguidade, provindo dos *Padres da Igreja*, a respeito do hino cristológico. A tradução do texto que os editores desse volume usam é retirada da *Sagrada Biblia: Universidad de Navarra*[18], a qual traduz a nossa linha em análise por "justificado no Espírito" (Gorday; Oden, 2002, 279). O comentário ao nosso texto é de Gregório de Nissa, em *Contra Eunomio, 3,3,30.34-36.*

Está bastante claro pelo título do texto que se trata de uma resposta de Gregório a um indivíduo chamado Eunomio. Pelo texto, se percebe que a divindade de Jesus está sendo questionada, uma vez que Jesus era visto como inferior ao Pai e a cruz se torna um obstáculo para dar ao Deus Unigênito a mesma glória do Pai que O gerou (Gorday; Oden, 2002, 281-

[18] Sagrada Biblia: Universidad de Navarra.

82). Porém, Gregório reclama que "o que ultrapassa os limites da natureza serve de grande admiração por todos: todo ouvido ouve e toda inteligência presta atenção, admirada pelo extraordinário" (Gorday; Oden, 2002, 282). Ou seja, Jesus está além da natureza humana, por isso deve ser reconhecido como Deus. Então Gregório conclui que

> Deus se manifestou na carne, que o Verbo se fez carne, que a luz brilhou nas trevas, que a vida experimentou a morte e [...] por meio das quais se manifesta o admirável daquele que mostrou a superabundância de poder através de coisas que estão além da natureza. (Gorday; Oden, 2002, 282).

Dessa forma, Oden e Gorday (2002) concluem o comentário sobre a segunda linha do hino. O texto paulino produziu algum questionamento a respeito da posição de Jesus como Deus. Embora Gregório não estabeleça um significante específico para a expressão, ele deixa claro que as ações sobrenaturais de Jesus são um forte argumento a favor de Sua divindade. Assim, está claro que para Gregório o sentido do *justificado no Espírito* está relacionado às ações extraordinárias de Jesus, as quais comprovam sua divindade.

William D. Mounce (2000)

Também no ano 2000, William Mounce escreveu, em inglês, um comentário sobre as cartas pastorais paulinas com o título *Pastoral Epistles* (Mounce, 2000), na coleção *Word Biblical Commentary*.

Ao comentar nossa perícope, Mounce (2000) considera a segunda linha do hino cristológico de 1Tm 3,16 como "uma das linhas mais difíceis no hino para interpretar" (Mounce, 2000, 227). Em seguida, ele esclarece que as dificuldades em relação à interpretação são devido às diversas possibilidades de tradução e significados que podem ser atribuídos aos termos, os quais compõem a frase "ἐδικαιώθη ἐν πνεύματι". Isso é possível pois o verbo "**δικαιόω**" "pode significar 'justificar' ou 'vindicar'; ἐν pode significar 'em' ou 'pelo'; πνεῦμα pode significar o *espírito de Jesus, a esfera espiritual ou o Espírito Santo*" (Mounce, 2000, 227).

A tradução oferecida por Mounce (2000) da "frase ἐδικαιώθη ἐν πνεύματι" é "foi vindicado em espírito". Ele argumenta que

> [...] como a linha provavelmente se refere à ressurreição e ao que ela efetuou, a tradução 'justificada' pode ser deixada de lado, visto que Paulo pode não ser o autor do hino, isso

> não entra em conflito com o uso normal do termo. A ressurreição 'vindicou' (isto é, provou-se correta; cf. Mt 11:19; Lucas 7:35) as reivindicações que Cristo fez durante sua vida. (Mounce, 2000, 227)

Desse modo, duas considerações são necessárias aqui. Primeiro, Mounce (2000) aponta a importância de se analisar a expressão dentro do contexto, assim, embora haja uso abundante do verbo "δικαιοῦν" nas cartas paulinas, o contexto é sempre ponto chave na interpretação. Em segundo lugar, ele aponta que o significado da linha está ligado à ressurreição e que o verbo "ἐδικαιώθη" nesse contexto é melhor entendido como "vindicado".

Luke Timothy Jhonson (2001)

Em 2001, Timothy Johnson escreveu um comentário sobre as duas cartas paulinas a Timóteo, em inglês, com o título *The First and Second Letters to Timothy* (Jhonson, 2001), na coleção *The Anchor Bible*.

No que tange ao hino cristológico de 1Tm 3,16, Johnson (2001) não traz um comentário longo ou exaustivo sobre o texto, mas apenas uma tradução e um breve comentário. Ele traduz a oração grega "ἐδικαιώθη ἐν πνεύματι" por "feito justo pelo espírito" (Jhonson, 2001, 233) e afirma, com ressalvas, que "o contraste entre a aparência humana de Jesus e Sua exaltação pela ressurreição *parece* ser o ponto aqui" (Jhonson, 2001, 233). Ou seja, Johnson (2001) apresenta a *exaltação pela ressurreição* como uma possibilidade de significação desse "feito justo pelo espírito".

Ademais, Jhonson (2001) relaciona alguns textos paulinos ao tema "pneuma" (Rm 1,4; 8,2; 15,19; 1Cor 12,3; 15,45; 2Cor 3,17), e finaliza seu comentário sobre a possibilidade de uma compreensão de "dikaiouo" no sentido de "vindicado" e relaciona-o a Rm 4,2. O autor também relaciona o termo "ἐδικαιώθη" a uma segunda experiência, a do "ser justificado"; no entanto, esse sentido está disposto em relação aos cristãos. (JHONSON, 2001, 233) Assim, Johnson (2001) entende que o verbo "δικαιόω" é bastante volátil quando aplicado a personagens distintas, podendo assumir diferentes significados.

Clare Drury (2001)

Também em 2001 foi publicada, em inglês, a obra *The Pauline Epistles* (Drury, 2001), tendo como editores J. Barton e J. Muddiman. O comentário sobre as epístolas pastorais ficou a encargo de Clare Drury. Sendo uma obra de 292 páginas, e com o objetivo de comentar todos os livros considerados paulinos, já se percebe que o autor adota um sistema genérico nos comentários.

Considerando nosso texto em questão, Drury (2001) faz apenas um comentário simplório da perícope (1Tm 3,14-16) onde está o nosso texto em análise (1Tm 3,16) (Drury, 2001, 252). Porém, ao tocar em nossa frase em questão, quando considerando a estrutura do hino, argumenta que

> [...] o principal ponto de contraste é a última palavra de cada linha: no primeiro par, carne e espírito; no segundo são anjos e gentios; no último par o contraste é entre o mundo e a glória. A estrutura é quiástica, ABBAAB (onde o mundo terrestre é representado por A, o celeste por B), que torna a fórmula memorável e ajuda a unificar o todo. (Drury, 2001, 252)

Ou seja, Drury (2001) enxerga nas linhas do hino cristológico um paralelo em contraste entre a primeira e segunda linhas, terceira e quarta linhas, e finalmente, entre a quinta e sexta linhas, sendo que tal é marcado pela preposição acrescida do substantivo no final de cada linha. Além disso, ele vê que essa estrutura quiástica faz com o que as linhas do hino estejam em unidade.

No que diz respeito ao verbo da linha dois, o autor argumenta que "não há referência direta à morte e ressurreição de Cristo [...], mas é criada uma imagem clara da natureza unificadora e universal da vinda de Cristo". (Drury, 2001, 252). Assim, embora Drury (2001) não se posicione diretamente quanto ao significado do verbo "ἐδικαιώθη", ele afirma que o hino não faz referência direta à ressurreição.

Russell Norman Champlin (2002)

Em 2002, Russel N. Champlin publicou, em português, sua obra com o título *O Novo Testamento Interpretado versículo por versículo: Filipenses, Colossences, 1 Tessalonicenses, 2 Tessalonicenses, 1 Timóteo, 2 Timóteo, Tito, Filemon, Hebreus* (Champlim, 2002), sendo que esse volume faz parte de sua coleção de comentários exegéticos sobre o texto do NT.

Sobre a segunda linha – "ἐδικαιώθη ἐν πνεύματι" – do hino cristológico de 1Tm 3,16, Champlin (2002) a traduz por "foi justificado em Espírito" e chega a sugerir a paráfrase "conservado íntegro pelo poder do Espírito" (Champlim, 2002, 316). Ao buscar explicar a expressão, ele reconhece que "esta porção do hino tem sido motivo de intensas disputas" e afirma ainda que o termo "ἐδικαιώθη" pode significar "vindicado" ou "endossado" (Champlim, 2002, 317).

Na sequência, Champlin (2002) passa a indicar vários conceitos que a expressão não pode assumir. Assim, ele afirma:

> Não pode significar "feito justo", conforme essa palavra, algumas vezes, significa; também não pode indicar "reconhecido como justo", segundo essa expressão geralmente indica, quando se refere aos que são "justificados pela fé", quando está em foco um decreto forense, da parte de Deus. [...] não pode significar "feito justo", através da santificação, o que faz parte da justificação neotestamentária. Também não pode significar "conservado justo". (Champlim, 2002, 317)

Com essa afirmação, Champlin (2002) vai em direção oposta a vários estudiosos do texto de Timóteo.

Em seguida, ele explica a segunda parte da expressão, a preposição genitiva mais o substantivo: "ἐν πνεύματι". Embora inicialmente Champlin traduza a expressão por "em espírito", ele sugere agora a possibilidade de ser traduzido por "pelo Espírito" (Champlim, 2002, 317) e argumenta que

> [...] o endosso conferido a Cristo o acompanhou por toda a Sua vida, porquanto venceu as tentações, e os Seus atos justos e altruístas demonstraram que a salvação que Ele nos veio outorgar é válida. Mais particularmente ainda, Cristo foi *vindicado* pelo Espírito, quando de Sua ressurreição dentre dos mortos. Essa é uma ênfase constante nas páginas do N.T., provavelmente sendo esse o aspecto aqui salientado. (Ver a passagem de Rom. 1:4, onde essa ideia é declarada abertamente). (Champlim, 2002, 316).

Assim, de acordo com Champlin (2002), a expressão significa que Cristo foi *justificado* mediante Seus atos justos, altruístas e alcance seu clímax na ressurreição que foi operada pelo Espírito.

Paolo Iovino (2005)

Em 2005, Paolo Iovino publicou seu comentário sobre as cartas pastorais, em italiano, com o título *Lettere a Timoteo, Lettera a Tito* (Iovino, 2005). Ele divide seu comentário sobre o hino de 1Tm 3,16 por estrofes de duas linhas cada, de forma que *a primeira* e *segunda linha* do hino constituem a primeira estrofe (Iovino, 2005, 98). Em seguida, ele traduz a segunda linha do hino por "justificado no Espírito" (Iovino, 2005, 98) e passa então à explicação da expressão.

Iovino (2005), em primeiro lugar, apresenta o uso do termo δικαιόω em alguns outros textos do NT e aponta a relação desse uso com o texto de 1Tm 3,16. Em seguida, ele explica o uso do termo em referência a Cristo. Ele afirma que

> [...] referindo-se a Cristo, o verbo "δικαιόω" refere-se em particular ao evento da ressurreição, assumindo assim o significado de "exaltar" e também de "glorificar". (Iovino, 2005, 98)

Ou seja, para ele a ressurreição foi um meio pelo qual Cristo foi exaltado e glorificado, sendo esse o significado do aoristo "ἐδικαιώθη".

Finalmente, ele afirma que "a combinação de 'δικαιόω' com 'ἐν πνεύματι' (no Espírito) é motivada pelo papel desempenhado pelo Espírito precisamente na ressurreição de Cristo" (Iovino, 2005, 98). Dessa maneira, o Espírito Santo é o agente da ressurreição, exaltação e glorificação de Cristo. Em conclusão, Iovino (2005) acrescenta que "Cristo foi totalmente 'justificado' com o retorno "à situação de Deus" (Iovino, 2005, 98).

Federico Pastor Ramos (2005)

Em 2005, Federico Pastor Ramos publicou sua obra, em espanhol, com o título *Corpus Paulino II: Efesios, Filipenses, Colosenses, 1-2 Tesalonicenses, Filemón y cartas pastorales: 1-2 Timoteo, Tito* (Ramos, 2005).

Ramos (2005) comenta sobre o nosso texto em questão, porém diferentemente dos demais autores até aqui consultados, ele não separa sua explicação pelas linhas do hino, mas a faz de forma conjunta, como que entrelaçando suas várias partes. Ele traduz a segunda linha por "justificado no Espírito" (Ramos, 2005, 243) e afirma que o termo "justificado" significa que "Deus deu a razão a Jesus, e que Ele foi exaltado e glorificado" (Ramos, 2005, 243). A palavra "razão" é atribuída por ele no sentido de que em Jesus não foi encontrado erro, injustiça ou motivo de condenação.

Outra observação que é feita por Ramos (2005), é de que a "ressurreição" deve ser entendida em relação à terceira linha do hino (Ramos, 2005, 243) – "ὤφθη ἀγγέλοις" –, assim ele se distancia de alguns autores já consultados, os quais acreditam que a ressurreição é o significado aqui do justificado. Porém, ele não esvazia totalmente a relação da ressurreição com "justificado em Espírito", pois chega a afirmar que no contexto do hino não dever ser eliminada "qualquer referência à ressurreição quando se está falando de momentos fundamentais da existência de Cristo" (Ramos, 2005, 243). Em outras palavras, Ramos (2005) enfatiza o significado da expressão em relação à *razão, exaltação e glorificação*. Ademais, a ressurreição é utilizada como assumindo um caráter secundário na segunda linha do hino.

Solomon Andria (2006)

Em 2006, foi publicado, em inglês, um comentário bíblico que contou com a contribuição de vários teólogos africanos. O título dado originalmente a esse comentário foi *Africa Bible Commentary*. Nessa obra, Solomon Andria foi o teólogo responsável por comentar as cartas pastorais. Posteriormente, em 2010, o *Africa Bible Commentary* foi traduzido para o português com o título *Comentário Bíblico Africano* (Andria, 2010).

Embora o comentário seja realmente bem extenso, no que diz respeito ao nosso texto de 1Tm 3,16, muitos detalhes foram desconsiderados. Ele não apresenta uma abordagem exegética do texto, apenas procura explicá-lo teologicamente, e o faz de forma muito superficial.

Em primeiro lugar, traduz a segunda linha do hino por "justificado em espírito" (Andria, 2010, 3944). Em seguida, afirma que "Jesus foi justificado em espírito e contemplado por anjos em seu batismo no Jordão, evento que marca o início de seu ministério terreno" (Andria, 2010, 3944-45). Assim, ele conclui seu comentário sobre 1Tm 3,16.

Percebe-se claramente que na percepção de Andria, *o batismo* constitui o significado da expressão paulina "ἐδικαιώθη ἐν πνεύματι".

Phillip H. Towner (2006)

Também em 2006, Phillip H. Towner publicou seu comentário sobre as cartas a Timóteo e a Tito, em inglês, com o título *The Letters to Timothy and Titus* (Towner, 2006). Ele apresenta um comentário amplo sobre o hino cristológico analisado aqui.

Em relação à segunda linha do hino "ἐδικαιώθη ἐν πνεύματι", ele a traduz como "foi vindicado pelo Espírito" (Towner, 2006, 270, 280). Sobre a primeira parte da expressão, o verbo "ἐδικαιώθη", ele afirma que, levando em consideração o pano de fundo de AT, é correto traduzi-la como "foi vindicado", pois o termo indica "a demonstração de Deus da inocência de Jesus" (Towner, 2006, 280).

A Igreja Primitiva consistentemente considerava a ressurreição/exaltação de Jesus como o evento histórico em que Deus demonstrou a vindicação de seu filho" (Towner, 2006, 280). Ou seja, a primeira relação da frase, de acordo com Towner (2006), está apontando para a ressurreição.

Sobre "ἐν πνεύματι", o autor afirma que, devido à antítese estabelecida entre a primeira e a segunda linha, essa frase proposicional

> [...] tende a enfatizar uma distinção entre os modos ou esferas de existência humana e sobrenatural, cuja última é caracterizada pela presença e poder do Espírito. Com isso em mente, *"no Espírito"* expressa melhor o segundo estágio da existência humana de Jesus, no qual Ele entrou por meio da ressurreição. Isso não quer dizer que o Espírito não estivesse totalmente operando no ministério terrestre de Jesus; antes, enfatiza sua completa entrada em um estágio final da existência para a qual todos os crentes estão destinados. (Towner, 2006, 280-81)

Por isso, Towner (2006) começa seu comentário sobre essa segunda linha do hino afirmando que o que quer que seja decidido sobre a estrutura desta peça, ela é uma resposta e a conclusão dos eventos encapsulados na primeira linha, pois retrata a vindicação de Jesus, a resposta de Deus à crucificação (Towner, 2006, 280).

Assim, nesse sentido, para Towner (2006), interpretar a expressão como referência ao Espírito Santo "como a agência da vindicação/ressurreição [...] não explica satisfatoriamente a antítese criada nas linhas 1 e 2 pelas frases 'em carne' e 'em espírito'." (Towner, 2006, 280) Em outras palavras, para ele a expressão "foi vindicado pelo Espírito" significa que a "ressurreição é a conclusão da humanidade de Jesus" (Towner, 2006, 281).

Jay Twomey (2009)

Em 2009, Jay Twomey publicou, em inglês, seu comentário sobre as cartas pastorais paulinas com o título *The Pastoral Epistles Through the Centuries* (Twomey, 2009). Seu comentário faz parte da coleção *Blackwell Bible Commentaries.* A obra, como o título já sugere, é uma tentativa de apresentar como os textos bíblicos foram compreendidos e interpretados através dos séculos, concentrando sua pesquisa na "exegese patrística, rabínica (quando relevante) e medieval, bem como informações de vários tipos de críticas modernas" (Twomey, 2009, x).

Sobre o hino cristológico de 1Tm 3,16, Twomey (2009) afirma que esse é "o momento mais alto da carta" (Twomey, 2009, 61). Ele traduz a segunda linha do hino "ἐδικαιώθη ἐν πνεύματι" por "*vindicado em espírito*" (Twomey, 2009, 61) e, para comentar a expressão, usa a explicação de *Teodoreto de Ciro* em *Commentary on 1 Timothy Ecclesiastical History*. (Twomey, 2009, 61-2)

O autor afirma que "o fato de Jesus ter sido 'vindicado em espírito' significa, para Teodoreto, que Sua identidade foi reconhecida em Sua produção de milagres" (Twomey, 2009, 61-2). Nesse sentido, o que fica claro é que, segundo Twomey (2009), Jesus foi "vindicado no espírito" mediante o reconhecimento de Sua identidade divina ao operar os milagres.

Dinorah Méndez (2009)

Também em 2009 foi publicado, em espanhol, o *Comentario Biblico Mundo Hispano: 1 y 2 Tesalonicenses, 1 y 2 Timoteo y Tito* (Méndez, 2009), tendo editores Juan C. Cevallos e Rubén O. Zorzolli. Como nas próprias palavras dos editores "o Comentário pretende ser crítico e exegético" (Méndez, 2009, 5). A responsável pela análise de 1 Timóteo foi a teóloga Dinorah Méndez.

Considerando a linha dois do hino cristológico de 1Tm 3,16, Mendez a traduz por "*justificado no Espírito*" (Méndez, 2009, 142). Ao comentar essa linha, ela argumenta que a expressão

> [...] pode apontar a obra do Espírito Santo em Jesus ao menos em três áreas: guardando-O sem pecado durante seu ministério, provendo-O o poder para realizar os atos poderosos ou milagres que autenticavam Sua natureza e missão divina e, finalmente, levantando-O dentre os mortos na ressurreição. (Méndez, 2009, 142)

Dessa forma, ela não centraliza ou limita o significado da expressão a um momento específico da vida de Jesus, mas o apresenta sob pelos menos três aspectos: vida sem pecado, atos poderosos e milagres, e, por fim, ressurreição.

Paul M. Zehr (2010)

Em 2010, Paul Zehr publicou, em inglês, seu comentário sobre as cartas pastorais, o qual ele intitulou de *1&2 Timothy, Titus* (Zehr, 2010).

Em relação a segunda linha do hino de 1Tm 3,16, Zehr (2010) a traduz como "foi vindicado em espírito" (Zehr, 2010, 87). De acordo com ele, as duas primeiras linhas do hino cristológico estão interligadas, sendo que a segunda linha "ἐδικαιώθη ἐν πνεύματι" serve como um complemento da primeira, uma vez que a esta traz o elemento carne, significando a encarnação, e a segunda linha aponta para "os elementos divino e humano de Jesus" (Zehr, 2010, 87).

Sobre seu significado, ele argumenta que, mais provavelmente, a linha dois se refira à reivindicação de Deus da vida e morte de Jesus "ressuscitando-O dentre os mortos, colocando-o Deus em uma esfera onde o Espírito Santo é o agente operativo" (Zehr, 2010, 87). Sendo assim, para Zehr (2010) a "vindicação" de Jesus se deu por meio da ressurreição, e após esse ato Jesus passou a ter o Espírito Santo como agente de Sua obra.

Carmelo Pellegrino (2011)

Em 2011, o teólogo Carmelo Pellegrino escreveu em italiano seu comentário sobre 1 e 2 Timóteo, com o título *Lettere a Timoteo* (Pellegrino, 2011). Considerando 1Tm 3,16, ele afirma que existe um contraste entre os termos *carne/espírito* nas linhas 1 e 2 do hino, sendo que tal contraposição é comum no Novo Testamento (Pellegrino, 2011, 84).

Pellegrino (2011) traduz a segunda linha do hino cristológico por "foi reconhecido justo no Espírito" (Pellegrino, 2011, 85) e argumenta que "o verbo δικαιόω (literalmente: 'justificar'), no passivo, aqui não expressa perdão e, portanto, não deve ser traduzido "foi justificado", pois

> Em Rm 3,4, o mesmo verbo no passivo, através da citação de Sl 50,6 LXX (TM 51,6), refere-se a Deus "reconhecido justo" em Suas palavras. Em nosso versículo, o verbo se refere a Jesus que foi reconhecido justo na ressurreição. (Pellegrino, 2011, 84).

Mais adiante, Pellegrino conclui que

> [...] na ressurreição, Jesus "foi reconhecido apenas no Espírito": isto é, recebeu de Deus a confirmação pública de pertencer à esfera divina, na qual o Espírito Santo é o agente operante. (Pellegrino, 2011, 84).

Assim, fica claro que, para o autor, a frase "ἐδικαιώθη ἐν πνεύματι" significa que, por meio da ressurreição, Jesus é confirmado publicamente como Deus e reconhecido como justo, sendo exaltado à esfera divina novamente.

David Platt (2013)

Em 2013, David Platt, Daniel L. Akin e Tony Merida publicaram, em inglês, uma obra sobre as cartas pastorais, com o título *Christ-Centered Exposition Commentary* (Platt, 2013). Platt (2013) é o responsável pelos comentários e exegese da primeira carta a Timóteo.

Considerando 1Tm 3,16, ele traduz a segunda linha do hino por "foi verificado pelo Espírito" (Platt, 2013, 85), porém, logo em seguida, ele faz referência à tradução do verbo "ἐδικαιώθη" por parte da *Holman Christian Standard Bible*[19] como sendo "vindicado" pelo Espírito, e explica que "nesse contexto nos aponta para a obra do Espírito em afirmar que Cristo era o Filho de Deus" (Platt, 2013, 85).

Dessa forma, para Platt, a afirmação de que Jesus era o Filho de Deus, é o significante da expressão "verificado pelo Espírito". Essa posição é defendida por meio de alguns exemplos. Ele argumenta que

> [...] o batismo de Jesus, registrado em Mateus 3:16-17, é um bom exemplo dessa verdade, quando o Espírito desce sobre Cristo, confirmando que Ele era realmente o Filho de Deus. Os sinais e maravilhas de Cristo também testemunharam a presença do Espírito em Seu ministério. Por fim, porém, a ressurreição foi a indicação decisiva da vindicação de Cristo pelo Espírito. (Platt, 2013, 85)

Desse modo, Platt (2013) conclui que "é assim que devemos entender o que significa que Cristo foi verificado ou vindicado pelo Espírito." (Platt, 2013, 85).

Isidoro Mazzarolo (2014)

Em 2014, Isidoro Mazzarolo publicou, em português, seu comentário sobre as cartas pastorais com o título *Primeira & Segunda Carta a Timóteo e Tito* (Mazzarolo, 2014). Levando em consideração o hino cristológico de 1Tm 3,16, ele traduz a segunda linha do hino por "justificado no Espírito" (Mazzarolo, 2014, 85).

Mazzarolo (2014) estrutura o hino em três estrofes antitéticas, como ele mesmo as nomeia "três antinomias construídas por seis verbos no aoristo passivo" (Mazzarolo, 2014, 88). Nesse caso, a primeira e segunda linhas do hino estão colocadas em paralelo. Para ele, a formulação "manifestado

[19] A versão usada está entre os anos 1999-2009 conforme descrição dos dados de referências na p. 3.

na carne e justificado no Espírito" faz parte do "*kerigma* primitivo cristão com a proclamação da encarnação do *Logos,* preexistente, mas que assume integralmente a natureza humana" (Mazzarolo, 2014, 85). Assim, o autor enxerga o sentido da primeira estrofe do hino cristológico como possuindo um caráter complementar.

Ele então finaliza sua explicação, ao afirmar que "a justificação do Lógos aconteceu no batismo, quando o Espírito declara Jesus como o Filho amado, no qual estava toda a complacência de Deus" (Mazzarolo, 2014, 85). Assim, o autor acredita que o significado do "justificado no Espírito" deve ser encontrado no batismo, quando o Espírito declara Cristo como sendo o Filho amado.

Samuel Perez Millos (2016)

Mais recentemente, em 2016, Samuel Perez Millos publicou seu *Comentario Exegético al Texto Griego del Nuevo Testamento,* em espanhol, onde escreveu sobre as cartas pastorais com o título *1ª y 2ª Timoteo, Tito y Filemón* (Millos, 2016). Millos (2016) faz um comentário amplo sobre a perícope sobre a qual nosso trabalho está fundamentado.

Em primeiro lugar, ele traduz a expressão grega "ἐδικαιώθη ἐν πνεύματι" por "justificado no Espírito" (Millos, 2016, 202) e comenta as seis linhas do hino separadamente. Ao explicar o sentido dessa expressão, o autor afirma que "de modo algum se pode entender que se trata de uma justificação como a que necessita o homem pecador. O termo tem a ver com *vindicação* no Espírito" (Millos, 2016, 209). Millos (2016) esclarece que desde o batismo de Jesus, quando o Espírito veio sobre Ele, os atos do Mestre foram feitos no poder do Espírito Santo, "porém embora o Espírito Santo *vindicou a Jesus* pela ressurreição dos mortos" (Millos, 2016, 210).

Desse modo, para Millos "a ressurreição é a declaração da *justificação,* quando Cristo é designado para ser Filho de Deus em poder" (Millos, 2016, 210). A expressão "*justificado no Espírito*" significa que Cristo voltou ao Seu estado primeiro, Deus em poder. Como ele mesmo conclui, o *justificado no Espírito* foi "uma determinação que O eleva à dignidade suprema de Senhor" (Millos, 2016, 211).

Michael G. Sirilla (2017)

Em 2017, o teólogo Michael Sirilla publicou, em inglês, seu comentário sobre as cartas pastorais, o qual ele intitulou de *The Ideal Bishop: Aquina's Commentaries on the Pastoral Epistles* (Sirilla, 2017).

O que faz dessa obra singular em relação às demais consultadas até agora, o que sugere seu próprio título, é o embasamento em Tomás de Aquino para as explicações e argumentações do texto bíblico. De maneira especial, o próprio arcebispo da Congregação da Doutrina da Fé, J. Augustine Di Noia, argumenta que a obra "torna o ensino de Aquino em seus comentários das Escrituras acessível a um grande número de leitores de uma forma lúcida e abrangente" (Sirilla, 2017, xi). No entanto, a obra tem escopo pastoral e de aconselhamento, enfatizando sobretudo o papel e função do bispo na comunidade, recorrendo aos aspectos teológicos de Tomás de Aquino para esclarecer tal função e comportamento (Sirilla, 2017, xii-iii).

Porém, considerando esse aspecto, Sirilla (2017) passa linearmente aos aspectos exegéticos do texto e não chega a oferecer uma proposta de tradução e de interpretação para a linha dois do hino de 1Tm 3,16 que diz "ἐδικαιώθη ἐν πνεύματι". Sobre o texto, ele menciona apenas o seguinte:

> A pregação da Igreja e a crença no "mistério da nossa religião", que é a essência da mensagem do Evangelho, centram-se na manifestação de Cristo na carne e em seu ser "elevado na glória" (3:16). (Sirilla, 2017, 149-50).

Assim, Sirilla (2017) apresenta a obra de Cristo como apresentada no hino a partir de dois pontos: a encarnação e a exaltação na glória.

3 ARTIGOS

Christopher R. Hutson (2007)

Em 2007, Christopher Hutson escreveu um artigo, em inglês, para o *The African Methodist Episcopal Zion quarterly review* sobre 1 Timóteo, com o título *A good minister of Christ Jesus (1 Timothy 3:14 – 4:16)* (Hutson, 2007).

No artigo, Hutson (2007) discute os aspectos do ministério de Cristo como expresso na porção de 1 Timóteo 3,14-4,16, mas elabora sua exposição a partir dos elementos pastorais do texto. Porém, devido ao escopo do artigo, o mesmo sugere uma pesquisa exegética e uma análise mais pormenorizada dos temas abordados, todavia, não chega a oferecer uma tradução ao hino cristológico (que aborda os vários momentos do ministério de Cristo) e nem a esclarecer os significados propostos pelas seis linhas do hino, que traz muitos aspectos que serviriam de ponto de comparação aos propósitos do autor. Contudo, ao comentar 1Tm 3,16, ele afirma apenas que

> [...] as doutrinas cristãs básicas aparecem nas epístolas pastorais apenas na forma de declarações de credo ou hínicos inseridas de tempos em tempos para fundamentar as exortações. (Hutson, 2007, 5)

Desse modo, para Hutson (2007), as *doutrinas* estão inseridas nos hinos e nas declarações de credo, e a aplicação de tais doutrinas mudam e fundamentam o comportamento. Porém, o hino cristológico é apresentado como um texto doutrinário, usado como um recurso de objetivo pedagógico.

Gregory S. Magee (2008)

Em 2008, Gregory Magee escreveu um artigo, em inglês, para a *Trinity Journal* com o título *Uncovering the "Mystery" in 1 Timothy 3* (Magee, 2008), no qual procura explicar o significado do termo "μυστήριον/mistério" em 1Tm 3,9.16 e sua interpretação em relação ao hino cristológico de 1Tm 3,16.

Magee (2008) inicia sua explicação sobre o hino afirmando que este constitui "um exemplo magnifico do triunfo de Cristo e mensagem" (Magee, 2008, 255). Em seguida, ele passa a considerar a estrutura e o significado do hino. Sobre a estrutura afirma que "os estudiosos buscam determinar a estrutura discernindo uma possível progressão cronológica e identificando possíveis características paralelas" (Magee, 2008, 261). É a partir dessa orientação que Magee (2008) vai sugerir sua explicação para o hino. Para ele, as linhas 1 e 2 estão em paralelismo de contraste pelos termos "σαρκί" e "πνεύματι" (Magee, 2008, 262).

Ao apresentar sua interpretação do texto, ele sugere que "as linhas 1, 2 e 3 também podem ser entendidas como estando em progressão, a partir da encarnação de Cristo, para sua ressurreição e para sua ascensão" (Magee, 2008, 262). Sendo assim, ele atribui o significado da linha dois do hino à *ressurreição,* ao valorizar a progressão disposta no texto. Ademais, embora interprete o hino, Magee (2008) não oferece uma tradução para o mesmo.

Kevin Walker (2014)

Mais recentemente, em 2014, Kevin Walker publicou um artigo no *Kairos Evangelical Journal of Theology,* com o título *He Appeared to Whom? Another look at 1 Tim 3:16b* (Walker, 2014), no qual faz um exame lexical da terceira linha do hino cristológico de 1Tm 3,16. Por consequência, ele também considera a segunda linha do hino que diz "ἐδικαιώθη ἐν πνεύματι".

Walker (2014) faz sua sugestão de interpretação a partir de uma pergunta sobre as seis linhas do hino: "a relação entre as linhas é temática, cronológica ou ambas?" (Walker, 2014, 130). Em sua explicação sobre o hino, ele adota a relação cronológica entre as linhas. Traduz essas linhas como "Aquele que foi manifestado na carne, *justificado pelo Espírito,* apareceu para mensageiros, foi proclamado entre as nações, foi acreditado no mundo, levado à glória" (Walker, 2014, 131). Em seguida, dispõe o significado das linhas assim: "encarnação, ressurreição, aparições após ressurreição, pregação da Igreja Primitiva, propagação do evangelho, ascensão/exaltação" (Walker, 2014, 131).

Walker ainda argumenta que essa relação pode ser vista em outras passagens do NT como "em Atos 13:30-32" (Walker, 2014, 131). Assim, está claro que para Walker o significado da segunda linha do hino cristológico de 1Tm 3,16 é *a ressurreição.*

Apropriação resumida do posicionamento dos autores consultados

A partir do estudo elaborado no *Status Quaestionis,* oferecemos agora um resumo do posicionamento dos autores consultados, com o objetivo de apresentar a posição de cada autor, sua tradução, interpretação do texto e o ano no qual escreveu.

A tabela abaixo é composta por quatro colunas. A coluna um (da esquerda para a direita) indica o nome do autor que foi consultado, a coluna dois indica sua tradução para a frase grega "ἐδικαιώθη ἐν πνεύματι" conforme aparece em 1Tm 3,16c, a coluna três apresenta o significado que tal autor atribuiu à frase, e, por fim, a coluna quatro apresenta o ano em que foi publicada o livro ou artigo. A ordem em termos de ano de publicação na coluna quatro segue o mesmo padrão cronológico adotado no texto corrido, objetivando apresentar como tal texto foi interpretado através dos anos, e apontar de forma pontual quais foram as mudanças ocorridas na interpretação do hino.

Tabela 1 – Posicionamento dos autores

Autor	Tradução	Significado	Ano
Thomas C. Oden e Peter J. Gorday e	Justificado no Espírito.	O admirável daquele que mostrou a superabundância de poder através de coisas que estão além da natureza, mediante os atos maravilhosos de Jesus.	2000
William D. Mounce	Foi vindicado em Espírito.	se refere à ressurreição	2000
Luke Timothy Jhonson	Feito justo pelo espírito.	Exaltação de Jesus pela ressurreição.	2001
Clare Drury	Não traduz.	Uma imagem clara da natureza unificadora e universal da vinda (ou vida) de Cristo.	2001
Russell Norman Champlin	Foi justificado em Espírito.	Jesus venceu as tentações e Seus atos justos e altruístas. Particularmente ainda, Cristo foi *vindicado* pelo Espírito, quando de sua ressurreição dentre dos mortos.	2002
Paolo Iovino	Justificado no Espírito.	Mediante a ressurreição, Cristo foi totalmente justificado com o retorno à situação de Deus.	2005
Frederico Pastor Ramos	Justificado no Espírito	Deus deu a razão a Jesus, Ele foi exaltado e glorificado.	2005
Solomon Andria	Justificado em Espírito.	Jesus foi justificado em espírito e contemplado por anjos em Seu batismo no Jordão, evento que marca o início do ministério terreno.	2006
Phillip H. Towner	Foi vindicado pelo Espírito.	Ressurreição é a conclusão da humanidade de Jesus.	2006
Christopher R. Hutson	Não traduz.	Não explica.	2007
Gregory S. Magee	Não traduz.	Ressurreição	2008
Jay Twomey	Vindicado em Espírito.	A identidade de Cristo foi reconhecida em Sua produção de milagres.	2009

Autor	Tradução	Significado	Ano
Dinorah Méndez	Justificado no Espírito.	A obra do Espírito Santo se deu em Jesus: guardando-O sem pecado durante Seu ministério, provendo-O o poder para realizar os atos poderosos ou milagres que autenticavam Sua natureza e missão divina e, finalmente, levantando-O dentre os mortos na ressurreição.	2009
Paul M. Zehr	Foi vindicado em Espírito.	A ressurreição de Cristo foi a vindicação de Deus na presença dos poderes hostis que o mataram. E Deus O colocou em uma esfera onde o Espírito Santo é o agente operativo.	2010
Carmelo Pellegrino	Foi reconhecido justo no Espírito.	Jesus foi reconhecido justo na ressurreição e o Espírito Santo o agente da ação ao confirmar Jesus à esfera divina novamente.	2011
David Platt	Foi verificado pelo Espírito.	A obra do Espírito no batismo, nos sinais e maravilhas e na ressurreição afirmam que Cristo era o Filho de Deus.	2013
Isidoro Mazzarolo	Justificado no Espírito.	A justificação do Lógos aconteceu no batismo, quando o Espírito declara Cristo como o Filho amado	2014
Kevin Walker	Justificado pelo Espírito.	Com as aparições após a ressurreição.	2014
Samuel Perez Millos	Justificado no Espírito.	O Espírito Santo *vindicou Jesus* pela ressurreição dos mortos.	2016
Michael G. Sirilla	Não traduz.	Não explica.	2017

Fonte: elaboração do autor

Conclusão

A partir da análise do *Status Quaestiones* de 1Tm 3,16c, nota-se que a tarefa de traduzir sempre se constituiu grande desafio ao que se lança sobre determinada prática. Sobre essa perspectiva, o presente trabalho apresenta a pluralidade de traduções propostas que os autores fizeram a uma mesma expressão composta por apenas três palavras. Embora essa pesquisa trate de um texto antigo, o mesmo desafio ocorre na tarefa de traduzir textos mais recentes.

No que diz respeito ao levantamento estabelecido pelo *Status Quaestionis* relacionado aos últimos dois séculos, percebe-se que os mesmos foram de considerável produção teológica sobre o texto de 1 Timóteo 3:16. Desde o início do século XX, com os trabalhos iniciados por Thomas C. Oden, Peter J. Gorday e William D. Mounce, até a contemporaneidade, no século XXI, com Samuel P. Millos e Michael G. Sirilla, encontramos, em língua inglesa, italiana, espanhola e portuguesa, 17 comentários sobre a Carta a Timóteo e 3 artigos que lidam com o texto de 1 Timóteo 3:16. Ou seja, considerável quantidade de material publicado sobre o já referido textos nos limites desses dois últimos séculos. Por outro lado, a presente pesquisa não pretendeu esgotar toda a produção teológica sobre o texto bíblico, porém, a mesma serve como um material de consulta sobre a produção teórica relacionada à 1 Timóteo, e mais especificamente sobre o hino cristológico.

Ademais, percebe-se ainda que, a maior parte do conteúdo teológico produzido sobre o já referido texto bíblico nos séculos XX e XXI, como já constatado na primeira parte desta pesquisa no que diz respeito aos séculos XV a XIX, veio de pesquisadores americanos e alemães, restando poucos trabalhos provindos de pesquisas realizadas em italiano, em espanhol, ou mesmo em língua portuguesa. Tal dado indica a grande importância dada pelos teóricos bíblicos americanos e alemães aos estudos relacionados aos textos neotestamentários, o que por outro lado, deveria provocar estudiosos brasileiros a dedicarem mais atenção aos textos bíblicos, que, diga-se de passagem, fazem parte do dia a dia da maioria da população brasileira.

Referências

ANDRIA, S. 1 Timóteo. *In:* ADEYEMOI, T. (ed.). **Comentário bíblico africano.** São Paulo: Mundo Cristão, 2010.

CHAMPLIN, R. N. **Filipenses, Colossences, 1 Tessalonicenses, 2 Tessalonicenses, 1 Timóteo, 2 Timóteo, Tito, Filemon, Hebreus.** (O Novo Testamento Interpretado versículo por versículo). São Paulo: Hagnos, 2002.

COTHENET, É. **As epístolas pastorais.** São Paulo: Paulus, 1995.

CRISÓSTOMO, J. (ca. 347-407) **Comentário às cartas de São Paulo/3:** homilias sobre as cartas: Primeira e Segunda a Timóteo, a Tito, aos Filipenses, aos Colossenses, Primeira e Segunda aos Tessalonicenses, a Filemon, aos Hebreus. (Coleção Patrística). São Paulo: Paulus, 2013.

DRURY, C. The Pastoral Epistles. *In:* MUDDIMAN, J.; BARTON, J. (ed.). **The Pauline Epistles.** The Oxford Bible Commentary. Oxford: Oxford University Press, 2001.

GONZAGA, W. O *Corpus Paulinum* no Cânon do Novo Testamento, **Atualidade Teológica**, Rio de Janeiro, v. 21, n. 55, p. 19-41, jan/abr. 2017.

GORDAY, P.; ODEN, T. C (ed.). **Colosenses, 1-2 Tesalonicenses, 1-2 Timoteo, Tito, Filemón**. La Biblia Comentada por los Padres de la Iglesia y otros autores de la época patrística. Madri: Ciudad Nueva, 2002.

HUTSON, C. R. A good minister of Christ Jesus (1 Timothy 3:14 - 4:16). **The African Methodist Episcopal Zion quarterly review,** v. 95, n. 1, p. 2-7, jan. 2007.

IOVINO, P. **Lettere a Timoteo, Lettera a Tito:** nouva versione, introduzione e commento. Milão: Paoline, 2005.

JOHNSON, L. T. **The First and Second Letters to Timothy:** a new translation with introduction and commentary. Anchor Bible Commentary. New Haven: Yale University Press, 2001. v. 35A.

MAGEE, S. G. Uncovering the "Mystery" in 1 Timothy 3. **Trinity Journal,** v. 29, n. 2, p. 247-265, set/nov. 2008.

MAZZAROLO, I. **Primeira & Segunda Carta a Timóteo e Tito.** Porto Alegre: Comunicação, 2014.

MÉNDEZ, D. 1 y 2 Tesalonicenses, 1 y 2 Timoteo e Tito. *In:* CEVALLOS, J. C.; ZORZOLI, R. O. (ed.). **1 y 2 Tesalonicenses, 1 y 2 Timoteo y Tito**. Comentario Biblico Mundo Hispano. El Paso: Mundo Hispano, 2009.

MILLOS, S. P. **1ª y 2ª Timoteo, Tito y Filemón.** Comentario exegético al texto griego del Nuevo Testamento. Barcelona: Clie, 2016.

MOUNCE, W. D. **Pastoral Epistles**. Word Biblical Commentary. Dallas: Word Incorporated, 2000. v. 46.

NESTLE-ALAND. ***Novum Testamentum Graece***. 28. ed. Stuttgart: Deutsche Bibelgesellschaft, 2012.

PELLEGRINO, C. **Lettere a Timoteo:** introduzione, traduzione e commento. Milão: San Paolo, 2011.

PLATT, D. 1 Timothy. *In:* PLATT, D.; AKIN, D. L.; MERIDA, T (ed.). **Exalting Jesus in 1 & 2 Timothy and Titus**. Christ-Centered Exposition Commentary. Nashville: B&H Publishing Group, 2013.

RAMOS, F. P. **Corpus Paulino II:** Efesios, Filipenses, Colosenses, 1-2 Tesalonicenses, Filemón y cartas pastorales: 1-2 Timoteo, Tito. Bilbao: Desclée de Brouwer, 2005.

SIRILLA, M. G. **The Ideal Bishop:** Aquina's Commentary on the Pastoral Epistles. Washington: The Catholic University of America Press, 2017.

TOWNER, P. H. **The Letters to Timothy and Titus.** Grand Rapids: Wm. B. Eardmans Publishing Co., 2006.

TWOMEY, J. **The Pastoral Epistles Through the Centuries**. Blackwell Bible Commentaries. Chichester: Blackwell Publishing, 2009.

WALKER, K. He Appeared to Whom? Another look at 1 Tim 3:16b. **Kairos – Evangelical Journal of Theology,** v. 7, n. 2, p. 123-142, 2014.

ZEHR, P. M. **1 & 2 Timothy, Titus.** Scottdale: Herald Press, 2010.

CHAPEUZIN' VERMÊI NA PRÁTICA DE TRADUÇÃO: UMA ADAPTAÇÃO

Sátia Marini

Introdução

O ensino/aprendizado de prática de tradução é um desafio para o professor e para o aluno, pois o primeiro sabe que é impossível ensinar tudo (ou até mesmo muito) sobre tradução, e a expectativa do aluno é sair formado do curso, como um profissional competente para dominar o tipo de texto que se comprometer a traduzir. Uma disciplina de tradução nos possibilita apresentar uma amostra de alguns assuntos e abordá-los da melhor forma possível, com a rasa profundidade que um semestre permite. Portanto, mais do que escolher os assuntos mais adequados para as práticas, uma forma de contribuir para a formação dos alunos é oferecer a eles uma visão crítica do texto, orientações sobre o processo de tradução, falar sobre os "falsos amigos", enfatizar a importância da leitura e da compreensão, da pesquisa e da redação, do aspecto cultural em que a tradução está inserida, e das decisões a serem tomadas no momento de traduzir.

A teoria de tradução, aliada da prática, tem-se mostrado distante da realidade desta última. Ao traduzir, não buscamos saber o que um teórico ou outro disse, ou quais são as estratégias (modalidades, procedimentos, métodos – cada autor usa uma denominação) de tradução que utilizamos. Simplesmente (ou complexamente, por ser uma tarefa multifacetada e transdisciplinar) nos sentamos em frente ao computador, com as ferramentas físicas, eletrônicas e cognitivas de que dispomos e que mais nos auxiliam, e começamos um trabalho que ainda está por ser revelado como funciona no cérebro dos profissionais. Na prática, o tradutor utiliza tudo conjuntamente: conhecimentos (léxico, terminologia, gramática, assunto específico), habilidades (uso de recursos tecnológicos, busca de informações) e estratégias (maneiras de resolver os problemas no processo de tradução).

A disciplina Prática de Tradução Inglês-Português – Textos Gerais é a primeira prática que os alunos ingressos no curso de tradução da Universidade de Brasília (UnB) fazem. Para alguns, é o primeiro contato com tradução, pois a maioria entra no curso sem ter tido qualquer experiência prévia de trabalho na área. Numa conversa inicial com os alunos, é comum ouvir que escolheram fazer tradução pois gostam de idiomas, mas não querem dar aula; portanto, a tradução lhes parece uma opção para trabalhar com idiomas.

Como professora de tradução, ministrei quatro semestres dessa prática, e me intrigou o fato de todos os alunos serem falantes nativos de português, mas a maioria apresentar dificuldades com a redação em seu idioma pátrio. Os gêneros textuais utilizados nessa disciplina podem variar, de manuais a receitas e de artigos jornalísticos a artigos científicos e textos literários.

Observamos, ao longo dos primeiros três semestres lecionando, que grande parte dos textos produzidos nas diferentes turmas dessa disciplina resultavam em uma linguagem truncada, com problemas de concordância, pouca fluência e transparecendo serem traduções de iniciantes (o que já era de se esperar). As orientações dadas ao longo da prática recomendavam aos alunos lerem os textos fonte, tirarem dúvidas de vocabulário e terminologia, desenvolverem a tradução, fazerem uma primeira revisão e aguardarem um tempo para fazerem uma segunda revisão do texto traduzido, dessa vez sem contato com o texto original. O que se observou foi que os alunos se prendiam muito ao original e os textos tinham uma cara de tradução, se assemelhavam muito, tanto no léxico quanto na sintaxe, ao texto original.

Assim, no segundo semestre de 2015, decidimos avaliar os alunos por meio de participação em aula e de provas de tradução de textos científicos e de manuais, bem como por um trabalho final de tradução de texto literário. O resultado da tradução do trabalho final foi surpreendente pela criatividade e boa fluência com que os alunos redigiram a tradução. A possibilidade de criar na redação final foi um grande estímulo para os alunos, e a falta de fluência era um dos problemas que queríamos combater.

A ideia deste trabalho não é originalmente nossa, pois nos baseamos na proposta de Branco (2015) para prática de tradução e fizemos um ajuste conforme as necessidades da disciplina ministrada. Branco (2015) sugere a adaptação do conto *Chapeuzinho Vermelho* para o Nordeste do Brasil, justamente o que realizamos com os alunos.

A história de *Chapeuzinho Vermelho*, cuja autoria se atribui a Charles Perrault (1628-1703), num contexto francês, ou aos irmãos Grimm (1785-1863), na Alemanha, é um conto com diversas versões na atualidade, que traz narrativas, descrições e diálogos. O público-alvo se constitui de crianças, e, normalmente, a história é lida por pais para seus filhos. Essa adaptação teve como objetivo a prática de tradução com alunos para avaliar o processo de aprendizado.

Metodologia de trabalho

Esta pesquisa teve como objetivo praticar a tradução e a revisão de um texto e sua localização para um contexto brasileiro. Com a finalidade de dar mais liberdade aos alunos, decidimos solicitar uma última avaliação da disciplina em texto literário com a proposta de uma adaptação para o ambiente Nordestino brasileiro, e, para que trocassem ideias e contribuíssem uns com os outros, o trabalho deveria ser desenvolvido preferencialmente em duplas.

Todos os alunos traduziram, do inglês para o português, o mesmo texto: *Little Red Cap,* de Jacob e Wilhelm Grimm, uma versão de aproximadamente 5.000 caracteres (975 palavras) (Anexo 1). O prazo para entrega foi de um mês, e, ao final, fizemos uma discussão em classe para que todos pudessem conhecer as experiências dos demais colegas, uma vez que não teriam oportunidade de ver os trabalhos uns dos outros.

Os alunos tiveram como orientações:

- ler o texto atentamente;
- fazer pesquisas sobre o Nordeste brasileiro (hábitos, alimentação, roupas típicas, fauna e flora);
- traduzir para o contexto brasileiro – cultura nordestina;
- dar um novo título para o conto;
- justificar as escolhas feitas com relação à linguagem (palavras nordestinas no texto e nos diálogos);
- identificar os personagens (vovó, chapeuzinho, caçador, lobo);
- escolher as comidas e bebidas (bolo e vinho);
- definir as paisagens (floresta, flores, caminho);
- escolher o tipo de habitação (casa, cama com cortinas-dossel);
- definir as roupas (touca da Chapeuzinho Vermelho e camisola da vovó);
- revisar a tradução;
- fazer uma segunda revisão sem o original;
- apresentar as referências bibliográficas das pesquisas.

Os alunos seriam avaliados com relação à apresentação do trabalho:

- capa, introdução, tradução, reflexão prática, justificativas das escolhas de tradução (localização para o contexto do Nordeste);
- tradução e revisão geral do trabalho;
- registro adequado ao texto selecionado;
- fluência, coesão;
- relato sobre a tradução, o processo, as escolhas, as dificuldades, a experiência como um todo.

Foram entregues dez trabalhos (de 16 alunos), tendo sido feitos quatro individualmente, e os demais em duplas.

Prática de tradução

Na prática diária de tradução, o tradutor está mais preso ao texto, orientado para as diretrizes do cliente ou do contratante, e não tem liberdade para criar, principalmente na tradução técnica e científica. Além disso, sua rotina de trabalho é intensa, rigorosa e cansativa, inclusive com problemas físicos devido ao tempo que passa numa mesma posição e digitando (movimentos repetitivos).

Os momentos que, em geral, o tradutor técnico e científico tem para usar sua criatividade com liberdade é muito reduzido. O tradutor literário já tem necessidade de criar dentro das limitações e liberdades do texto trabalhado. Por esse motivo, a sala de aula representa uma oportunidade imperdível para o professor e o aprendiz praticarem esse exercício de criação.

Aproveitando essa situação, o foco dessa prática se concentrou em, a partir da observação das línguas de partida e de chegada, da redação mais livre e da releitura final sem o original:

- aprimorar os conhecimentos (pesquisa do assunto "Nordeste");
- ampliar o conhecimento da sintaxe, dos termos e das fraseologias usados);
- conhecer as habilidades (uso de computador e de ferramentas de pesquisa) do aluno;
- aprender as estratégias (decisões quanto à solução dos problemas de tradução de termos, fraseologia e sintaxe) necessários para traduzir.

Para desenvolver essas habilidades, sugerimos a modalidade de adaptação conforme defendido por Aubert (1998), no sentido de "assimilação cultural", como tendo uma "equivalência parcial de sentido", o que não quer dizer que tenha uma equivalência perfeita. Assim, os alunos precisaram fazer pesquisas, mas também tiveram liberdade para fazer opções quanto à maneira como preferiam elaborar suas traduções e revisar seus trabalhos.

Normalmente, a recomendação que todo aluno recebe ao iniciar um trabalho é de ler o original antes de começar a traduzir. Isso pode ser feito durante seu treinamento, mas, no dia a dia da profissão, não temos tempo de ler o texto e depois começar a tradução, sendo, portanto, outra atividade específica da situação de sala de aula.

A revisão com o original, seguida da revisão sem o original, e a atenção à fluência do texto são fundamentais para finalizar qualquer tradução. A necessidade de apresentar um texto fluente que não pareça uma tradução exige que se faça mais de uma revisão antes da entrega do trabalho, e, nessas revisões, busca-se que a tradução pareça um texto escrito na língua meta. Essa fase da tradução é similar ao que ocorre na experiência prática do tradutor profissional, uma vez que é a partir da revisão que se constata a fluência e leveza do texto.

O trabalho de adaptação para outra cultura e época e para um novo público (dentro de um mesmo sistema semiótico, porém com propostas diferentes) proporcionou muita liberdade de criação para os alunos. Com tantas características diferentes, o conto ainda é o mesmo, uma vez que, sendo muito conhecido, todos o identificam com o original, motivo pelo qual fica muito divertida a leitura.

Esta é, portanto, uma tradução interlingual, bem como intralingual, pois a tradução é feita a partir de um signo de uma língua para o de outra (ou seja, interlingual), e, numa outra etapa (ou dependendo do tradutor, ao mesmo tempo), é feita uma nova tradução dentro dessa segunda língua (intralingual).

Observa-se que, numa tradução, estão presentes aspectos culturais, sociais e ideológicos, alguns mais observados na tradução técnica ou científica, e outros mais típicos da tradução literária, mas eles estão sempre em discussão. Neste trabalho, todos esses aspectos foram considerados; os culturais e sociais, por ser uma adaptação de um conto europeu para uma situação do Nordeste brasileiro; e os ideológicos, por envolverem escolhas de termos, ambientes, linguagens, representações de figuras, animais da cultura brasileira que têm um ou outro significado para o leitor.

Por exemplo, as opções dos alunos para adaptar a Chapeuzinho Vermelho como uma menina mais meiga com "vestidinho de chita com capuz" ou mais firme com um "chapeuzin de couro encarnado" já podem apontar para um posicionamento ideológico. Entretanto, isso só se poderia confirmar com a observação de todo o texto do(a) discente, caso as demais opções também contemplassem um posicionamento no mesmo sentido, o que não foi objeto deste trabalho.

Como se constatou que na disciplina havia uma dificuldade dos alunos de se afastarem do original para redigirem a tradução, essa proposta de trabalho objetivou fazer com que eles praticassem um desapego do texto original e se concentrassem no texto meta, para evitar as interferências comuns no início da prática de tradução. A adaptação de uma obra literária para um contexto totalmente diverso é uma situação bastante extrema de tradução e possibilita, livremente, a criação num contexto de aprendizado.

Como benefício final, esse exercício de tradução mostra a importância da revisão e, mais ainda, da revisão do texto sem o original, que pode levá-lo a adquirir uma maior fluência e deixa a leitura mais aprazível.

Resultados criativos e fluência

Considerando que, ao longo do semestre, os alunos apresentaram trabalhos pouco fluentes, com problemas de concordância, notadamente sem uma revisão final independente do original, foi uma boa ideia propor esse trabalho e, ao final, encontrar textos de chegada bastante desvinculados do texto original.

O texto original era conhecido de todos os alunos, por ser um conto da cultura europeia que ultrapassou as fronteiras culturais e linguísticas, e ainda está inserido desde a tenra infância no rol de histórias infantis contadas nos lares e escolas brasileiros. Portanto, o entendimento do texto não seria problemático nessa prática, o que é um facilitador para a tradução, uma vez que o entendimento do texto original muitas vezes é o que prejudica a tradução; ainda mais se falarmos de alunos que estão nos semestres iniciais do curso.

Assim, os personagens, o enredo, o local onde se ambienta a história, as roupas e os alimentos são conhecidos e não geraram controvérsias na tradução. A novidade foi o fato de terem que adaptar para a cultura brasileira, mais especificamente a nordestina, algo bastante inovador nesta prática, daí a orientação para fazerem pesquisas. A Tabela 1 mostra escolhas tradutórias adaptadas a respeito de roupas "little cap made of red velvet" que, numa tradução literal, seria o "chapeuzinho feito de veludo vermelho, e "apron", o "avental". Observa-se a grande diferença de um aluno para outro.

Tabela 1 – Escolhas tradutórias adaptadas de roupas

Estudante(s)	***Little cap made of red velvet***	***apron***
A	chapéu de buriti vermelhinho, "verminho pra dar um grau"	balaio
B	vestidinho de chita com capuz	cesta
C e D	bonezinho vermelho de crochê	sacola
E e F	sombrinha vermelha	avental
G	fita de cabelo encarnado	trouxa
H e I	"chapeuzin" de couro encarnado	levando aí
J	fita de cetim vermelho	cumbuca
K e L	chapéu de couro, "igualzin" ao de Maria Bonita	balaio
M e N	um gorro encarnado	Lenço
O e P	sombrinha vermelha	Arre égua! E tu carrega o quê aí?!

Fonte: arquivo pessoal

Ao lermos os trabalhos, observamos que nem sempre a adaptação do texto diferenciava o que é diálogo entre os personagens (com linguagem típica) do que o que é descrição e narração (não necessariamente com a linguagem do Nordeste). Alguns alunos optaram por escrever o texto com dois registros diferentes, um para a narração e outro para os diálogos, deixando muito clara a distinção entre as duas situações, um conforme a norma-padrão e outro com as alterações de grafia necessárias para representar a cultura e o sotaque escolhidos. Outros alunos resolveram fazer tanto a narração quanto os diálogos em "nordestinês" (com uma mistura de vários estados nordestinos ou situado em um estado ou localidade específica). Neste segundo caso, o texto inteiro tem um registro com palavras adaptadas e sintaxe típicas de uma região.

Já no título, observa-se a intenção de adaptação do texto tendo os alunos colocado títulos mais explicativos. A Tabela 2 traz todas as adaptações dos alunos para o título *Little Red Cap*.

Tabela 2 – Adaptações do título *Little Red Cap*

Alunos	Título	Comentário
A	*Chapeuzinho Vermelho no Cangaço*	Situa a história no nordeste brasileiro.
B	*Uma aventura na caatinga - Chapeuzinho Vermelho e um Caçador Arrochado*	Explicação do texto.
C e D	*Bonezinho Vermelho*	Adaptação para outra realidade.
E e F	*A menina da sombrinha vermelha*	Título adaptado.
G	*Lacinho Vermelho*	Título adaptado.
H e I	*Menininha do Chapeuzinho Encarnado*	Título adaptado.
J	*Chiquinha Vermêia: uma releitura cearense do conto da Chapeuzinho Vermelho*	Título adaptado; explica a intenção com a tradução.
K e L	*Maria Bonitinha: uma adaptação nordestina do conto "Little Red Cap" dos irmãos Grimm*	Situa a história no nordeste brasileiro; explica a intenção com a tradução e cita o título original
M e N	*Menina do Gorro*	Título adaptado.
O e P	*A pequena Sombrinha Vermelha*	Título adaptado.

Fonte: arquivo pessoal

A grande variedade de sugestões demonstra como as traduções podem ser diferentes umas das outras, ainda mais numa adaptação, dependendo apenas da imaginação do tradutor para tomar determinada direção.

Esta pesquisa representou a comunicação entre duas culturas, mais do que simplesmente entre duas línguas, e trouxe muitos acertos e alguns equívocos por parte dos alunos/adaptadores. Um equívoco observado foi referente ao registro (houve alguma confusão entre os registros nordestino, mineiro e goiano); por exemplo, no uso da expressão "demais da conta" que, ao ler, tendemos a colocar um sotaque mineiro, e não nordestino no texto. O desconhecimento da cultura nordestina pode ser notado com o uso de "mandioca" numa região em que esse termo se refere a uma planta venenosa, e onde se usa "macaxeira" para a planta comestível.

A maioria dos aspectos a serem adaptados no texto dependem do cenário, do clima quente e seco e da vegetação do semiárido nordestinos. A descrição do caminho e a ambientação da casa da avó, por exemplo, transportam o leitor para a visão do chão seco e rachado do Nordeste, da estrutura precária e das características dos móveis e das construções, grande expressão de localização do texto.

A casa da avó tem uma cama (*bed*) e cortinas (*curtains*) na janela que foram transformados em "cama e mosquiteiro", "colchão e lençóis", "cama e pano na janela", "cama e cortinado", e até "cama e edredon"; este último, certamente um equívoco, dado o clima quente da região.

Quanto à porta (*door*), apenas uma dupla resolveu transformá-la em porteira; as demais mantiveram uma porta com um trinco utilizando as expressões "a porta está só encostada", "abra o trinco", "alevanta o trinco", "é só empurrá", "é só puxá o trinco", para dar orientação para quem estava chegando na casa da vovó.

A Tabela 3 apresenta as opções dos alunos quanto às adaptações de *just press the latch* ("É só empurrar o trinco") e *curtains shut* ("cortinas fechadas") que teriam essas traduções literais.

Tabela 3 – Adaptações de itens da casa

Alunos	***Just press the latch***	***curtains shut***
A	empurra a porta menina	cobriu com um edredon de voinha
B	empurre aí, que a porta está só encostada	cobriu toda com um lençol no colchão sobre o estrado de madeira
C e D	Apois é só empurrar a porta	fechou o mosquiteiro
E e F	Abra o trinco	deitou em sua rede
G	É só empurrar a porta	foi para a cama e fechou a janela
H e I	Só empurre a porta, minha bichinha	pano na janela e deitou na cama
J	Empurre a porta, menina	colcha que a avó estivera costurando
K e L	Alevanta o trinco	curtina do quarto e foi pra cama dela
M e N	É só empurrá	fechou o cortinado
O e P	É só puxá o trinco, minha fia	fechou as cortinas

Fonte: arquivo pessoal

Percebe-se a pesquisa feita pelos alunos sobre a região na variedade de animais encontrados para substituir o lobo (*wolf*). A fauna da caatinga é repleta de espécies típicas. Entretanto, na história, o ser é mau e, portanto, deve apresentar ameaça à menina e à avó, e ser alvo do caçador. Os felinos como a suçuarana, a onça-parda e a jaguatirica foram os mais mencionados, mas outras opções foram animais carnívoros como o cachorro-do-mato e o carcará. Houve ainda quem escolhesse utilizar seres fantásticos (oriundos de outras histórias) e amedrontadores, como o lobisomem e o quibungo.

A Tabela 4 traz duas situações em que o lobo é citado e as adaptações para situações do Nordeste brasileiro. *Wolf-wicked animal* seria traduzido literalmente por "Lobo – animal perverso (maligno, traiçoeiro)", ou versões semelhantes. Já *huntsman took the wolf's pelt* pode ser traduzido por "o caçador tirou a pele (peliça, couro) do lobo".

Tabela 4 – Adaptações para as aparições do lobo

Alunos	**Wolf – wicked animal**	**huntsman took the wolf's pelt**
A	jaguatirica – perverso animal	o jagunço tirou a pele da jaguatirica
B	onça-parda – xx	o caçador arrancou o couro da dona Onça
C e D	carcará – animal cabrunquento	depenou o carcará
E e F	cachorro-do-mato – animal malvado	cangaceiro tirou a pele do cachorro
G	lobisomem – animal maldoso	ficou com o couro do lobo
H e I	jaguatirica – bicho era perigoso	esfolou a jaguatirica
J	jaguatirica – perigoso era aquele animal	pegou a pele da jaguatirica
K e L	Quibungo – bicho bexiguento	pegou o couro do Quibungo
M e N	Suçuarana – bicho era cranco que nem gota-serena	pegou o couro de suçuarana
O e P	Suçuarana – animal era perigoso	cangaceiro pegou o couro da suçuarana

Fonte: arquivo pessoal

O caçador (*huntsman*) precisou ser transformado em um personagem sertanejo, e, nesse item, foram várias as soluções encontradas pelos alunos, sendo "cangaceiro", "jagunço" e "caçador" as mais utilizadas. Os que utilizaram "caçador" não sentiram necessidade de explicar essa opção mais geral; simplesmente consideraram que na região também existem caçadores. Nesse caso, entendemos que deixaram passar a oportunidade de domesticar um pouco mais a história, mas não chegaram a cometer um erro. Também foram utilizados o "vaqueiro" e o "boiadeiro" (figuras que já imaginamos com roupas de couro, chapéu e muitas vezes com um olho tapado à Lampião). Uma opção menos convencional e um pouco deslocada num ambiente árido e sem rios perenes foi o "pescador". Embora a dupla fale de sertão, mandacarus e cactos, colocou um pescador e um carcará, ave que "comia seus peixes", na história.

A religiosidade do sertanejo também se apresentou nas traduções, a partir da única manifestação expressa no texto (*My God*) que literalmente pode ser traduzida por "Meu Deus". Nas adaptações, recebeu vários formatos típicos nordestinos, momento em que os alunos sabiamente fugiram da literalidade. As traduções foram "Armaria" (Ave Maria), "Meu Padim Pade Ciço" (o santo de devoção popular no Nordeste), "Crendeuspai" (parte inicial de uma oração), "Vige" e "Vixe" (corruptela fonética de Virgem), "Pai do Céu", e até mesmo a manifestação religiosa com menção ao Diabo, "Diabéisso".

As interjeições de admiração ou espanto "Oxente" e "Arre égua" também foram utilizadas na tradução dessa invocação a Deus, por serem típicas do linguajar nordestino, muito utilizadas em registros variados. As expressões de religiosidade se manifestaram com mais frequência na tradução do que no original, sendo incluídos "Se Deus quiser" (traduzindo "*perhaps*"), "Ave Maria", "Vixe Maria", "Vixe", "Valha", "Valha-me Deus", "Valha meu padim Pade Ciço", "Diabéisso" em substituição à interjeição "Oh".

A interjeição e o vocativo *Oh, Grandmother*, foram traduzidos por "Oxe, Vóinha"; "Valha, minha vó"; "Eta, vó", tendo também sido traduzida por "Oh, Voinha" por um único aluno. Outros ainda omitiram a interjeição e colocaram apenas "Voinha" ou "Vovó".

A busca por identidade cultural ficou bastante marcada neste trabalho, o que se pode notar com a comparação de Chapeuzinho Vermelho à Maria Bonita (conhecida companheira do famoso cangaceiro Lampião). Uma dupla de alunos deu à protagonista o nome de Maria Bonitinha, uma homenagem e uma identidade com a cangaceira e o Nordeste como um todo. Outra referência observada foi o nome dado à avó (Dona Chica) por uma aluna, claramente se remetendo a uma cantiga de rodas (e a um nome típico brasileiro – Francisca), mais uma forma de aproximar o conto do público infantil brasileiro. Nessa mesma tradução, o animal ameaçador é uma onça-parda, que foi tratado por Dona Onça, o que dá um caráter lúdico ao texto.

Ao analisar a tradução, os alunos indicam que a floresta (*the woods*) foi adaptada como "um caminho no Sertão"; o carvalho (*oak tree*) foi trocado por "arbusto", "umbuzeiro", "babaçu", "carnaúba", e assim por diante. Na análise, eles falam do raciocínio adotado para alterar as características: imaginar o ambiente, o caminho adotado, a situação.

Tão variadas são as traduções que *a hedge of hazel bushes* (um recanto com aveleiras) se tornou "uma cobertura de umbuzeiro", "umas carqueja em volta", "uma carreira de caroá", "uma cerca de cactos", "uns pé de siriguela na frente", "uma cerca de avelós", "pés de xique-xique, juazeiro e umbuzeiro", entre outras criações adequadas ao ambiente semiárido nordestino.

Da mesma forma, o buquê (*bouquet*) se transformou em "um monte", "uma rama", "um tanto de", "uns vinte", e as flores (*flowers*) passaram a ser "flores", "flô", "flor de mandacaru", "umbus". Observa-se que os alunos também não se restringiram no tamanho das palavras ao fazerem a tradução, optando por expressões bem mais extensas quando entenderam apropriado.

Os tradutores em treinamento se ocuparam de encontrar o vestuário adequado para a menina e sua avozinha. A garota ganhou o carinho dos alunos e foi, literalmente, enfeitada com um "vestido de chita com capuz", "chapéu de couro igualzin ao de Maria Bonita", "sombrinha vermelha", "bonezinho vermelho de crochê", "chapéu de buriti vermelhinho, vermelhinho, pra dar um grau", "chapeuzin de couro encarnado", "fita de cetim vermelho", "um gorro encarnado". Todas essas são opções de tradução para *little cap made of red velvet* (capuzinho feito de veludo vermelho, na tradução literal) e que ficaram mais delicadas e ganharam a atenção merecida para uma protagonista.

O avental (*apron*) dela foi substituído por "trouxa", "sacola", "cumbuca", "lenço", que enfatizam a simplicidade e a pobreza da região, ou por "balaio" ou "cesta", que já demonstram um improviso na história, romantizando um pouco, já que é um conto de fadas.

A adaptação de um pedaço de bolo e uma garrafa de vinho (*piece of cake and a bottle of wine*) foi bastante criativa, tendo sido oferecidas as deliciosas e típicas opções conforme mostrado na Tabela 5.

Tabela 5 – Adaptações de comida e bebida

Alunos	Piece of cake and a bottle of wine
A	bolo de rolo e cajuína
B	beiju e uma garrafa de café
C e D	um pedaço de bolo de rolo e uma garrafa de cajuína
E e F	tapiocas e suco de cupuaçu
G	pedaço de bolo e uma garrafada
H e I	um punhado de rapadura com farinha e uma garrafa de garapa
J	pedaço de bolo e uma garrafada
K e L	buchada de bode e uma cachaça de alambique
M e N	bolo de mandioca e lambedor
O e P	bolo de macaxeira com esse suquinho de tamarindo

Fonte: arquivo pessoal

Apenas um trabalho apresentou uma opção de bebida alcoólica: a cachaça de alambique. Outros dois partiram para a solução curativa (a cajuína), um preparado alcoólico com fins medicinais, muitas vezes destinado a mulheres apenas. Outra dupla optou pelo lambedor, um xarope para tosse. Exceto pela buchada de bode, um tanto forte para alguém adoentado (como estava a vovó), as outras opções de alimentos estão bastante apropriadas.

Percebe-se que é mais típico, no ambiente europeu, utilizar o vinho no dia a dia, e que, na nossa cultura, o álcool, embora seja consumido, não é algo que usualmente se envie a uma senhora adoentada. Assim, as opções de sucos, café e remédios parecem ser mais adequadas. Talvez essa também tenha sido uma preocupação dos alunos com a menção de uma bebida alcoólica em um conto para infantes. Pensando assim, já que estavam adaptando tantas coisas, podemos dizer que eles procuraram corrigir esse desvio cultural também.

Uma outra forma que os estudantes encontraram de situar a história no Nordeste foi adaptando a grafia da narrativa e dos diálogos à oralidade, modo pelo qual o leitor é forçado a dar um sotaque à linguagem. Assim, a variação linguística expressa pela não concordância de singular e plural ("debaixo dumas carnaúba", "uns pedaço"), pela substituição do "s" por "r" no final de palavras ("mas" por "mar"), ou do "v" por "r" e do ditongo "ou" por "ô" ("vou" por "rô" em "já rô indo"), uso de vocabulário específico da região ("mainha", "voinha", "arriégua", "avexar", "arrudiar", "sustança", "cabrita", "aperriado"), ou expressões ("dar um cheiro", "com a muléstia", "numa leseira", "pra arribar", "num se avexa"), e construções sintáticas típicas ("É quem?"), uso do imperativo ("Venha cá!", "Passe pra cá!") e ênfase no modo de falar, são maneiras de colocar o leitor dentro da região, muitas vezes fazendo com que ele se imagine na situação das personagens.

Houve ainda uma tentativa de conferir um sotaque do interior nordestino com a inclusão de frases inteiras com grafia que provoca no leitor a necessidade de buscar a entonação do "nordestinês", como "cê já espiô as frô", "vô marré nunca arrudiar isso". Mais do que as palavras e os significados, ao ler os textos, o ritmo das frases, a tonicidade e demais características da fala nordestina são buscados na memória do leitor que se transporta para a situação representada. Uma ótima experiência de leitura.

Quanto à fluência, pode-se observar que os alunos procuraram se afastar do original por meio de frases como *Mind your manners and give her my greetings*, que, numa tradução literal e formal, poderia ser "Comporte-se bem e dê minhas saudações a ela" e que as traduções mais livres e adaptadas foram "Se comporte e diga que lhe pedi a bença", "Não apoquenta ela não e fala que eu mandei um xero" e "Quero que você respeite e sossegue o facho na casa da tua Voinha". Percebe-se ainda a busca da identidade nordestina na adaptação da expressão *Why am I so afraid*? ("Por que estou com tanto medo?"), traduzida por "Vixe, pru que tô froxa?", "Arre égua, por que eu tô toda afobada?" ou "Pai do céu, por que eu tô com esse frio na espinhela?".

Conforme os relatos dos estudantes, o processo adotado envolveu a tradução e a adaptação (nesse caso, uma tradução intralingual), que foram, por vezes, feitas separadamente, distinguindo-se dois momentos de reflexão, ou eventualmente feitas de uma só vez, ou seja, enquanto traduziam já adaptavam, sem diferenciar as duas etapas. De acordo com o relato dos alunos no trabalho, a maioria fez a tradução já adaptando os itens solicitados ao ambiente do Nordeste, e um, nitidamente, fez uma tradução e, posteriormente, alterou as figuras e ambientes europeus para locais e características nordestinas.

Na entrega dos trabalhos, solicitamos aos alunos que relatassem as experiências sobre a adaptação de um texto literário para outra cultura. Em conversa em sala de aula, aqueles alunos que têm origem nordestina disseram que procuraram seus avós e pais para ajudá-los na tradução, e aqueles sem fontes de consulta na família, fizeram pesquisas em *sites* que disponibilizam dicionários nordestinos ou de cearês, por exemplo.

Considerações finais

A declaração de Venuti (1992) de que *the original is eternal, the translation is dated* ("O original é eterno; a tradução, ultrapassada") não pode ser assim entendida nesse tipo de tradução. Aqui a tradução se apresenta como uma atualização do original, como uma renovação dele para que tenha uma sobrevida ao original, como diz Walter Benjamin (*apud* Heidermann, 2010). Tradução e original têm uma relação de intimidade, uma "conexão de vida", na qual a tradução oferece, na sua concepção, uma "sobrevida" (Überleben) ao original. Por ser posterior ao original, a tradução dá a ele um prolongamento de vida, a "pervivência" (*Fortleben*), que possibilita que a obra seja reconhecida mais facilmente nas gerações posteriores. Benjamin (2008) diz que uma obra chega à sua glória quando suas traduções não são meras transmissões, e o original passa a dever à tradução (ou às traduções) a sua renovação constante, sua sobrevida. Assim, ao traduzir, ou melhor, ao adaptar, eternaliza-se o original, oferecendo-se uma nova visão do original. Embora a adaptação seja feita para um público e uma época específicos, ao se renovar constantemente, ela garante a permanência do texto vivo para novos leitores, não se fossiliza como um texto para um público já inexistente.

Ao darmos mais liberdade para o aluno fazer uma adaptação, ele pode praticar a redação com fluência. Essa situação de exercício em sala de aula que propõe uma enorme liberdade para o aluno, promove o desapego do texto original e foi muito importante para a prática da revisão. O que se observa nessa prática é a desvinculação da sintaxe do original e o foco na sintaxe da língua de tradução.

Podem-se recomendar adaptações para exercitar esse tipo de redação, como trabalhar com adaptação de textos científicos para linguagem vulgarizada, o que está dentro da realidade das revistas pseudocientíficas. Temos a dizer que este foi um trabalho que contou com um grande envolvimento dos alunos.

Por fim, podemos fazer sugestões de outras práticas adaptativas que possibilitem ao aluno exercitar a liberdade na revisão. Observa-se que as adaptações nas livrarias buscam adequar os textos ao momento contemporâneo, tirando traços de machismo, preconceitos (físicos, sexuais, ideológicos) e procurando valorizar as diferenças das pessoas. Assim, para além de ter sido uma prática lúdica, vê-se que o momento permite que editoras e tradutores utilizem este estudo como proposta de atualização dos textos literários.

Referências

AUBERT, F. H. Modalidades de tradução: teoria e resultados. **TradTerm**, v. 5, n. 1, jan/jun. 1998, p. 99-128.

BENJAMIN, W. A tarefa renúncia do tradutor. Trad. Susana K. Lages. A tarefa do tradutor, de Walter Benjamin: quatro traduções para o português, Castelo Branco, Lúcia (org.). Belo Horizonte: Fale /UFMG, 2008.

BRANCO, S. de O. Linguística, tradução e estudos culturais. **Eutomia**, v. 1, n. 6, 2010. Disponível em: https://periodicos.ufpe.br/revistas/EUTOMIA/article/view/1726. Acesso em: 18 jun. 2021.

GRIMM, J.; GRIMM, W. **Little red cap**. Disponível em: http://www.sjsu.edu/faculty/harris/StudentProjects/Student_FairyTales/WebProject/Fairy%20Tales/little%20red%20cap.htm. Acesso em: 18 jun. 2021.

HEIDERMANN, W. (org.). **Clássicos da teoria da tradução**: antologia bilíngue. Alemão-português. 2. ed. Florianópolis: UFSC, 2010. v. 1.

VENUTI, L. Introduction. VENUTI, L. (ed.). **Rethinking translation**: discourse, subjectivity, ideology. Londres: Routledge, 1992.

PROPOSTA METODOLÓGICA PARA AULA PRÁTICA DE TERMINOLOGIA E TRADUÇÃO TÉCNICA E CIENTÍFICA

Sátia Marini

Introdução

A tradução é uma atividade complexa que requer técnica, pesquisa e dedicação para que o trabalho reflita as intenções comunicativas do texto. A tradução técnica e científica está intimamente ligada ao uso adequado de terminologias e, portanto, depende do conhecimento do tradutor em usar e/ou desenvolver produtos terminológicos úteis para o trabalho prático. Considerando essa necessidade, introduzimos uma atividade em disciplina de prática de tradução que possibilite ensinar ao aluno como elaborar terminologias e praticar as habilidades de tradução em sala de aula visando colaborar para a formação do tradutor profissional. A metodologia a seguir apresenta partes teóricas e práticas, com aulas expositivas sobre elaboração de instrumentos terminológicos, traduções e revisões em sala de aula. Busca-se, com esta metodologia, mostrar ao aluno algumas atividades e habilidades desenvolvidas pelo tradutor no mercado de trabalho.

Neste artigo, procura-se dar uma noção geral das teorias de terminologia e de tradução que devem ser associadas às atividades de elaboração dos produtos terminográficos e das traduções, uma vez que esta é uma proposta de disciplina prática. Com isso, busca-se desenvolver hábitos de pesquisa, tradução e revisão com a atenção que essas atividades requerem.

Pretende-se capacitar o aluno com o conhecimento teórico necessário para manter argumentação sobre seu ofício utilizando a metalinguagem da profissão de tradutor e terminólogo. Outros objetivos baseados nesta metodologia são realizar traduções individualmente ou em grupo e apresentar a importância de manter um ritmo de trabalho com foco no cumprimento dos apertados prazos de entrega das traduções.

Análise da metodologia

A presente metodologia objetiva oferecer uma orientação para professores que queiram utilizar a elaboração de terminologias como material complementar no ensino de prática de tradução. Desta forma, sugerem-se atividades sequenciais numa evolução desde o levantamento de terminologias até a revisão final do trabalho, para levar o aprendente a entender como uma tradução pode ser estruturada de modo que o produto seja aperfeiçoado antes da entrega do trabalho ao cliente.

Aula 1 – Teoria e prática terminológicas

O objetivo desta primeira aula é apresentar ao aluno as teorias da terminologia para mostrar que podem ser úteis no desenvolvimento de produtos terminográficos; mostrar a diferença entre lexia, unidade de tradução e unidade terminológica, e ensinar a elaborar um glossário útil para o trabalho do tradutor.

Apresentam-se, assim, aspectos gerais e distintivos das principais teorias utilizadas em Terminologia, como noções básicas das teorias e a importância de utilizá-las.

Primeiramente, uma explicação do que é terminologia, que costuma ser definida de três maneiras: a disciplina cujos princípios e bases conceituais regem o estudo de termos; a metodologia cujas diretrizes são utilizadas no trabalho terminológico e o conjunto de termos de uma área de especialidade. É esta última definição que usaremos no trabalho de elaboração de glossários. Antes disso, porém, serão debatidas algumas teorias da terminologia com foco nos seguintes aspectos:

a. A Teoria Geral da Terminologia (TGT) coloca ênfase no termo, que é um rótulo para a definição proposta. O engenheiro austríaco Eugen Wüster (1898-1977), que, no início do século XX, formulou os princípios gerais da TGT na sua tese de doutorado *Internationale Sprachnormung in der Technik, besonders in der Elektrotechnik* (Padronização na linguagem internacional na tecnologia, principalmente na Engenharia Elétrica), sugere que a linguagem de especialidade requer a prescrição de terminologia monorreferencial (um termo representa apenas um conceito), sem ambiguidade e padronizada para que possa ser usada internacionalmente. A TGT é onomasiológica, ou seja, considera que o conceito existe antes do termo e baseia-se em linguagens inventadas, com uma sintaxe reduzida e com validade supranacional como, por exemplo, a da química e da biologia. Quanto à importância desta teoria, pode-se lembrar que em determinadas situações, os termos serão, de fato, prescritos por um órgão ou associação, e a sua adoção é muitas vezes normatizada, o que ocorre quando os termos são indicados por instituições regulamentadoras, como é o caso da Agência Nacional de Saúde Suplementar (ANS).

b. A Teoria Comunicativa da Terminologia (TCT), proposta por Maria Teresa Cabré, professora e linguista da Universidade Pompeu Fabra, da Espanha, surge como uma crítica à TGT, sendo considerada mais ampla e flexível do que aquela. Em *Theories of terminology: their description, prescription and explanation*, Cabré (2003) faz considerações a respeito da TGT e apresenta sua proposta de teoria de terminologia. A TCT foca na descrição do discurso especializado e abrange as perspectivas social (adequação da teoria às necessidades comunicativas dos profissionais e usuários), cognitiva (conhecimento do domínio de especialidade para aprender a realidade) e linguística (que abrange a competência e a atuação do falante). A TCT entende ainda que a linguagem de especialidade faz parte da língua natural e da gramática da língua, o que demonstra a proximidade entre termo de especialidade e palavra do léxico, diferente do entendimento da TGT. Pelo seu foco na comunicação, essa teoria admite a inserção de outras informações (nas notas) além da definição, que contribuem para o melhor entendimento do termo. E, pela admissão de variáveis, permite que o aluno observe as opções de termos que são descritos pelo uso e podem ser adotados pelo tradutor, dependendo do público destinatário da tradução.

c. Socioterminologia é uma abordagem descritiva segundo a qual a linguagem especializada estabelece os limites da comunidade de participantes pelo uso de jargões e considera a variação dos termos conforme a cultura do público usuário. Aqui, as diferenças entre os usuários são enfatizadas, sendo a linguagem de especialidade considerada um socioleto técnico, científico ou institucional. Segundo essa teoria, a função social do glossário possibilita que o tradutor esteja atento aos termos a serem utilizados em cada contexto, possibilitando uma interação social.

d. Terminologia Textual é também descritiva e utiliza bibliografias de referência para coleta de dados quantitativos e qualitativos. Usando essa teoria, o tradutor pode comprovar a origem dos termos em materiais de uso por especialistas e observar as palavras próximas aos termos (os *collocates*) para obter maior naturalidade na tradução.

Para melhor entendimento da função de um glossário e do trabalho do tradutor em solucionar a questão terminológica, lexical e tradutiva, propomos também uma discussão sobre a diferença entre o entendimento de lexia, unidade terminológica e unidade de tradução.

Essa diferença é essencial para que os alunos observem que: a) lexia refere-se a uma unidade de significado no vocabulário geral de determinada língua e pode ser uma palavra, uma expressão idiomática ou uma locução; b) que as unidades terminológicas são os termos utilizados em linguagem de especialidade, são a base da terminologia e designam os conceitos de cada área de especialidade; c) enquanto que as unidades de tradução (UT) são, de acordo com Alves (Alves, *et al.*, 2000, p. 38) "um segmento do texto de partida, independente de tamanho e forma específicos, para o qual, em um dado momento, se dirige o foco de atenção do tradutor". A unidade de tradução, portanto, não tem um tamanho fixo e depende da experiência e das questões levantadas pelo tradutor no trabalho individualizado.

A noção de UT é polêmica, tem sido bastante discutida, e não se chegou a um acordo sobre ela. Alves *et al.* (2000) lembra a posição de Newmark a respeito de unidade de tradução que a delimita ao nível da palavra, e, depois, das expressões idiomáticas, das frases, das orações e dos períodos (Alves *et al.*, 2000, p. 31). Ele diz ainda que raramente será a "nível de parágrafo e jamais a nível de texto". Por outro lado, e ainda segundo Alves *et al.* (2000, p. 30), os teóricos que estudam Análise do Discurso argumentam que a única unidade de tradução possível é o texto como um todo, cuja tradução, de acordo com a teoria da funcionalidade, deve focar principalmente na função do texto, abandonando a literalidade em favor de uma contextualização da tradução na língua de chegada. Observamos aqui uma discordância no que se refere ao tamanho da UT e adotamos como nosso entendimento aquele apresentado na letra *c* do parágrafo anterior.

A partir destas explanações, pode-se discutir com os alunos a importância de cada teoria, sua utilidade e aplicação em situações específicas e a maneira como reconhecer as unidades de tradução, de terminologia e as lexias para pesquisá-las nas fontes mais apropriadas.

A partir deste ponto, podemos começar a elaborar um produto terminográfico, tendo em mente que nosso foco é obter informações para tipos de públicos diferentes e empregá-los adequadamente na tradução a ser feita.

Aula 2 – Desenvolvimento de glossário

Após uma primeira aula mais teórica de explicitação de conceitos, inicia-se o trabalho de elaboração de um glossário propriamente dito, com a criação de uma base de dados que pode ser feita em Word, Excel, Access ou no próprio programa de tradução assistida (Wordfast, Trados) dependendo da habilidade e do uso que o aluno faz de *softwares*. Observa-se, aqui, a interdisciplinaridade da tradução, que normalmente está relacionada com outras áreas de estudo. É preciso, então, delimitar o assunto a ser estudado e elencar os termos a serem incluídos no glossário, com suas definições, variantes, notas, fraseologias, colocações (segmentos recorrentes que acompanham o termo) e línguas de tradução (Rodrígues, [ca. 2005]).

O professor, neste momento, fornece textos autênticos a partir dos quais os alunos farão uma seleção da terminologia a fim de conhecer o conteúdo com o qual irão trabalhar numa futura tradução. Uma divisão da turma em grupos pode ser uma boa opção para que uns aprendam com os outros e sejam construídos vários glossários de microtemas diferentes dentro de uma mesma área. A intenção é que numa disciplina de prática de tradução de textos econômicos, por exemplo, se façam glossários em diferentes áreas da economia. É claro que muitos termos se repetirão, mas também haverá uma terminologia mais específica para os diferentes grupos e, ao final, agregando todos os glossários, há uma maior diversidade de temas abordados e termos descritos e traduzidos. O glossário servirá como suporte para a realização de traduções produzidas de forma profissional.

Recomendamos os seguintes itens como base para elaboração do arquivo:

Termo – refere-se à unidade terminológica da especialidade;

Definição – deve ser obtida em glossários específicos físicos ou eletrônicos;

Fonte da definição – refere-se ao local de onde foi retirada a definição;

Nota – contém informações complementares sobre o termo;

Variante – outros termos sinônimos daquele da entrada, utilizados por usuários distintos;

Contextualização do termo – frase onde aparece o termo que serve para observar os *collocates;*

Fonte da abonação do termo – refere-se ao local de onde foi retirada a abonação;

Tradução – é uma equivalência encontrada na língua meta ou uma tradução realizada ou criada pelo próprio tradutor;

Contextualização da tradução – textos paralelos onde aparecem a tradução e serve para observar os *collocates* na língua meta;

Fonte da abonação da tradução – refere-se ao local de onde foi retirada a tradução.

Esta é uma lista longa que pode ser feita tanto em formato de tabela como de ficha e pode ser adaptada às necessidades individuais de cada profissional. Além do glossário, pode-se também montar um banco de textos, com os materiais e outros glossários utilizados nesta pesquisa.

Alguns cuidados devem ser observados na seleção das fontes: usar revistas especializadas originais e atuais nas línguas envolvidas; na medida do possível, usar termos reconhecidos em países que falam a mesma língua ou mostrar a diferença em países distintos; usar criticamente instrumentos da internet, inclusive fóruns e banco de dados; procurar o material de consulta interno de algum órgão, se for o caso.

É possível que haja necessidade de elucidar termos que não estejam no texto, mas que surjam na definição de um termo e precisem ser entendidos pelo aluno para acompanhamento do assunto. Esses termos comporão novas entradas do glossário, embora não ocorram no texto original. Deve-se enfatizar a necessidade de revisão constante dos glossários ao trabalhar com o assunto, uma vez que novos termos surgem a todo momento, para que os glossários não percam a atualidade.

Inicia-se a elaboração do glossário em sala e complementa-se com pesquisas em casa, já que essa é uma atividade bastante trabalhosa, que demanda muito tempo e reflete o quanto o tradutor precisa pesquisar até encontrar o termo que satisfaça sua necessidade.

Até aqui, os alunos não tiveram contato com o texto que traduzirão em sala de aula, apenas com textos paralelos que podem trazer os mesmos termos e problemas da tradução. Ao traduzir, isso fará com que percebam como os assuntos são amplos e que nem todos os termos que estiverem no glossário serão utilizados na tradução, bem como surgirão outros termos a serem pesquisados e incluídos no glossário.

Aula 3 – Procedimentos técnicos utilizados na tradução

Após elaboração do glossário, pode-se fazer um breve estudo dos principais procedimentos técnicos de tradução utilizados em tradução técnica e científica, valendo-se para isso das traduções inseridas no glossário elaborado.

Entendemos que os principais procedimentos técnicos utilizados em tradução a serem observados são:

a. Equivalência – Na linguagem de especialidade, a equivalência é construída entre os especialistas, por meio do compartilhamento do conhecimento adquirido e é encontrada recorrentemente em textos sobre o mesmo assunto. Como os termos podem ter relações metafóricas diferentes em idiomas distintos, é relevante nesse tipo de tradução que o sentido seja o mesmo dentro da área de especialidade em questão. Segundo Oliveira (2007, p. 111),

> [...] a equivalência dá aos profissionais e especialmente aos alunos uma certa segurança, pelo menos para iniciar suas pesquisas. O conforto de pensar na existência de uma relação perceptível entre texto de partida e texto de chegada permite que tenham uma atitude otimista (e ilusória) frente à atividade que os aguarda.

b. Transposição – Tradução em que ocorre "mudança de categoria gramatical de elementos que constituem o segmento a traduzir" (Barbosa, 2004, p. 66). Aqui, podem ocorrer fusões ou desdobramentos de palavras, alterações de tempos verbais e da estrutura das frases. Entretanto, não se deve permitir a alteração do significado do termo.

c. Paráfrase – É a explicação no texto traduzido de informações do texto de partida por meio do uso de aposto explicativo ou parentético, reformulação da frase utilizando outras palavras ou inclusão de nota de rodapé. Também denominada explicação (Aubert, 1998, p. 107; Barbosa, 2004, p. 75).

d. Empréstimo – "Termos utilizados na língua original ao serem traduzidos para outra língua para suprir lacunas metalinguísticas"

(Vinay; Darbelnet, 1995, p. 31) ou "segmento textual do texto fonte reproduzido no texto meta com ou sem marcadores específicos de empréstimo (aspas, itálico, negrito, etc.)" (Aubert, 1998, p. 106). São exemplos disso os nomes próprios que comumente aparecem em títulos de programas, ou os aspectos culturais de determinado povo que serão explicados num primeiro momento e usados com o termo original posteriormente.

Depois de um embasamento teórico, faz-se um exercício de classificação das traduções no glossário desenvolvido. Demonstra-se para o aluno que as modalidades de tradução surgiram a partir da análise das decisões tomadas por tradutores e não o contrário. Assim, as traduções não são feitas com as modalidades em mente; esse é um trabalho posterior que não é necessário para a elaboração da tradução. É um exercício do treinamento do tradutor e serve para ele ter consciência das possibilidades de soluções que podem fazer parte da sua realidade de trabalho.

Observa-se nesse exercício as palavras empregadas à esquerda e à direita dos termos (os *collocates,* ou colocações), ou seja, as preposições, os verbos, os substantivos, os adjetivos que aparecem imediatamente antes ou depois do termo definido. Assim, chama-se a atenção dos alunos para a forma como os termos são utilizados em determinado contexto, e que outras palavras que ocorrem junto a eles devem ser consideradas como fazendo parte da tradução. Apesar de ser uma amostra pequena, é possível dar ao aluno a noção de que é necessário observar, além do termo pesquisado, as palavras que o antecedem e sucedem para que a tradução seja mais fluente na LM de acordo com o uso dos profissionais daquela área.

O conhecimento das modalidades de tradução oferece ao estudante uma noção de que não há regras prontas para solucionar cada caso, e que a tradução dependerá muito da sua capacidade de entendimento, análise, pesquisa e redação para encontrar a solução mais adequada para aquela situação específica. Como leitura complementar para apoiar a compreensão dos procedimentos utilizados em tradução relacionados acima e algumas outras conhecidas, pode-se recomendar o livro de Barbosa e o artigo de Aubert que constam nas referências deste artigo.

Além dessa discussão, é preciso apresentar ao aluno um conceito que é pouco valorizado nos cursos e na vida profissional, mas que pode alterar as escolhas do tradutor, o *brief,* do qual trataremos a seguir.

Aula 4 – O *brief*

Na prática tradutória profissional ainda é incomum que os comissionadores ou clientes apresentem ao tradutor contratado um resumo das principais informações que ele precisará para desenvolver o trabalho. O tradutor deve, portanto, instruir seus contratantes a fornecer informações relevantes para estabelecer uma relação de trabalho cujo produto final satisfaça a ambos.

Christiane Nord (1997, p. 47-48) aponta quatro tópicos para o conteúdo de um *brief* de tradução, quais sejam: o público do texto meta, quando e onde o texto será lido, o meio em que o texto será transmitido e a razão para sua produção.

Assim, é relevante que o tradutor busque informações tais como: quem é o comissionador do seu trabalho (empresa de tradução, editora, particular); qual é o público da tradução, em quem o tradutor deve focar ao redigir o texto; qual é o objetivo da tradução (se será publicada em uma revista ou será um livro, se é apenas para leitura individual); se o documento precisa ser traduzido por tradutor juramentado (caso em que o tradutor não juramentado deve encaminhar para os tradutores habilitados para tal); como tratar as figuras, quadros, imagens.

Outros itens podem ser levantados a fim de esclarecer a relação contratual, tais como: se este será o único tradutor ou se uma equipe está envolvida no trabalho; se houver uma equipe, quem é o líder do projeto; o modo de contagem das laudas da tradução: por palavras, caracteres, laudas; se a revisão será feita por outro revisor ou somente pelo próprio tradutor; a quem se dirigir em caso de dúvidas, a forma e o prazo de pagamento; o prazo para entrega da tradução; o formato de entrega do texto (Word, Excel, PDF); o modo de entrega (impresso, *e-mail*); se há necessidade de assinar um contrato de tradução; a responsabilidade pela obtenção de *copyright*, se for o caso; se a empresa tem algum padrão a ser obedecido, manual de redação, por exemplo, ou se tem alguma terminologia específica a fornecer. E, antes de tudo, saber quais línguas estão envolvidas na tradução para não haver nenhuma surpresa ao final.

Sem um *brief*, o tradutor adotará sua postura convencional para o tipo de texto a ser traduzido. Com esse instrumento, ele pode fazer as adaptações exigidas pelo cliente e cumprir melhor com as expectativas deste. O tempo investido no *brief* é ganho com a redução de correções e outros ajustes posteriores e ajuda o cliente a adquirir confiança no tradutor, e este a obter outros trabalhos com o cliente.

Uma vez que a prática do *brief* é pouco valorizada, é papel do tradutor instruir os clientes ou comissionadores para que forneçam estas informações ao contratar um serviço de tradução. O *brief* será breve se o trabalho pedir menos instruções e longo à medida que se observa que outras informações são necessárias. Essa etapa não precisa ser feita de maneira formal, pode ser apenas uma conversa em que se buscam algumas das informações aqui mencionadas, ou, ao contrário, pode fazer parte de um contrato de tradução.

Na aula, segue-se a esta explanação uma simulação de *brief* sobre o trabalho a ser desenvolvido. Aqui, o professor assume a postura de cliente e espera que parte dos alunos faça questionamentos e outra parte proponha a elaboração de um contrato para determinada tradução. Essa etapa simulada proporciona ao aluno a sensação de estar sendo realmente contratado para um trabalho e mostra a postura que deve assumir frente ao cliente.

Aula 5 – Tradução

Para a tradução individual de textos fornecidos em aula sobre o mesmo assunto dos termos trabalhados, entrega-se um texto para cada grupo de quatro alunos. Neste módulo de trabalho, fase de compreensão, o aluno deverá ler o texto original individualmente para entender o assunto que irá traduzir.

Partindo para a fase de reexpressão, o aluno deverá fazer a tradução sozinho sem o uso de outros instrumentos de pesquisa, apenas com os glossários desenvolvidos em aula. Com isso, busca-se observar o nível de conhecimento vocabular e gramatical geral dos alunos, para eles mesmos perceberem que tipos de dificuldade têm com as línguas com que trabalham. Ao terminarem as traduções, os alunos compartilham, dentro de seus respectivos grupos, as soluções e dificuldades já numa tentativa de aperfeiçoar a tradução. Nesses dois momentos, o professor estará à disposição dos alunos para auxiliar com suas dúvidas e dificuldades particulares e com os problemas lexicais, culturais ou estruturais das línguas envolvidas.

Ao analisar as propostas dos colegas, os alunos deverão detectar as diferentes estratégias encontradas para delimitar as unidades de tradução, observar boas soluções encontradas e seus erros e atentar para usos e convenções do tipo textual em questão. Deverão ainda empregar de maneira adequada a terminologia estudada na fase anterior e observar se há termos novos a serem incluídos no glossário.

Com esse exercício, os alunos poderão perceber se estão com vocabulário deficiente ou pouco variado na língua fonte (LF) ou língua meta (LM), se têm problemas com ortografia ou sintaxe, se não compreendem estruturas mais complexas da língua fonte, entre outras dificuldades.

A tarefa desta aula será terminar a tradução em casa utilizando livremente qualquer material de consulta para se fazer a discussão da tradução em sala de aula na fase de revisão.

Aula 6 – Revisão

Dando sequência à atividade tradutória, inicia-se esta aula com o trabalho prático de revisão das traduções concluídas em casa. Nesta fase, o aluno deverá fazer uma leitura crítica para autoavaliar sua tradução observando alguns aspectos a serem enfatizados na aula, quais sejam:

a. Revisão bilíngue contrastiva:

– proficiência em LM;

– se o texto traduzido corresponde ao texto original, sem omissões ou acréscimos desnecessários;

– se a redação está de acordo com o gênero textual, o nível de formalidade exigido, as diferenças de estilo redacional nas duas línguas;

– identificar o que foi um problema de tradução devido às diferenças da LF e da LM;

– observar se fez uso correto da terminologia pesquisada, conforme as definições e se a tradução sugerida no glossário é a mais adequada para cada caso no texto traduzido;

b. Revisão monolíngue gramatical, lexical e sintática:

– identificar o que foi uma dificuldade por deficiência do próprio aluno;

– observar sua criatividade na solução de problemas e no emprego de sinônimos quando possível;

– identificar o que é culturalmente marcado e se pode ou não, e se deve ou não, ser adaptado para a LM;

– revisão da ortografia, pontuação, tempo verbal empregado, fluência, coerência e coesão do texto;

– observar se os *collocates* dos termos do glossário são adequados ou se é necessário fazer mais pesquisa para ajustá-los;

– observar o uso de decalques forçados (literalidade), falsos cognatos, artificialismo na tradução, vícios de português.

O exercício de revisão destina-se a criar um hábito no aluno para que, ao longo da sua profissão, esteja atento aos aspectos mais problemáticos da redação. Aos poucos esse processo se torna automatizado, e o profissional não percebe que passa por tantas etapas ao rever a tradução. Por fim, uma leitura em voz alta no grupo pode ajudar os alunos a observarem se o texto está fluente em LF ou se algumas partes ainda estão truncadas.

Neste ponto, cada aluno terá sua própria versão da tradução. Entretanto, para entregar para o professor, os grupos devem preparar uma única versão final do texto traduzido. Com esta etapa, busca-se que o aluno internalize a boa tradução e não os erros cometidos antes da versão final.

Por fim, compartilham-se os glossários entre os grupos, para que todos tenham acesso ao trabalho dos colegas e possam ter termos complementares e soluções diferentes que aumentem o entendimento do assunto ou mesmo iguais que reforcem a exatidão do termo e da tradução.

Considerações Finais

Esse exercício de prática de tradução pode não refletir o que os tradutores de fato fazem, mas é uma proposta para que os alunos tenham consciência da necessidade de desenvolver seus próprios instrumentos de trabalho numa época em que as terminologias são muito dinâmicas e requerem seu uso e atualização em instrumentos informatizados.

As fases apresentadas são uma metodologia apenas, uma vez que não é possível para o tradutor profissional elaborar um glossário sobre cada assunto que irá traduzir e depois fazer a tradução. Entendemos que é fundamental que o aluno conheça a metalinguagem da tradução, da terminologia e da revisão para saber se posicionar frente aos clientes. Da mesma forma, saber obter o *brief* do comissionador é um exercício de aculturação do tradutor que se verá obrigado a tomar esta iniciativa.

As práticas deste artigo são destinadas a aulas de duas horas de duração e podem ser estendidas a um maior número de aulas conforme necessário. Esta proposta requer uma grande dedicação do professor para preparar a aula, uma vez que terá que selecionar textos afins para vários grupos de alunos e apresentar teorias de terminologia e de tradução, além do *brief* e da revisão. Entretanto, esta prática pode ser repetida ao longo do curso com outros temas e de forma mais abreviada, para, desta forma, se aproximar da realidade com que o profissional se depara, ou seja, a urgência na entrega dos trabalhos.

Referências

ALVES, F.; MAGALHÃES, C.; PAGANO, A. **Traduzir com autonomia**: estratégias para o tradutor em formação. São Paulo: Contexto. 2000.

AUBERT, F. H. Modalidades de tradução: teoria e resultados. **TradTerm**, São Paulo, v. 5, n. 1, jan/jun. 1998, p. 99-128. São Paulo: Humanitas, 1998.

BARBOSA, H. G. **Procedimentos técnicos da tradução**: uma proposta. 2. ed. Campinas: Pontes, 2004

CABRÉ CASTELLVÍ, M T. Theories of terminology: their description, prescription and explanation. **Terminology**, v. 9, n. 2, 2003, p. 163-199.

MIZÓN, I.; DIÉGUEZ, I. Self-correction in translation courses: a methodological tool. **Meta**, v. 1, n. 16, 1996.

NORD, C. Defining translation functions, the translation brief as a guideline for the trainee translator. **Ilha do desterro**, n. 33, 1997, p. 41-55.

OLIVEIRA, A. R. (2007) Equivalência: sinônimo de divergência. **Cadernos de Tradução**, v. 1, n. 19, 2007, p. 97-114.

RODRIGUES, A. G. **La enseñanza de la terminología para futuros traductores**. Disponível em: http://www.tekom.de/upload/1499/terminologia%20para%20futuros%20traductores.pd. Acesso em: 15 jul. 2013.

SANTANA, R. M. T.; GONÇALVES, J. L. V. R. Reflexões acerca das práticas de tradução e revisão de textos e de parâmetros para a formação de tradutores e revisores. **Scripta**, Belo Horizonte, v. 14, n. 26, jan/jun. 2010, p. 226-234.

VINAY, Jean-Paul; DARBELNET, J. **Comparative Stylistics of French and English**: a methodology for translation. Amsterdam, Filadélfia (EUA): John Benjamins, 1995.

O ERRO E AS INTELIGÊNCIAS INTRAPESSOAL E INTERPESSOAL NO PROCESSO DE ENSINO-APRENDIZAGEM EM FRANCÊS LÍNGUA ESTRANGEIRA – FLE

Fernanda Pacobahyba
Carmem Praxedes

Introdução

No decorrer dos anos, nas diferentes metodologias do ensino de Francês Língua Estrangeira, doravante FLE, o lugar do erro e sua importância no processo de ensino-aprendizagem foram se modificando.

Na metodologia tradicional, priorizava-se a escrita, e o aluno era passivo em sua aprendizagem; o erro era inadmissível. O aluno não tinha direito de cometer erros em suas repostas; se o fizesse, era imediatamente corrigido pelo professor, sem muita explicação ou reflexão por parte do aluno. Havia o certo e o errado; o aluno deveria memorizar o certo e assim terminava a dinâmica da correção. Não importava se o aluno compreendia ou não o que estava errado, apenas que retivesse o certo. O erro é, dessa forma, considerado uma infração à norma-padrão, e a correção, uma punição equivalente. Trata-se, portanto, de uma concepção negativa do erro que responsabiliza única e inteiramente o aluno.

Seguindo cronologicamente, na Metodologia Direta (fim do século XIX), a prioridade deixa de ser da escrita e passa para a oralidade sendo aquela secundária a esta. No entanto, o erro continua sendo de inteira responsabilidade do aluno, que deve evitá-lo a qualquer custo. Ao professor, cabia apenas a transmissão do saber; o erro, dessa forma, não lhe dizia respeito. A concepção de erro segue negativa, sendo sinônimo de fraqueza, não encontrando, por isso, lugar no processo de ensino-aprendizagem. O erro é caçado e punido sem reflexão sobre suas possíveis causas, importa apenas dizimá-lo.

A metodologia áudio-oral, por sua vez, misturando elementos das metodologias que a precederam, prioriza a oralidade, dado o contexto de guerra, em que ela nasceu com o objetivo de fazer os soldados comunicarem, sobretudo na língua inglesa. A língua é vista de forma bastante pragmática, priorizando os automatismos e as repetições, e o professor, detentor de todo saber, é um modelo a ser imitado. Mais uma vez, não há lugar para o erro, seja gramatical ou fonético. O professor passa a dividir a responsabilidade do erro, podendo ser relacionado a um mau planejamento da aula, talvez uma inadaptação ao nível do aluno. No entanto, ainda não há lugar para o erro, que deve ser completamente banido do processo de ensino-aprendizagem. Essa metodologia não reflete sobre o erro nem o tolera, cabe ao professor a correção sistemática.

A metodologia Structuro-Globale-Audio-Visuelle (SVAG) nasce nos anos 1960 e é difundida mais ou menos ao mesmo tempo em que a metodologia áudio-oral. A prioridade era dada à escuta e depois à fala; a leitura e a escrita vinham em último plano, a fim de evitar o erro escrito. Começa a ter um lugar de importância no processo o erro oral. A responsabilidade do erro centra agora na figura do professor, que deve evitar sua ocorrência. O professor recupera os erros e os mostra, fazendo com que os alunos repitam e assimilem o certo. O erro é, dessa forma, tolerado, mas apenas no começo da aprendizagem; uma vez memorizado o correto, o erro se torna inadmissível.

A abordagem comunicativa, por sua vez, representa uma oposição às metodologias áudio-oral e audiovisual, ditas mais dogmáticas. Fundamentada em outras áreas do saber, como a psicologia, a sociologia, a didática, a pragmática etc., essa abordagem se interessa pelas competências cognitivas do aluno e o coloca no centro de sua aprendizagem, sendo ativo, responsável e dinâmico no processo. O erro é considerado como parte do processo, um obstáculo a ser analisado e superado. A aparição do erro passa a ser necessária e desejada na medida em que constitui uma espécie de termômetro para que o professor avalie o desenvolvimento da língua no aluno, bem como suas práticas de aula enquanto mediador, e não mais detentor e transmissor do saber. Segundo Porquier *apud* Shaima Algubbi (2016), "l'erreur est non seulement inévitable, mais normale et nécessaire, constituant un indice et un moyen d'apprentissage. On n'apprend pas sans faire d'erreurs et les erreurs servent à apprendre".[20]

O erro deve ser tratado integrado ao processo de ensino-aprendizagem, identificando-lhe as origens e usando-o a favor do progresso do aluno. Portanto, pela primeira vez, tem-se uma concepção positiva do erro

[20] "O erro não só é inevitável, como é desejado e necessário, constituindo um sinal e um meio de aprendizagem. Não se aprende sem errar, e o erro está a serviço da aprendizagem". Tradução nossa.

no processo de ensino-aprendizagem de FLE. Segundo Cuq e Gruca (2005), "L'erreur est donc ce sur quoi l'enseignant de langue peut s'appuyer le plus surement pour travailler".[21]

Apesar das metodologias e para além delas, entendemos como importante também a forma segundo a qual o aluno percebe o erro e lida com sua possibilidade. Por isso, trazemos as inteligências intrapessoal e interpessoal, componente das inteligências múltiplas de Gardner (1995), como aspecto relevante para a concepção e avaliação do erro no processo de aprendizagem. Que lugar o aluno confere ao erro? Ele se permite errar? O medo do erro o bloqueia? Por se tratar de aspectos individuais, não teremos respostas precisas para essas perguntas, mas interessa a este trabalho discutir questões psicológicas e reconhecer e desenvolver as inteligências intrapessoal e interpessoal a favor da aprendizagem de cada aluno.

Sobre a avaliação em geral

O ensino centrado no erro parte da forma como se vê a avaliação, por isso é importante rever as formas de avaliar mais utilizadas.

A avaliação é elemento crucial do processo de ensino-aprendizagem, um termômetro para alunos e professores. Ela permite diagnosticar problemas, bem como traçar um caminho adequado para cada contexto, respeitando a heterogeneidade através da variação de modalidades de trabalho do processo avaliativo.

Segundo Quevedo-Camargo (2018), falta letramento em avaliação no que concerne ao professor de língua estrangeira. A lacuna na formação de professores nesse sentido torna ainda mais difícil avaliar. Stiggins (2002) e Popham (2004) *apud* Juliana Reichert Assunção Tonelli e Gladys Quevedo-Camargo (2019) definem o conceito de letramento em avaliação de acordo com a ciência dos princípios que norteiam uma avaliação concreta, bem informada e justa. Por avaliação concreta, entende-se aquela em que são bem estabelecidos os objetivos a serem alcançados, e o uso de um método que seja adequado aos objetivos e ao contexto em que se insere o ensino-aprendizagem e, por conseguinte, o processo de avaliação.

Destarte, pode-se dizer que um professor letrado em avaliação deve saber o que avalia, por que, como e com que finalidade o faz, construindo,

[21] "O erro é então aquilo sobre o que o professor de língua pode se apoiar mais certamente para trabalhar". Tradução nossa.

a partir desses saberes, uma avaliação que permita a coleta de informações confiáveis sobre o desempenho do aluno de modo que se reveja a prática do professor, verificando aquilo que funciona ou não, respeitando as necessidades dos alunos, dos pais e da comunidade escolar.

Popham (2009) afirma que as avaliações feitas em sala de aula dizem respeito às atividades formais e informais que os professores fazem a fim de detectar aquilo que os alunos sabem ou não sabem, e de que forma colocam esses conhecimentos em prática.

Importa dizer que a avaliação deve fazer parte do processo de ensino-aprendizagem, e não ser um fim, fazendo com que todo o processo orbite em torno dela. A avaliação deve também exercer um papel de motivação nos aprendizes, mostrando-lhes seu progresso, o que lhes incentiva a prosseguir em sua aprendizagem. Segundo Lucena (2004), "as práticas avaliativas devem visar também a independência e responsabilidades e o aumento do envolvimento e autoestima do aluno". No entanto, muitas vezes o efeito pode ser contrário, gerando um temor e a ideia de que não se aprendeu por incapacidade, o que pode desmotivar a aprendizagem e fazer com que o estudante, ao se subestimar, abandone o processo, negando, portanto, seu papel ativo no aprender.

Entendemos que o processo de avaliação, especialmente a avaliação de língua estrangeira, não é algo que pode ser feito pontualmente, por isso falamos em processo.

> [...] a avaliação precisa ter um olhar diferenciado, pois não se trata de avaliar a aprendizagem em geral, mas sim de (re) conhecer no aluno o quanto ele se desenvolveu ou não em termos de conhecimento e uso da língua. A partir disso, entendemos que, valer-se da avaliação para diagnosticar os pontos fortes e fracos dos alunos, o professor pode traçar estratégias e incluir em seu planejamento diário atividades que cooperem para atingir o objetivo central de sua atividade que é fazer com que a turma – ou até mesmo um só aluno – reconheça o que já consegue fazer e o que precisa ser melhorado (Tonelli; Quevedo-Camargo, 2019, p. 600).

Tipos de avaliação

Interessa ao presente trabalho rever alguns diferentes tipos de avaliação:

- Avaliação somativa: centrada no passado, ela controla os aprendizados adquiridos ao longo das aulas de um semestre ou de um ano. Ela faz um balanço de um resultado de uma formação que se coloca em prática em provas ou em certificações de nível, expressado sempre através do sistema de notação.
- Avaliação formativa: centrada no presente, trata-se de um processo contínuo que serve para regular a aprendizagem, observar os pontos fortes e os pontos fracos, diagnosticar problemas e construir soluções mediando a aprendizagem da melhor forma possível. A avaliação formativa não é representada por notas, nem por classificações, mas por um caminho pedagógico de formação e autoformação. Professor e aprendiz são igualmente concernidos no diagnóstico, na avaliação e na formação.
- Avaliação prospectiva: centrada no futuro, essa avaliação tem uma intenção preditiva sobre as capacidades do estudante. Normalmente é o tipo de avaliação utilizada no acesso a escolas ou como orientação escolar, testes vocacionais, por exemplo.
- Autoavaliação: centrada no aprendiz, em seus objetivos específicos e suas formas de aprender a aprender. A abordagem comunicativa confere à autoavaliação um lugar importante, já que preconiza a autonomia do aprendiz, chamando-o à responsabilidade sobre sua aprendizagem. Importa dizer que a autoavaliação também deve ser guiada pelo professor a partir da elaboração de questionários que apurem a visão que o aprendiz tem de seu próprio nível.

No entanto, pesquisas revelam que, embora o tema seja amplamente discutido em congressos e grupos de pesquisa, há uma grande resistência a mudanças no processo de avaliar não apenas por parte de professores, como dos próprios alunos, pais e toda a sociedade, já habituada ao sistema de notação que seria pretensamente neutro e menos suscetível a equívocos. Segundo Shohamy *apud* Lucena (2004), o ato de avaliar não é neutro, antes é fruto de agendas culturais, sociais, políticas e ideológicas, tornando inútil, portanto, essa busca pela neutralidade que justificaria esse apego à avaliação somativa.

À luz da abordagem comunicativa e sob a perspectiva acional, considera-se o aprendiz como centro do processo, construindo sua própria aprendizagem. Linguistas funcionais, como Halliday, observaram a importância do contexto, entendendo o aprendiz como ator social. Sua autonomia é trabalhada no sentido de uma aprendizagem colaborativa baseada na interação com interlocutores e na solução de problemas, a noção de tarefas e projetos é essencial para essa visão mais globalizada da avaliação.

A autoavaliação se faz muito importante no sentido de corroborar a autonomia do aprendiz em seu processo de aprendizagem do qual a avaliação faz parte bem como comparar a análise do progresso sob as perspectivas dos diferentes atores do processo (aprendiz e professor).

A avaliação deve ser entendida em um contexto social, político e cultural. Shohamy *apud* Lucena (2004) afirma que o ato de avaliar é político e que, por isso, deve levar em conta o meio político e sociocultural no qual se insere. Os processos avaliativos tendem a ser excludentes, assim segundo a mesma autora, em língua estrangeira, a avaliação pode servir como meio de segregação da minoria e perpetuação do poder nas mãos daqueles que possuem o conhecimento.

Mencionamos, no presente trabalho, a importância de delimitar os objetivos e propósitos de uma avaliação; voltamos a essa questão para colocar a necessidade de consonância entre aquilo que se apresenta em sala de aula e o que se propõe como avaliação. Scaramucci (2000) *apud* Lucena (2004) aponta em seus estudos, por exemplo, a disparidade que há entre o conteúdo dado em sala de aula e o nível de exigência em exames de vestibulares de língua estrangeira.

Gardner (1995), em sua teoria das inteligências múltiplas, afirma a importância de uma avaliação contextualizada. Segundo o psicólogo, testagem é diferente de avaliação, sendo esta um processo que leva em consideração não apenas a evolução do aprendiz, como também seu contexto, suas diferentes capacidades e seus diferentes estilos de aprendizagem. A avaliação deve fazer parte do processo de aprendizagem, a qual é inserida em um contexto social e intencional. Gardner (1995) ainda afirma que "os aprendizados são valiosos não apenas porque aproveitam os interesses e forças dos alunos, mas também porque estimulam o raciocínio crítico através de avaliações regulares, informais, no contexto de um domínio autêntico".

A teoria das múltiplas inteligências preconiza diferentes estilos de aprendizagem, o que somado à heterogeneidade natural dos alunos, suas individualidades, levanta a questão da crítica à testagem pontual e padronizada, ou seja, se se aprende de forma diferente não se pode ser avaliado igualmente. Variar as modalidades de tarefas e trabalhos bem como envolver os aprendizes na elaboração de projetos é uma forma de inclusão no processo de ensino e aprendizagem, bem como uma oportunidade de descobrir habilidades e competências muitas vezes ocultadas.

É evidente que modificar os parâmetros da avaliação não depende unilateralmente do professor. Vivemos em uma sociedade em que números são importantes e o sistema notacional consiste em uma prestação de contas. Não se pode também ignorar o fato de que a avaliação pontual que cobra os conteúdos de uma só vez é muito mais fácil e prática do que uma avaliação contínua que requer muito trabalho e atenção da parte do professor, bem como um engajamento por parte do aluno.

Impera, na maioria das salas de aula, um modelo de avaliação com influência positivista, que valoriza o produto, a objetividade, que se preocupa com quantificação e fidedignidade dos dados, e prioriza aspectos observáveis do comportamento (Vasconcellos, 2002). Esse modelo tem também uma grande aceitação por facilitar a tarefa dos professores e da própria instituição, que precisa de dados quantificáveis (Lucena, 2004).

Muitas vezes, quando se propõe um projeto, há, por parte do alunado, bem como da sociedade em geral, uma sensação de não se estar sendo avaliado, o que, consequentemente, provoca o sentimento de não assimilação, porque ainda se vê nos testes uma prova de que se aprendeu ou não. Vivemos, assim, uma cultura de provas, erros e certificações.

Entendemos que, em uma avaliação contextualizada social, política e culturalmente, o respeito ao erro enquanto componente do processo de ensino-aprendizagem, bem como a valorização dos saberes dos estudantes, constituem um importante avanço para uma avaliação "concreta e justa".

Faute ou erreur

Seja qual for o lugar atribuído ao erro no processo de ensino-aprendizagem, é importante caracterizar sua natureza. Há o erro por falta, correspondente àquilo que o aluno não sabe por desconhecimento, competências linguísticas ainda não adquiridas; por exemplo um aluno iniciante que ainda não sabe se expressar sobre ações passadas. Nesse caso, em didática das línguas, fala-se de *erreurs* que "relèvent d'une méconnaissance de la règle de fonctionnement (par exemple, accorder le pluriel de 'cheval' en chevals lorsqu'on ignore qu'il s'agit d'un pluriel irrégulier)" (Larruy, 2003, p. 120)[22].

[22] Devem-se ao desconhecimento da regra de funcionamento (por exemplo, concordar o plural de "cheval" em "chevals" quando não se sabe que é um plural irregular (o correto seria "chevaux").

Por outro lado, há os erros cometidos por falta de atenção, cansaço, nervosismo, esquecimento e tantos outros fatores subjetivos e pontuais. Nesse caso, fala-se, em didática das línguas, do conceito de *faute*, "des erreurs de type (lapsus) inattention/fatigue que l'apprenant peut corriger (oubli des marques de pluriel, alors que le mécanisme est maîtrisé)"[23] (Larruy, 2003, p. 120). Muitas vezes, professores e alunos desconhecem as naturezas distintas do erro ou tendem a confundi-los. A delimitação dos diferentes tipos de erro é essencial para o tratamento deles.

A forma como se lida com o erro é algo que é determinante para o (in)sucesso do processo avaliativo. Alguns alunos de língua estrangeira não participam das aulas a fim de evitar o erro; alguns professores, por sua vez, avaliam para buscar o erro e corrigi-lo; dessa forma, acaba-se em uma pedagogia centrada no erro. O erro faz parte do processo de aprendizagem e como tal deve ser visto positivamente. Cuq e Gruca (2005) afirmam que "não há aprendizagem sem erro, pois isso seria dizer que aquele que aprende já sabe" (tradução nossa).

Os aprendizes, de forma geral, costumam ater-se muito mais àquilo que não sabem do que ao que sabem, daí a necessidade de uma valorização dos saberes já adquiridos, o que faz parte do progresso do aprendiz e deve ser igualmente reconhecido. Aliás, importa ver o aprendiz como um sujeito que traz para sua aprendizagem uma bagagem cultural, um conhecimento de mundo que deve ser reconhecido e aliado ao processo de ensino-aprendizagem.

A este trabalho interessa o erro do tipo *lapsus* e alguns fatores que podem favorecer sua ocorrência sobretudo em alunos tímidos e/ou com estilo de aprendizagem introvertido.

Fatores de ordem psicológica e a inteligência intrapessoal

Como se pode ver, ao longo da história das metodologias do ensino de FLE, o erro foi, na maior parte do tempo, considerado como sinal de fracasso, e os alunos sabem disso. A concepção negativa do erro e a sua não integração ao processo de ensino-aprendizagem inibem o aluno, que passa a ter medo de errar. O medo do erro leva, como nas metodologias citadas, a um desejo de evitá-lo a qualquer custo, sendo o preço, muitas

[23] "Erros do tipo desatenção / cansaço que o aluno pode corrigir (esquecimento das marcas de plural, quando o mecanismo já está dominado)

vezes, a passividade do aluno. Para não correr o risco de errar, o aluno por vezes prefere não se colocar, não toma a fala, não responde ou responde minimamente quando interpelado, não ousa ir além dos limites nos quais se encerra, ou seja, fica à margem do seu processo de aprendizagem, não participando da construção de seu saber.

O medo do erro é, na verdade, o medo de ser avaliado, julgado pelo professor e, talvez, principalmente pelo grupo no qual está inserido. O aluno vê no erro uma desvalorização, sente-se inferior por errar e, ignorando as diferentes naturezas do erro, prefere buscar refúgio no silêncio e na passividade.

Como e quando corrigir – correção pelo professor

O aluno, em sua história escolar, constrói sua relação com o erro. O processo de ensino-aprendizagem de uma língua estrangeira não se dá de forma natural como a aquisição de língua materna; trata-se de um estudo formal seguido de uma correção sistemática.

Muitas vezes, o aluno de LE não consegue concluir um raciocínio sem ser interpelado pelo professor para uma correção seja em nível fonético ou gramático. A correção imediata e que interrompe, frustra o aluno, que, por vezes, devido a seu traço de personalidade tímido, bloqueia diante do medo de futuras correções. Por isso, entendemos que a forma de lidar com o erro, a escolha do melhor momento e da melhor maneira para corrigir constituem uma possível saída para atribuir ao erro o lugar que lhe cabe: parte do processo de ensino-aprendizagem sem estigma negativo, sobretudo para alunos mais sensíveis à exposição da correção diante do grupo.

Mostrar o correto, sem estigmatizar o erro ou aquele que o comete, parece a melhor maneira evitar o bloqueio da produção do aluno. Permitir que o aluno conclua seu raciocínio sem interrupções valoriza o que ele sabe, o que ele expressa, apesar dos desvios da norma-padrão. Quando o erro é corrigido sistematicamente e com interrupções na produção, a mensagem que o aluno recebe é que naquilo que ele produz o que importa é o erro que ele faz e aquilo que ele não sabe, não importando sua capacidade de comunicar nem seus conhecimentos já adquiridos, é frustrante e desmotivador.

Há uma premissa de que o professor é sempre aquele que corrige, mas quando o processo de aprendizagem se dá centrado no aluno e há modalidades de trabalho variadas no interior de um grupo, o ato de corrigir pode e deve ser trabalhado por outros interessados no processo. A seguir, algumas formas de correção que podem dar ao erro um lugar diferente ao comumente atribuído.

Autocorreção

A autocorreção como parte também da autoavaliação aqui já citada dá ao aluno o controle sobre seu processo de aprendizagem, uma vez que lhe cabe a construção de seu saber. Incentivar o aluno para que encontre seus erros e, sozinho, os corrija, pode ser uma forma de apresentar o erro tipo *lapsus*, o que mostra ao aluno que erro não é sinal de fraqueza ou incapacidade, mas reflete, por vezes, o cansaço, a ansiedade e mesmo o medo do erro em si. Além disso, ao se perceber capaz de identificar seus próprios erros e corrigi-los, o estudante pode experimentar o sentimento de reconhecimento e valorização de seus conteúdos já adquiridos, podendo avaliar seu progresso, o que constitui o aspecto positivo da avaliação.

Muitas vezes, sobretudo em certos estilos de personalidades, há um sentimento de autocobrança e autoexigência que impedem o estudante de perceber seus pontos fortes, vendo apenas os erros e as faltas; ou seja, o estudante é ciente daquilo que não sabe dizer ou fazer, argumenta sua falta de vocabulário, mas não reconhece todos os conteúdos já assimilados ou os menospreza. A autoestima, nesse sentido, exerce papel importante no processo de ensino-aprendizagem de LE. Quando o professor é colocado como detentor do saber que interrompe e corrige, a relação aluno-professor pode, em alguns casos, se basear no medo, medo do erro, medo do julgamento, medo da exposição. Quando o aluno toma para si parte da responsabilidade da correção, ele deixa de ver o professor sob essa perspectiva de hierarquia e o olhar sobre si passa a ser um olhar de respeito e valoração, a autoestima é aumentada.

Intercorreção

Uma alternativa para tirar o professor do centro do processo e dar aos estudantes o protagonismo que lhes cabe em seu processo de aprendizagem é dar ao grupo essa incumbência. Não é interesse da intercorreção expor os erros individuais dos alunos, o que poderia frustrar e baixar a autoestima daqueles que não lidam bem com o erro.

A intercorreção pode ser feita a partir da observância anônima de construções errôneas ou da troca de produções escritas, por exemplo. No entanto, deve-se conhecer o grupo e cada indivíduo que o compõe para determinar o que funciona, o aluno que teme a exposição e não tem no grupo um sentimento de pertencimento, provavelmente não se sentirá à vontade na troca de produções para ser avaliado pelo colega, ou o aluno com baixa autoestima pode não se sentir capaz de avaliar outrem; nesses casos, há que se preferir a exposição anônima e a correção em conjunto. Em ambos os processos, o professor age como mediador da correção, o que confere a oportunidade de discutir sobre a natureza dos erros e identificá-los.

Avaliação dos estudantes: estabelecendo as inteligências a desenvolver

O terreno do erro pode ser delicado, e a atitude do professor e do estudante com relação a isso pode ser determinante na evolução do processo de ensino-aprendizagem. Por isso, faz-se necessário conhecer o alunado para saber como lidar com ele diante dos erros e das correções, a fim de não os inibir e guardar a harmonia do grupo.

Conhecer a personalidade de um indivíduo não é evidente, pode levar tempo, e os mais tímidos podem se fechar em si; no entanto, entendemos que há estratégias para conhecer as inteligências latentes e as que merecem ser mais desenvolvidas.

Como aqui nos interessamos em particular pelas inteligências intra e interpessoais, vamos nos ater aos recursos para identificá-las e desenvolvê-las. Primeiramente, dada a heterogeneidade dos grupos, entendemos a variação dos tipos e modalidades de trabalho como melhor recurso para diagnosticar os estilos de aprendizagem. Desde o primeiro dia de aula, em uma atividade de quebrar o gelo, conseguimos, de forma panorâmica, perceber alguns traços de personalidade que vamos detalhando com o tempo em sala de aula. Saber quem trabalha melhor individualmente ou em grupo ao propor atividades nessas modalidades é o que vai nos permitir motivar as inteligências intra e interpessoais quando julgarmos necessário. Enquetes sobre os interesses dos alunos bem como sobre suas atividades preferidas também podem configurar um caminho de avalição dos estilos cognitivos.

Muitas vezes, o aluno tímido não tem consciência da importância ou não da timidez em seu processo de aprendizagem, e há que se dizer também que essa não é uma característica forçosamente inibidora. A timidez pode ser contornada e não ser fator impeditivo para a tomada de fala. Estabelecida a timidez e sua influência no processo de aprendizagem, podem-se criar estratégias de aprender a aprender.

Desenvolver a inteligência intrapessoal é um aprender sobre si e seus próprios recursos de aprendizagem. O professor, junto ao aluno, deve encontrar meios de conhecer e reconhecer seus traços de personalidade, minimizando os possíveis impactos negativos na aprendizagem. Se um aluno introspectivo, por exemplo, não se sente à vontade para se expor em sua própria persona, a cena teatral pode ser um lugar de conforto em que ele pode ser um outro e suas produções serem controladas em um ambiente seguro, em que todo erro ou julgamento é de um alterego que constitui a persona falante de uma língua outra.

Da mesma forma, a inteligência interpessoal muitas vezes é limitada pelo próprio aluno que prefere aprender de forma autorregulada e, por isso, não se expõe às atividades de interação. Ao se dar conta dessa característica, que muitas vezes passa despercebida de si e do professor, o aluno pode confrontar-se e inserir-se em atividades de dupla ou grupo que priorizem o interagir. Cabe ao professor, nesse sentido, variar as modalidades de trabalho, seja individual, de modo a lapidar a inteligência intrapessoal, o conhecimento sobre si e suas formas de aprender a aprender, seja em dupla, em grupos, favorecendo a interação com o outro e promovendo a inteligência interpessoal.

Conclusão

A forma como lidamos com o erro, como pudemos ver ao longo deste trabalho, gera impactos substanciais na forma como aprendemos e ensinamos. Importa, por isso, entender o erro como parte do processo de ensino e aprendizagem, vendo-o de forma positiva, como um aliado de ambos os atores do processo.

A não estigmatização do erro constitui a melhor forma de evitar o bloqueio por ela causado na produção de alunos de língua estrangeira. Rever as formas de avaliação é um desafio que envolve toda a sociedade e comunidade acadêmica, variá-las já é um passo rumo à construção positiva da aprendizagem.

> Embora o feedback para os erros seja essencial, muitas crianças perdem a autoconfiança e a curiosidade porque seus erros

> são punidos em vez de corrigidos. Nas escolas pelo mundo afora o feedback para erros é frequentemente sinônimo de punição e estigmatização (Dehaene; Stanislas, 2020).

Não queremos, com isso, legitimar o erro; cabe ao professor ensinar o correto, e corrigir é igualmente parte do processo. As posturas diante dos diferentes tipos de erros, o conhecimento de suas naturezas e o respeito a sua ocorrência enquanto etapa da construção da aprendizagem devem nortear a forma como ensinamos, aprendemos e avaliamos.

Referências

CUQ, J. P.; GRUCA, I. **Cours de didactique du français langue étrangère et seconde**. Grenoble: PUG, 2005.

DEHAENE, S. **É assim que aprendemos**: porque o cérebro funciona melhor do que qualquer máquina (ainda...). São Paulo: Contexto, 2020.

GARDNER, H. **Inteligências múltiplas**: a teoria na prática. Porto Alegre: Artmed, 1995.

QUEVEDO-CAMARGO, G.; SCARAMUCCI, M. R. O conceito de letramento em avaliação de línguas: origem de relevância para o contexto brasileiro. **Linguagem – Estudos e Pesquisas**, Catalão, v. 22, n. 1, jan./jun. 2018, p. 225-245.

TONELLI, R. A. J.; QUEVEDO-CAMARGO, G. 2019. Saberes necessários ao professor para avaliar a aprendizagem de crianças na sala de aula de línguas estrangeiras. **Fólio – Revista de Letras**, v. 11, n. 1, ago. 2019.

DEMIRTAŞ, L.; GÜMÜŞ, H. De la faute à l'erreur: une pédagogie alternative pour améliorer la production écrite en FLE. **Synergies Turquie**, 2009, p. 125-138.

MARQUILLÓ LARRUY, M. **L'interprétation de l'erreur**. Paris: Clé International, 2003.

ALGUBBI, S. **L'erreur**: un outil fondamental dans la classe de FLE. Lybie, Norsud, n. 7, juin 2016. Disponível em: https://docplayer.fr/49766422-L-erreur-un-outil-fondamental-dans-la-classe-de-fle.html. Acesso em: 1 jun. 2022.

AS IMPLICAÇÕES POLÍTICO-IDEOLÓGICAS DA BUSCA PELA LÍNGUA PERFEITA NA CULTURA EUROPEIA

Cassandra Rodrigues
Michelle Delfino
Naira Velozo

Introdução

A história da busca pela língua perfeita na cultura europeia é a história da busca por justificativas linguísticas para imposições político-ideológicas, culturais e religiosas de certos povos sobre outros. Ao longo dos séculos, essas justificativas tiveram cunho filosófico ou mítico[24], tanto no sentido mítico-religioso quanto no sentido mítico de pureza e superioridade racial e/ou linguística. As motivações dessa busca foram diferentes, dependendo do contexto histórico; contudo, observamos no livro *A busca pela língua perfeita na cultura europeia*, de Umberto Eco (2018), uma constante: subjacentes às teorias sobre a língua perfeita, jaziam os imperativos político-ideológicos das relações de poder que regem as dinâmicas colonialistas dos povos europeus.

Entendemos que a língua é poder (Bourdieu, 2008; Britto, 2007), já que "[...] as trocas linguísticas – relações de comunicação por excelência – são também relações de poder simbólico onde se atualizam as relações de força" (Bourdieu, 2008, p. 24) entre os membros de um grupo; e pensamos, como Foucault (1979; Giacoia, 2016), que a verdade muda de acordo com as épocas e espaços, depende da episteme de cada época, ou seja, o modo como determinados momentos históricos pensam a vida. Não há entidades supra-históricas, não há uma verdade que seja universal e exista fora do tempo-espaço dos homens. A verdade depende da ideologia da classe dominante de cada época, que determina o que é ou não verdade (Giacoia, 2016). Logo, a língua perfeita variou de acordo com a ideologia dominante de cada época histórica, e os

---

[24] Mítico no sentido de fictício, de crença na existência de uma língua homogênea, uniforme e pura (BAGNO, 2015). Em seu livro *Preconceito Linguístico*, Bagno (2015) investiga o que chama de "mitologia do preconceito linguístico". O primeiro mito trata da crença na unidade linguística, que não existe, já que todas as línguas apresentam variações (BAGNO, 2015; PILLER, 2001). O segundo mito trata da crença de que o brasileiro não sabe falar português e está relacionado com o mito da raça pura, de uma língua pura que só pode ser falada pelo nativo branco puro. É nesse sentido que utilizaremos o adjetivo mítico no presente trabalho.

discursos em defesa de uma ou outra língua como sendo a originária, a mais pura, a língua da razão ou de Deus, e por isso perfeita, também variaram ao longo do tempo-espaço, mas constantemente evidenciaram as relações de poder estabelecidas através desses discursos. Desse modo, pensamos que uma análise crítica dos discursos sobre a língua perfeita relatados em Eco (2018) se faz pertinente porque os discursos em defesa da língua perfeita variam ao longo da história da cultura europeia, servindo sempre aos interesses político-ideológicos de um povo em determinado tempo-espaço, ainda que esse interesse não esteja totalmente explícito na narrativa de Eco (2018). Logo, por estar subentendido é que precisamos analisar esses discursos relatados por Eco (2018), para demonstrar que, por trás de uma suposta neutralidade, escondem-se ideologias políticas. Acreditamos, como Bakhtin (2006), que todo discurso é ideológico, e as estruturas sociais se refletem na ideologia; assim, as mudanças na ideologia ocasionam mudanças na língua (Bakhtin, 2006). Ademais, a língua perfeita, embora com outra roupagem na atualidade, ainda é utilizada de maneira coercitiva, como forma de opressão. Se, ao longo da história, a língua perfeita foi a língua filosófica, da razão; a língua sagrada, adâmica, do deus cristão, ou a língua da raça pura, ariana, na atualidade a língua perfeita (no sentido de "língua correta"), seria a língua das elites culturais, das classes sociais consideradas superiores (Bagno, 2015).

Percebemos, portanto, que a questão da superioridade linguística esteve e está subjacente às conceituações sobre a língua perfeita, funcionando para legitimar políticas de domínio, exclusão e até mesmo extermínio de povos, como aconteceu durante o nazismo (Rajagopalan, 2003). Assim, a relevância deste ensaio reside na percepção de que essas políticas, baseadas em argumentos de superioridade linguística, utilizaram a ideia de língua perfeita para justificar políticas colonialistas, imperialistas e totalitárias, que causaram muitos danos aos povos dominados.

Para melhor alcançar os objetivos propostos, o trabalho está dividido em três partes, sendo a primeira dedicada à apresentação das justificativas iniciais para a busca da língua perfeita. Discutiremos também os principais conceitos relacionados com a língua perfeita, como as ideias de essência, universalidade e verdade, a fim de analisá-los sob a perspectiva foucaultiana. Na segunda parte, serão apresentados os referenciais teóricos com o intuito de abordar as principais construções discursivas presentes nas hipóteses e argumentações em favor da língua perfeita, buscando demonstrar o quanto estão relacionadas com questões político-ideológicas. Na terceira parte, serão apresentadas as considerações finais sintetizando as reflexões levantadas ao longo do trabalho.

Elucubrações sobre a língua perfeita na cultura europeia

A fim de explicar como o universo foi criado, a Bíblia diz que "[n] o princípio era o Verbo e o Verbo estava com Deus e o Verbo era Deus" (Bíblia, João I 1:1-2), atribuindo a criação da linguagem a um ato divino. Já nas primeiras páginas do livro Gênesis, a criação do mundo é imputada a um ato de palavra (Eco, 2018): para que se criasse a luz, bastou que Deus pronunciasse "haja luz" (Bíblia, Gênesis 1:3). Da mesma forma, para que fossem criados os céus e a terra, bastou a Deus dizer as palavras e, então, o nosso mundo passa a existir.

Como é possível perceber, as lendas bíblicas revelam uma construção ideológica judaico-cristã: a criação do mundo através de atos de linguagem e a criação da linguagem como um ato de Deus, já que, no início, Ele era o verbo. Assim, nos trechos supracitados, a linguagem refere-se não apenas ao instrumento da construção do mundo, mas ao próprio Criador. Considerando a enorme influência que os textos bíblicos têm sobre a cultura do Ocidente, pouco surpreendente é o fato de que, ao longo de séculos, a busca por uma língua perfeita representou uma busca pela língua falada por Adão, pois, inspirado por Deus, teria sido o primeiro Criador da linguagem (Eco, 2018). Essa busca mobilizou desde figuras centrais da religião cristã, como Santo Agostinho, aos mais renomados teóricos do Iluminismo, como John Locke. Porém, existe ainda outra justificativa bíblica para essa busca persistente pela língua perfeita: a narrativa da Torre de Babel.

No mito de Babel, ou pelo menos na interpretação popularizada pela cultura judaico-cristã ocidental, a humanidade falava a mesma língua até o advento da torre, que é concebida como um ultraje ao poder soberano do Criador. A origem da diversidade linguística nasce de uma punição de Deus aos homens que ousaram edificar "uma cidade e uma torre cujo ápice penetre os céus" (Bíblia, Gênesis 11:4). Essa atitude representaria um afrontamento à hegemonia do poder de seu Criador divino, então Deus puniu os homens por esse pecado fazendo com que falassem línguas diferentes, para que, impossibilitados de se comunicar – porque não se entendiam –, a construção da torre fosse interrompida. O nome Babel, em consequência disso, carrega um sentido profundamente negativo, remontando à confusão e desentendimento da raça humana que, como castigo, foi separada em grupos linguísticos distintos.

Tomando essa referência do mito de Babel, que relaciona a construção da torre à ideia da punição divina, seremos levados a fazer uma leitura do surgimento das variedades linguísticas como algo extremamente inconveniente, um pretenso sinal da degradação humana. Isso porque a Babel acaba se tornando a causa do trágico afastamento da língua original criada por Adão, através da graça divina. Além disso, pode significar, por extensão, um afastamento da verdade e do próprio Deus; motivos pelos quais, um importante teórico do puritanismo inglês, John Wilkins, chega ao ponto de considerar qualquer variação linguística uma "corrupção natural" (*apud* Rossi, 1992, p. 299). Logo, de acordo com essa argumentação, quanto mais a língua natural se modifica, mais distante ela está da língua original adâmica, mais distante ela está da essência das coisas e, assim, mais distante está o homem de Deus.

Durante um longo período, defendeu-se a tese de Adão como o "nomoteta", ou seja, como "o primeiro criador da linguagem" (Eco, 2018, p. 20). Uma das fundamentações dessa alegação é a crença de que Adão seria capaz de se comunicar diretamente com Deus e teria, portanto, a habilidade de nomear o mundo a partir da essência das coisas. Mas o que seria a essência das coisas que o "nomoteta" é capaz de representar linguisticamente? Para que pudéssemos pensar na existência de uma língua efável[25], teríamos que assumir a existência de uma verdade única e eterna para os objetos e seres do mundo. Tal verdade seria universal, mas não necessariamente no sentido de que estaria acessível a todas as pessoas, e sim no sentido de que ela representaria uma única verdade possível que poderia ser expressa através dessa língua perfeita, enquanto qualquer outra forma de expressão, em outras línguas, levaria a ideias puramente enganosas.

Contudo, poderíamos pensar, assim como Platão, que existe um mundo perfeito ideal, alcançável através do pensamento, onde a essência das coisas habita, e que nosso mundo é apenas uma cópia desse outro mundo suprassumo das ideias puras (Marcondes, 1997). A língua perfeita então expressaria essa essência que não está nos objetos, mas é anterior a eles, e os humanos seriam capazes de compreendê-la, porque os humanos também vieram desse mundo ideal, e apenas se esqueceram dele aqui na terra (Marcondes, 1997). Seria talvez pensar no que nos une como humanos, na própria essência humana, antes de pensar no que nos diferencia. Nesse sentido, talvez fosse possível pensar em uma língua efável na medida em que abstraímos os objetos em sua concretude nas diferentes realidades de mundo e pensamos apenas em suas essências abstratas, que de algum modo

[25] A palavra "efável" refere-se a algo que pode ser expresso em palavras. Opõe-se ao termo "inefável" (Effable, 2020).

seriam comuns a todos os humanos; ou, indo mais além, pensar uma língua inefável, que não utilizasse palavras, mas outras formas de comunicar o essencial comum aos humanos, como a telepatia, por exemplo.

De qualquer modo, a busca pela língua perfeita na cultura europeia relatada por Eco (2018) não parece almejar essa forma de comunicação inefável. Quando os teóricos discutem a essência das coisas e a possibilidade de uma língua poder expressá-la, é no sentido de afirmar que determinada língua seria mais efável que a outra, e, portanto, perfeita. Os gregos, como Platão, por exemplo, se perguntavam se o nomoteta havia escolhido as "palavras que nomeiam as coisas conforme a natureza de cada uma (*physis*) [...] ou se determinou tais palavras por lei ou por convenção humana [...]" (Eco, 2018, p. 23). Do mesmo modo, aqueles que se debruçaram sobre a Bíblia em busca da língua perfeita se perguntavam se Adão havia nomeado os objetos do mundo por um direito extralinguístico, isto é, por saber a essência das coisas, ou por um acordo, uma convenção linguística. Embora discutam a possibilidade de uma língua expressar a essência do mundo ou não, essa língua é, na maioria das vezes, efável.

O empenho na busca pela língua que falava Adão resulta em uma multiplicação de teorias a esse respeito. Observa-se, ao longo da história, o posicionamento de diversos teóricos, cada um com justificativas diferentes e com a sua possível candidata ao posto. Uma das primeiras hipóteses refere-se ao hebraico, já que, afinal, foi a língua em que se escreveram os mandamentos de Deus; mas a defesa do hebraico já se revela uma escolha tendenciosa visto que a Bíblia também apresenta textos escritos originalmente em grego e aramaico. Porém, a primazia do hebraico como a língua perfeita não se manteve, uma vez que o latim havia se tornado a língua oficial da Igreja durante o Império Romano e, então, os textos bíblicos já traduzidos para o latim são legitimados como a única fonte do conhecimento divino. Santo Agostinho, assim como toda a tradição católica, acreditava que o hebraico era a língua primordial falada antes da confusão babélica (Eco, 2018, p. 26). O filósofo, contudo, descarta a ideia de recorrer aos textos bíblicos escritos em hebraico original porque não confia nos judeus, pois eles "poderiam ter corrompido as fontes para apagar suas referências ao Cristo vindouro" (Eco, 2018, p. 26). Ou seja, como os judeus não acreditam em Jesus Cristo, não se pode confiar em seus escritos, porque podem dizer algo que abale os dogmas da Igreja. Assim, para investigar questões discursivas, Rosa (2014) se volta às ideias de Foucault que afirma que a memória é um instrumento de poder utilizado pelo poder político de determinada época e espaço a fim de controlar o que deve ser lembrado e o que deve ser esquecido.

Portanto, essa noção nos permite concluir que Santo Agostinho seleciona as partes da bíblia que interessam ao poder católico e exclui aquelas que podem desafiá-lo, construindo uma verdade que atende aos interesses político-religiosos de sua época, cultura e ideologia.

Posteriormente, já no Período moderno, quando não foi mais possível defender a hipótese de que a língua original poderia ser resgatada, percebe-se que novos movimentos filosóficos, ao invés de resgatar uma língua perdida, buscam criar uma língua perfeita, através da qual poderiam expressar as ditas verdades universais. Um grande expoente desse tipo de movimento filosófico, o alemão Gottfried Leibniz, em sua busca pela língua que expressa as verdades universais, acaba impulsionando e aprimorando o sistema de números binários que se tornaria a base da linguagem digital usada nos dias de hoje em computadores (De Miguel, 2016, p. 457).

Olhando sob essa ótica, percebemos que, além de não haver consenso sobre qual seria a língua perfeita, existe uma disputa pela posição que parece ser preenchida ao gosto do teórico ou aos interesses de algum grupo social dominante, o que varia de acordo com o período histórico. Dessa forma, é possível deduzir que ideias como "essência", "verdade universal", "castigo divino" ou outras que sirvam de justificativa para a defesa de uma língua perfeita são, na verdade, produzidas dentro de dinâmicas históricas e socioculturais de domínio e primazia de um modo de pensamento e expressão sobre outros. Aliás, o conceito de língua perfeita, não por acaso, é geralmente empregado no singular e refere-se a uma língua em específico. Com isso, todas as outras línguas existentes no mundo estariam de fora do lugar privilegiado e, segundo essa lógica, seriam imperfeitas e/ou não seriam capazes de expressar a verdade, pois não poderiam acessar a essência dos seres e objetos assim como a verdade.

A questão da essência das coisas, da verdade e da possibilidade de conhecer a verdade é uma busca metafísica que permeia a filosofia ocidental desde os antigos gregos. Segundo Chauí (2000), a Filosofia se inicia com a consciência da própria ignorância. Sócrates buscava a definição daquilo que um valor, uma ideia ou uma coisa é verdadeiramente, a essência verdadeira das coisas (Chauí, 2000, p. 44). Os filósofos gregos buscavam o conceito, não a opinião que temos sobre as coisas e sobre nós mesmos, já que a opinião é instável, mutável, varia de pessoa para pessoa, e o conceito "[...] é uma verdade intemporal, universal e necessária que o pensamento descobre, mostrando que é a essência universal, intemporal e necessária de alguma coisa" (Chauí, 2000, p. 44).

A filosofia ocidental moderna, contudo, critica esse modelo racionalista de pensar e conhecer o mundo. Foucault (Candiotto, 2007), por exemplo, acredita que não há verdades essenciais supra-históricas: a verdade não é universal, não segue uma linha do tempo; é dispersa, descontínua e não pode estar dissociada da singularidade do acontecimento (Candiotto, 2007, p. 204). Logo, é necessário que aquilo que seja considerado verdade em determinada época seja constantemente submetido à análise crítica, já que a verdade é produzida num certo espaço-tempo, não é válida em qualquer lugar e depende de um tempo propício para existir como verdade (Candiotto, 2007, p. 204). Entendendo a verdade como uma construção e não como uma essência eterna e imutável, uma verdadeira natureza das coisas, nos moldes platônicos, cognoscível através de um processo de abstração da experiência concreta (Marcondes, 1997), podemos verificar o quanto a ideia de uma verdade absoluta serviu, ao longo do tempo, para justificar políticas de dominação e exclusão dos povos que pensam diferente daqueles que acreditam deter a verdade essencial do mundo.

Os pensadores gregos, por exemplo, certamente demonstraram um grande interesse na investigação do mundo. Entretanto, o mundo que buscavam compreender parecia não incluir outras verdades além da sua, apesar de ter havido contato com falantes de outras línguas e culturas. O reconhecimento do Outro detentor de sua própria cultura e língua torna o grego uma dentre outras formas possíveis de expressar a realidade. No entanto, isso não impediu que a língua *koinè*[26] fosse elevada à máxima posição de importância entre os gregos, pois somente ela seria capaz de realizar a expressão do pensamento lógico, o *logos*. Além disso, o modelo da Gramática grega, defendida por Platão, é considerada a perfeita expressão da arte e da beleza, graças a sua possibilidade de "imitar a substância das coisas" (Abbagnano, 2007, p. 490). Em contrapartida, outros povos, que eram chamados de bárbaros, apenas falavam sons incompreensíveis e não poderiam expressar a beleza e a verdade, visto que não se expressavam através dos sons da língua grega, muito menos através do modelo da gramática grega. Porém, o fato é que os gregos pouco ou nada sabiam a respeito de como pensavam ou se expressavam os bárbaros, pois consideravam sua história, cultura e língua insignificantes (Eco, 2018, p. 22).

[26] A língua *koiné*, que pode ser referida como grego helenístico, torna-se a língua comum a partir do século IV a.D e difunde-se por toda a área do Mediterrâneo. É a língua utilizada por autores como Políbio, Plutarco Aristóteles e Platão, além de ser a língua transmitida pelas escolas de gramática, motivos pelos quais sobrevive como língua cultural mesmo após a dominação romana (Eco, 2018, p. 23).

Portanto, fica evidente que um modelo de pensamento universalista, assim como a defesa de uma suposta essência das coisas têm como resultado a imposição de determinada visão de mundo sobre outras possíveis maneiras de se interpretar, expressar e viver. Então, mesmo os mais belos discursos em defesa de uma "concórdia universal" ou "paz universal" (Eco, 2018, p. 92) que oferecem uma espécie de remédio para a degradação humana, não deixam de explicitar uma via de acesso à verdade, a via supostamente neutra. A neutralidade apresentada pelo pensamento greco-romano e pelo pensamento judaico-cristão propõe uma forma de esperanto moral, linguístico e cultural, algo que se assimilaria ao "esperanto jurídico" que, como já observado por Godoy (2012), tem muito mais relação com a cultura ocidental europeia do que se deixa anunciado. Assim, o remédio para as variedades resultante do acaso e da confusão cruza oceanos conquistando (ou tomando) territórios, colonizando o pensamento, catequizando indígenas, justificando a dominação e escravização de povos considerados incultos e desprovidos de arte ou cultura, tudo em nome de uma verdade ou de um deus.

Para Rajagopalan, a língua não é apenas um meio de comunicação: a língua é, antes de tudo, um dos atributos que constituem a identidade de um povo, uma nação, sendo, portanto, uma bandeira política (Rajagopalan, 2003). Desse modo, a língua e identidade de um povo ou nação estariam intrinsecamente relacionadas, e proteger a "pureza" de uma língua seria, de acordo com a perspectiva do *eu*, ou do colonizador, uma forma de proteger a identidade de um povo das "maléficas" influências estrangeiras. Segundo Pennycook (1998), os conceitos de *eu* em oposição ao de *outros* são construções do discurso colonialista, já que o *eu* é identificado com o colonizador, superior, falante de uma língua que deve ser imposta aos *outros,* que são identificados com o povo colonizado, aquele com quem o *eu* não se entende porque não fala a mesma língua. A noção de *eu* e *outros* seria então uma questão de identidade não apenas linguística, mas política, cultural e ideológica, que justificaria a colonização, domínio, chegando até a justificar o extermínio de certos povos. Hitler, por exemplo, acreditava que era preciso resgatar a pureza da raça ariana, e que toda miscigenação era maléfica; assim, era necessário primeiramente limpar a língua alemã de quaisquer influências estrangeiras, para depois purificar a raça ariana através de uma limpeza étnica (Rajagopalan, 2003). O mesmo ocorreu em outros regimes ditatoriais como o fascismo italiano e o franquismo espanhol, que tentou "expurgar" o basco do país. Existe uma identificação entre o sentimento de amor à língua materna com o sentimento de amor à pátria que pode levar ao ódio desmesurado a tudo que é estrangeiro, ao que é diferente (Rajagopalan, 2003).

Acreditamos, portanto, que é necessário repensar a Babel e olhar para as diversidades linguísticas e culturais de outra forma. Ferdinand Saussure (1972) deu um grande passo ao dedicar-se à desconstrução de mitos linguísticos e, ao desenvolver as bases científicas da Linguística, área responsável pelo estudo da linguagem humana, reformulando a maneira de abordar questões de língua e linguagem. Dentre as suas maiores contribuições destacamos a noção de estrutura, pois ele afirma que a língua é um sistema complexo e que as "relações internas entre seus elementos" sofrem modificações ao longo do tempo (Saussure, 1972, p. 118). Essa ideia pressupõe uma interdependência entre as unidades, fazendo com que a mudança em apenas uma delas cause, como consequência, a transformação de todo o sistema. Assim, percebemos como uma interessante indagação deixada por Eco (2018, p. 22) vem ao encontro da premissa da linguística saussureana, pois ao nos questionar "[s]e as línguas não se diferenciaram por castigo, mas por tendência natural, por que entender a confusão como uma desgraça?" (Eco, 2018, p. 22), Eco afasta-se da pressuposição da variação como castigo presente no mito babélico e permite lançar um novo olhar para a linguagem humana e para as línguas com toda a sua riqueza e complexidade.

A busca da língua perfeita em Umberto Eco: uma narrativa heroica sob a insígnia colonial

Segundo Eco (2018), a história da ideia de língua perfeita na cultura europeia é utópica e nunca foi alcançada; trata-se de uma série de fracassos e de um sonho que "[...] sempre se apresentou como uma resposta ao drama das divisões religiosas e políticas, ou somente às dificuldades das relações econômicas [...]" (Eco, 2018, p. 31). Ao longo de seu livro, Eco faz referência a diversos teóricos que tinham propósitos políticos, religiosos e ideológicos em suas conceituações e argumentações na defesa da língua perfeita, e muitas vezes a ideia de língua perfeita está intrinsecamente relacionada com ideia de língua originária, sagrada e universal. Analisaremos alguns desses teóricos referenciados por Eco a fim de demonstrar o quanto suas teorias estão atravessadas por questões de domínio político, religioso e ideológico de certos povos que, buscando afirmar uma espécie de superioridade linguística através da conceituação de uma língua perfeita, pretendiam encontrar recursos que justificassem a colonização de um povo sobre outro.

Raimundo Lúlio, apresentado por Eco (2018, p. 67) como um filósofo e teólogo catalão do século XIII, afirma em sua *Ars magna* que através da língua filosófica perfeita seria possível converter os infiéis. Para Lúlio, haveria, no plano do conteúdo, um sistema universal de ideias comuns a todos os povos, e, portanto, seria possível criar uma língua perfeita universal no plano da expressão através da combinação matemática (*apud* Eco, 2018, p. 68). Havia, no pensamento franciscano, que Lúlio seguia, a ideia da concórdia universal entre povos de religiões e raças diferentes, onde a conversão dos infiéis se daria pelo diálogo, e não pela força; o problema linguístico assume então um papel central no pensamento dos cristãos irenistas[27], que poderia ser solucionado por uma língua perfeita universal (*apud* Eco, 2018). Lúlio, através da arte combinatória, elabora um sistema complexo de permutações, anagramas e combinações para tentar demonstrar aquilo que é universalmente conhecido por todos os povos (*apud* Eco, 2018).

Entretanto, a empreitada luliana fracassa "em razão de seu etnocentrismo inconsciente: porque o universo do conteúdo de que quer falar é o produto de uma organização de mundo realizado pela tradição cristã ocidental" (Eco, 2018, p. 84). Não nos parece que esse etnocentrismo seja inconsciente, como afirma Eco; afinal, estamos na época das Cruzadas, que haviam começado no século XI, em que cristãos dominaram e mataram outros povos em nome de seu Deus, afirmando ser a sua religião a única verdadeira e utilizando esse argumento para justificar políticas colonialistas (Atmore *et al.*, 1978). O etnocentrismo esteve e está muito presente no pensamento europeu desde os antigos gregos, que chamavam quem não falasse sua língua de bárbaros, isto é, "seres que balbuciavam falando de forma incompreensível" (Eco, 2018, p. 22), "que não sabiam articular sequer uma palavra" (Eco, 2018, p. 25), e cuja história, do ponto de vista linguístico, era irrelevante. A história da Europa é, muitas vezes, a história de domínios de certas etnias sobre outras; o medo e ódio ao outro que é diferente de si, que não pertence ao mesmo grupo étnico, parece fazer parte dessa história. Assim, Lúlio estaria consciente de que precisava combater a ameaça à fé

[27] Segundo o dicionário Priberam, irenista é relativo ao Irenismo, que pode ser definido como: 1. [Religião] Atitude de compreensão, conciliação, pacificação relativamente a disputas entre cristãos de confissões diferentes. 2. [Por extensão] Atitude pacificadora ou conciliadora, sobretudo nas relações humanas. 'Irenismo. *Dicionário Priberam da Língua Portuguesa* [em linha], 2008-2020. Disponível em: https://dicionario.priberam.org/irenismo. Acesso em: 31 jan. 2021.

cristã que o outro infiel de diferente etnia representaria, tendo concebido sua *Ars* "como um instrumento para converter os infiéis" (Eco, 2018, p. 80), sendo, portanto, etnocêntrico. Ademais, podemos perceber que a ideia de língua perfeita foi usada para fins político-religiosos, pois é através dessa língua perfeita, que na concepção luliana exprimiria as noções elementares e primárias, ou a essência das coisas, comuns ao cristão e infiéis, que se alcançaria a concórdia universal. Antes de significar uma comunhão onde todas as etnias, credos e culturas vivam harmonicamente com suas diferenças, tal concórdia universal significa a imposição da cultura ocidental cristã aos povos de fés distintas, no melhor espírito das Cruzadas, sem os massacres, contudo.

Podemos perceber o mesmo modelo de pensamento etnocêntrico nos discursos de homens santos pertencentes à ordem religiosa franciscana e jesuíta que cruzaram fronteiras, levando aos quatro cantos do mundo as suas palavras de salvação. Viajam os padres, em companhia dos colonizadores para as longínquas terras americanas, asiáticas, africanas armados de sua fé e determinados a cumprir sua missão com todo o afinco (Sangenis, 2018). Acreditando que sejam instrumentos divinos na terra, levando todos os povos a um entendimento através da pregação das palavras de Cristo, realizam um trabalho bastante útil aos colonos europeus ao conhecer a língua e cultura dos nativos colonizados para facilitar os trabalhos de conversão e aculturamento dessas populações nativas da terra (Sangenis, 2018).

Nicolau de Cusa, filósofo e teólogo alemão do século XV, também é influenciado pelo pensamento luliano e partilha dos ideais franciscanos de concórdia universal. Concebia o universo como "infinitamente aberto cujo centro está em toda parte e a circunferência em lugar nenhum. Deus, enquanto infinito, supera toda limitação e toda oposição" (Eco, 2018, p. 84), sendo Deus tanto o centro como a circunferência. Para ele, os nomes com que diferentes povos designam Deus, ou a divindade, podem ser remetidos ao tetragrama hebraico, indício da existência de uma noção universal de Deus partilhada por etnias e origens distintas, que remetiam a uma língua originária, o hebreu (*apud* Eco, 2018). Em suas investigações sobre a língua universal, de Cusa acreditava que a verdadeira autoridade deveria se basear em uma tensão entre vários centros, e não em uma unidade inflexível, lançando assim uma ponte intelectual e religiosa entre Ocidente e Oriente, em que as religiões que seguiam os ensinamentos de Cristo, Maomé e Moisés pudessem confluir para um resultado unitário (*apud* Eco, 2018). Contudo, em seu tratado *De pace fidei*, de Cusa não parece ser tão a favor da igualdade, harmonia e respeito entre religiões como parece a princípio, já que, de acordo com Eco (2018), procura "demonstrar aos representantes das outras duas religiões monoteístas que eles devem concordar com a verdade cristã" (Eco, 2018, p. 86). Também em de Cusa podemos notar como a questão da língua universal hebraica se impõe como argumento para justificar a dominação político-religiosa de povos que não seguem o cristianismo, já que eles deveriam concordar com a verdade cristã, percebida como a única correta e absoluta.

A ideia do hebraico como protolíngua divina permaneceu durante toda a Idade Média: os padres da Igreja Católica, desde Orígenes até Santo Agostinho, "*admitiram* como um *dado incontestável* que o hebraico, antes da confusão babélica, fora a língua primordial da humanidade" (Eco, 2018, p. 90, grifo nosso). Contudo, segundo Eco (2018), Santo Agostinho, apesar de acreditar que o hebraico fora a protolíngua pré-babélica, "não manifesta nenhuma saudade de uma língua perdida que alguém possa ou necessite falar" (Eco, 2018, p. 27). Para ele, a língua perfeita não seria uma língua cujos sinais são palavras, mas uma língua cujos sinais são as próprias coisas, comum a todas as pessoas, de tal forma "que o mundo pudesse aparecer [...] como um livro escrito pelo próprio dedo de Deus" (Eco, 2018, p. 27). Na época de Santo Agostinho (354-430), o latim já havia se tornado a língua teológica do clero (Eco, 2018), assim a busca pelo hebraico como língua perfeita perde sua importância, pois, além de não ser a língua de prestígio da época, havia a desconfiança dos judeus, como já dissemos. Pensamos ser pertinente observar que o hebraico teve sua existência plena, ou seja, foi a língua falada pelo povo judeu, utilizada nas obras literárias, negociações públicas e vida religiosa, entre o ano de 1.200 a.C. até aproximadamente 130 a.C., quando foram escritos os diversos livros bíblicos (Berezin, 1977). A partir de então, o hebraico foi deixando de ser falado pelos judeus, que passaram a adotar o aramaico como idioma popular, reservando o lugar de língua da escrita e dos eruditos para o hebraico (Berezin, 1977; Pinkuss, 1963). Assim, ler em hebraico era possível apenas a uma pequena parcela da população, a elite cultural da época, e quem sabia ler em hebraico tinha o poder de interpretar as escrituras sagradas e transmiti-las ao povo. Santo Agostinho, contudo, confiava mais nas traduções latinas que nos originais em hebraico, não por uma questão de fidedignidade à Bíblia original, mas ideológica: acreditava que os judeus teriam modificado as escrituras para esconder a vinda de Cristo (Eco, 2018).

Percebemos aqui como a ideia de língua perfeita está ligada ao conceito de uma verdade metafísica essencial supra-histórica que, segundo Foucault (*apud* Candiotto, 2007), não existe: a verdade não é universal, mas produto de determinado espaço-tempo. Desse modo, não há uma verdade válida em todos os lugares e épocas, mas depende de um acontecimento para se produzir como verdade (*apud* Candiotto, 2007). Logo, entendemos que os acontecimentos políticos, como o estabelecimento e expansão de Roma, assim como o reconhecimento do cristianismo pelo Império Romano, cuja língua oficial é o latim, estabelecem uma nova verdade na busca pela língua perfeita. Segundo Küng (2002), o lema da época era "Um Deus, um imperador, um império, uma igreja, uma fé" (Küng, 2002, p. 65), e, por extensão, podemos pensar em uma verdade, uma essência, uma língua perfeita, que não mais seria a matéria linguística, mas as próprias coisas, os objetos do mundo, as criações de Deus (*apud* Eco, 2018).

O hebraico, contudo, retoma seu *status* de língua perfeita entre os séculos XVI e XVII, e, para além de sustentar a ideia de língua primordial, pretendia-se promover seu estudo e difusão. No contexto da Reforma Protestante, em que as traduções latinas da Igreja Católica eram vistas com desconfiança, retorna-se ao texto original escrito em hebraico com "a convicção de que fora escrito na única língua sagrada apta a exprimir a verdade da qual o texto é veículo" (Eco, 2018, p. 91). Do mesmo modo que Santo Agostinho desconfiava dos judeus por razões religiosas, ideológicas e políticas, também agora os protestantes desconfiam dos católicos, recusando sua mediação interpretativa da Bíblia. O poder e domínio da Igreja Católica na Europa estavam sendo abalados com os questionamentos da nobreza sobre os tributos, controlados pelo Papa, que eram obrigados a pagar, e com as críticas de Martinho Lutero à venda de indulgências, isto é, a venda do perdão divino pela Igreja (Saioneti, 2018; Küng, 2002). Por ser contra o lucro, a prosperidade e o acúmulo de capital, o catolicismo ia contra os interesses da burguesia que se consolidava. A Igreja, contudo, acumulava riquezas através das cobranças de impostos e venda de indulgências, por exemplo (Saioneti, 2018). Além disso, com o acesso aos textos bíblicos originais escritos em grego e hebraico, os pesquisadores europeus começaram a questionar as versões da Bíblia produzidas pela Igreja, o quanto haviam modificado os dogmas originais e o modo como agiam (Saioneti, 2018). Como resultado, a Reforma Protestante ocasionou a ramificação do cristianismo em diversas religiões como o luteranismo, anglicismo, calvinismo, presbiterianos, metodistas e pentecostais, enfraquecendo, assim, seu poderio no continente europeu (Saioneti, 2018).

Podemos entender assim que as reflexões em torno da língua perfeita estão atravessadas por questões de ordem política, econômica, ideológica e religiosa. A busca pela língua perfeita não pode ser compreendida descolada dos acontecimentos históricos que produzem rupturas na sociedade e fora dos jogos de força que tencionam os polos do poder. De acordo com Foucault (*apud* Giacoia, 2016), o poder não é uma substância, algo que uma pessoa tem e a outra não tem e que, portanto, pode ser roubado, tomado. O poder é algo que se exerce nas relações de dominação onde há pelo menos dois polos: o do dominante e o do dominado. O poder se exerce, sobretudo, onde há resistência, isto é, para que o dominante permaneça dominante ele precisa que o dominado permaneça dominado (*apud* Giacoia, 2016). Assim, podemos perceber os jogos de poder que disputavam a verdade sobre a língua perfeita, no espaço-tempo da Reforma Protestante, disputam também os espaços de produção de conhecimento de mundo, seja científico, político ou religioso, além dos fatores financeiros que ocasionaram a Reforma.

O retorno ao hebraico é igualmente defendido por Guilherme Postel (*apud* Eco, 2018), humanista e erudito utopista francês (1510-1581), conselheiro do rei da França, e, do mesmo modo, subjazem motivos políticos, religiosos e ideológicos na sua defesa dessa língua como a perfeita. Segundo Eco (2018), ele afirmava que a língua hebraica vem da descendência de Noé e dele derivam as línguas árabe, caldeia, hindu e, indiretamente, a língua grega. Para Postel, todas as línguas derivariam do hebraico e, portanto, seria essa língua de suma importância para a fusão entre os povos. Sonhando também com a concórdia universal, Postel (*apud* Eco, 2018) acreditava que, para se instaurar essa utopia religiosa da paz entre os povos, era necessário conhecer os problemas linguísticos. Baseando-se no critério de economia divina, isto é, se existe apenas um único gênero humano, um único Deus, também deve ter existido apenas uma única língua, que para ele seria o hebraico, a protolíngua santa (Eco, 2018). Assim, essa língua teria sido inspirada por Deus a Adão, pois, do mesmo modo que se aprende a língua materna através da voz, Deus teria educado Adão para que desse o nome apropriado às coisas (Eco, 2018). A raiz da nossa faculdade linguística estaria no Intelecto Ativo, um depósito de formas comuns a todas as pessoas (Eco, 2018). Se existe, então, um conjunto de ideias inatas comuns a todos os povos, a comunhão da língua originária se faz necessária para encontrar as propriedades essenciais de uma religião natural e "[...] para demonstrar aos seguidores das outras crenças que a mensagem cristã interpreta e realiza também as suas crenças religiosas" (Eco, 2018, p. 92). Os infiéis deveriam, portanto, aceitar as verdades cristãs como verdades universais e reconhecer seus erros; o hebraico deveria ser restituído como língua da concórdia universal que se realizaria sob a proteção do rei da França, descendente em linha direta de Noé, quem, por essa invenção retórica, poderia ser considerado rei do mundo. Assim, podemos perceber as motivações político-religiosas aflorarem das argumentações de Postel (*apud* Eco, 2018), ao afirmar, baseando-se em suas próprias suposições e elucubrações, que o rei do mundo é o rei da França, seu país natal, que o hebraico é a língua da paz universal porque é a língua que o deus da sua religião falou ao primeiro homem mítico, e que a sua religião deveria ser imposta aos outros povos porque era a religião das verdades absolutas.

O século XVII deu luz às descobertas filosófico-científicas que se baseavam na razão e desafiavam o pensamento mítico-religioso da igreja cristã, incitando o homem a pensar por si próprio. Os estados nacionais, que haviam começado a se formar durante a baixa Idade Média, buscavam se consolidar; a questão da língua perfeita passa então a servir a esse propósito: as hipóteses monogenéticas dão lugar às "hilariantes" (Eco, 2018, p. 112), hipóteses nacionalistas que buscavam afirmar a superioridade das línguas vernáculas nacionais (Eco, 2018). Diversos teóricos buscaram demonstrar que as línguas de suas nações teriam títulos de nobreza porque derivavam de alguma língua que consideravam ser a originária e, por esse motivo, poderiam ser consideradas a única língua perfeita.

Goropius Becanus (*apud* Eco, 2018) defende que o dialeto da Antuérpia, o holandês, seria a língua divina primordial porque os címbricos, ancestrais dos antuerpienses, são descendentes diretos dos filhos de Jafé, que não estavam presentes na construção da torre de Babel e tendo, por isso, escapado da *confusio linguarum*. Assim, conservariam a língua adâmica, "o que é provado por evidentes etimologias" (Eco, 2018, p. 112) e pelo holandês ter o número mais elevado de palavras monossílabas, sendo assim a língua mais rica sonoramente.

A tese flamenga defende ser o flamengo a única língua falada na origem da humanidade e que apenas ela pode ser considerada uma língua propriamente dita, ao passo que todas as outras línguas, mortas ou vivas, não passariam de dialetos da língua flamenca. Já a tese sueca defende que Deus falaria sueco e Adão dinamarquês, e a serpente que seduziu Eva falaria francês. Olaf Rudbeck (*apud* Eco, 2018) descreve a Suécia como país ideal, identificando-a com a Atlântida mítica, sendo também sede de Jafé e seus descendentes, cujo tronco linguístico e racial teriam nascido todas as linguagens góticas (Eco, 2018).

Com relação ao alemão como protolíngua, as teorias já haviam começado no século XIV. Para Lutero (*apud* Eco, 2018), a língua alemã é aquela que, dentre todas, mais próxima de Deus estaria; Georg Philipp Harsdörffer (*apud* Eco, 2018) defende que o alemão é a língua sagrada por ser aquela que melhor se aproxima dos sons da natureza; Adão teria, portanto, usado a língua alemã para nomear as coisas do mundo porque é a língua que exprime as propriedades inatas e sonoras conforme a sua natureza. Schottel também afirma ser o alemão a língua mais próxima, em sua pureza, à língua de Adão, entendendo língua como expressão do gênio de um povo (Eco, 2018). Leibniz (*apud* Eco, 2018, p. 117) defende a hipótese celto-cítica, que começara a ser levantada na Renascença, e, através da coleta de material linguístico, acredita que todo o tronco jafético, em suas origens, teve uma língua céltica comum aos alemães e gauleses. As nações teriam uma origem comum, e uma mesma língua primitiva, sendo o alemão a mais primitiva de todas. O alemão havia permanecido perfeito porque a Alemanha nunca havia sido subjugada a nenhum poder estrangeiro, enquanto os povos derrotados precisam adotar a língua e os costumes dos povos vencedores. Essas teorias nascem da necessidade, no mundo protestante alemão, de defender a língua alemã como aquela em que a bíblia luterana havia sido traduzida, uma das forças máximas que poderiam unificar a nação, sendo preciso, portanto, exaltar seu valor e libertá-la das influências estrangeiras (Eco, 2018).

Em oposição à tradição alemã, a defesa do céltico como protolíngua assume outros sentidos no ambiente britânico, em defesa da língua inglesa como a mais pura das matrizes da linguagem, a mais próxima da língua céltica primordial e universal. Rowland Jones (*apud* Eco, 2018) defende que o inglês é a mãe de todas as línguas e dialetos, desde os atlânticos até os aborígenes da Bretanha, Itália e das Gálias, e, assim como Leibniz, também apresenta provas etimológicas de sua teoria (Eco, 2018).

Nos exemplos acima citados, podemos observar que a busca pela língua originária da humanidade está relacionada a questões político-ideológicas, já que cada Estado defendia que a sua era a língua primordial e, portanto, perfeita, relacionando conhecimento de origem e poder, e buscando, através da superioridade linguística, afirmar sua supremacia cultural e política. As hipóteses nacionalistas não mais nascem da utopia religiosa de concórdia universal, mas de uma razão de Estado concreta: o problema da supremacia de uma nação sobre o continente europeu (Eco, 2018).

Contudo, a busca etimológica pela protolíngua possibilitou importantes identificações e delimitações de famílias linguísticas. Entre os séculos XVIII e XIX, começa-se a pensar que encontrar a língua originária de todas as outras seria impossível, pois as línguas já haviam sofrido muitos processos históricos de variação e corrupção [1]; logo, seria mais proveitoso tentar delinear uma tipologia das línguas que existem, a fim de encontrar suas famílias, gerações e descendências (Eco, 2018).

A redescoberta do sânscrito no Ocidente daria um novo rumo às investigações sobre as semelhanças entre línguas e seus troncos linguísticos. Apesar de desde o início das missões jesuítas na Índia as semelhanças entre as línguas europeias e o sânscrito já terem sido observadas, uma mudança de rumo nas investigações viria com o pronunciamento de Sir William Jones, na Sociedade Asiática de Calcutá, em 1786 (Nóbrega, 2020). O filólogo orientalista, um dos precursores da linguística, afirma em seu discurso que o sânscrito é uma língua mais perfeita que o grego, mais rica que o latim, e mais refinada que ambas; e que as três línguas se originaram da mesma raiz, talvez não mais existente (Eco, 2018; Nóbrega, 2020). Os estudiosos alemães Franz Bopp e Jacob Grimm "lançaram as bases que nortearam a comparação sistemática das línguas" (Martelotta *et al.*, 2017), aprofundando a relação entre o sânscrito, persa, latim, grego e alemão. A partir dos seus estudos sobre as correspondências entre os paradigmas do verbo ser em línguas diversas, descobriram que o sânscrito não havia sido a língua primordial, mas sim toda uma família de línguas, incluindo também o sânscrito, que se derivou de uma protolíngua que não mais existe, porém que pode ser idealmente reconstruída, levando assim à hipótese do indo-europeu no século XX (Eco, 2018).

A utopia religiosa da língua adâmica perfeita já não era mais algo que se buscava alcançar no século XX. Agora, a cientificidade dos critérios linguísticos para determinar as línguas originárias ocupava o lugar das explicações mítico-religiosas. Além disso, a língua originária é vista como um documento arqueológico a ser desenterrado, e o indo-europeu seu parâmetro ideal, que não pretende ser a língua originária de todas, mas o primeiro ancestral de uma única família de línguas: a ariana. Segundo Eco (2018), Olender afirma que há então uma troca de mitos: em vez do mito da primazia de uma língua originária e perfeita, surge o mito da supremacia de uma cultura e raça; "[...] contra a imagem da civilização e da língua hebraica ergue-se o fantasma da civilização e das línguas do tronco ariano" (Eco, 2018, p. 121). Seguindo essa linha, Renan (Olender, 1989; 1993 *apud* Eco, 2018), filólogo, filósofo e historiador do século XIX defendia que os idiomas semíticos, como o árabe e hebraico, eram corruptos, um exemplo de desenvolvimento interrompido; não apresentavam as marcas progressistas e evolutivas inerentes às línguas arianas e por isso não conseguiriam se regenerar. Por conseguinte, as raças semitas "não produziram nenhuma arte, comércio ou civilização verdadeira" (Armstrong, 2001, p. 138), e a sociedade islâmica, assim como as africanas, "eram mentalmente ineptas para o racionalismo científico e incapazes de conceber uma única idéia original" (Armstrong, 2001). Eco caracteriza como cômicas as proposições de Renan, que considera as línguas semitas como "incapazes de pensar a multiplicidade e renitentes à abstração" (Eco, 2018) sendo por isso a própria cultura hebraica "alheia ao pensamento científico e ao sentido de humor" (Eco, 2018). Para nós, adjetivações desse tipo são desnecessárias e podem ser consideradas ofensivas, haja vista que o nazismo utilizou as descobertas das pesquisas linguísticas sobre o indo-europeu para criar o mito da pureza e superioridade da raça ariana baseado na sua pureza e superioridade linguística, justificando assim os horrores do Holocausto (Brandão, 2015; Rajagopalan, 2003). Ademais, o racismo científico baseado em visões estereotipadas de pensadores modernos como Renan (Eco, 2018, p. 121), que consideravam as raças orientais geneticamente "falhas", justificaria políticas colonialistas de invasão dos países árabes e africanos, já que acreditavam que esses povos deveriam ser colonizados "para seu próprio bem", porque a Europa, para eles, estaria na vanguarda do progresso e seria o exemplo de desenvolvimento a ser seguido (Armstrong, 2001).

Eco (2018), contudo, observa que tais visões não são ingênuas: o mito da superioridade ariana "está urdindo desfechos políticos muito mais trágicos" (Eco, 2018, p. 121). Em uma passagem de Adolphe Pictet, reproduzida por Olender, o "grande linguista" (Eco, 2018, p. 121) explicita claramente que a raça ariana é destinada pela providência a dominar todo o mundo, por ser superior a todas as outras, pela sua inteligência e beleza de seu sangue (Eco, 2018). A língua ariana, para Pictet (*apud* Eco, 2018), traria em seu germe os impulsos para um mundo mais elevado e pensamento mais profundo. Assim, dominar outros povos seria levar-lhes as noções de uma civilização superior, a ariana (Eco, 2018). Ainda assim, Eco defende esses estudiosos do indo-europeu, afirmando que "no nível linguístico, eles tinham razão" (Eco, 2018, p. 121) e argumentando que não podemos imputar os horrores dos campos de extermínio nazistas a esses "honestos estudiosos" (Eco, 2018, p. 121).

Não pretendemos atribuir a responsabilidade da criação dos regimes totalitários aos linguistas, como se eles próprios o tivessem construído; entretanto, não concordamos que eles não tenham contribuído para legitimá-los, pois defendemos a ideia de que o discurso não é ingênuo ou inocente, mas está sempre carregado de um sentido ideológico (Bakhtin, 2006). Não podemos ler essas argumentações fortuitamente, como se tratassem única e exclusivamente de questões linguísticas que não constroem mundos e não produzem efeitos, sem relacioná-las ao caráter ideológico e vivencial inerente ao discurso (Bakhtin, 2006). Não podemos nos abster de analisar criticamente as produções de sentido e os efeitos que as teorias e pesquisas que buscaram a língua perfeita tiveram nos povos ao longo da história. Pelo que pudemos observar no livro do Eco (2018), a busca pela língua perfeita é utópica e fadada ao fracasso, porém a ideia de superioridade linguística parece ter sido bem-sucedida, já que foi utilizada como argumento para diversas políticas colonialistas, de invasão de territórios, para a imposição do cristianismo como religião verdadeira, para o domínio de povos e estabelecimento de relações de poder baseadas na perfeição, pureza, sacralidade, universalidade, efabilidade de uma língua em demérito de outras.

Portanto, a análise da defesa de uma língua perfeita em Eco (2018) evidencia a existência de discursos que são produzidos dentro de dinâmicas de poder específicas. Isso porque falar de língua e de discurso é também falar sobre um capital simbólico que se materializa e que se constrói através da linguagem. Como defende Ibrahim[28] (2005, p. 171), a "língua [...] não é apenas um meio de comunicação; já que é por e através da linguagem que se formam e se performam as identidades sociais", mas é também através dela que se negociam "história e relações sociais". Então, não se produz nenhum discurso sem que ele cause efeitos nas interações, não se produz um conceito como a "língua perfeita" sem causar certos posicionamentos dos participantes do discurso e sem ocorrer legitimação de sentidos com os quais são produzidas categorizações, que, ao invés de neutras e universais, são na verdade ideológicas e posicionadas. São essas categorizações construídas através do discurso que insistem nas divisões entre "correto" e "menos correto", entre "línguas" e "dialetos", ou entre expressão de "beleza" e "barbárie".

Considerações finais

Embora a busca pela língua perfeita nunca tenha podido provar a existência de uma língua primordial, sagrada, universal, e, portanto, perfeita,

[28] Tradução nossa. No original: "Language, therefore, is not only a medium of communication; it is also within and through language that we form and perform our social identity and negotiate history and historical social relations" (Ibrahim, 2005, p. 171).

as pesquisas e elucubrações dos diversos teóricos que tentaram alcançá-la produziram alguns frutos epistemológicos como os métodos de investigação linguística por meio da comparação entre línguas, entre outras práticas e teorias que surgem como "efeitos colaterais de uma pesquisa em torno da língua perfeita" (Eco, 2018, p. 39).

Apesar disso, constatamos que a concepção de língua perfeita está, em grande parte, fundamentada em argumentos míticos, mágicos e religiosos que serviram para justificar dominações e imposições políticas, econômicas, culturais e ideológicas. O mito babélico, como o principal tema evocado pelos defensores da língua perfeita, torna-se um dos fundamentos mais significativos: com ele, defendia-se a ideia do afastamento da língua original adâmica causada pelo afrontamento dos homens que construíram a torre. Consequentemente, a ideia da confusão das línguas relaciona-se ao pecado dos homens e ao castigo divino, e, por isso, a variação linguística seria vista como um sinal da degradação humana.

Eco (2018) apresenta-nos diversos desdobramentos que a busca da língua perfeita pela cultura europeia teve ao longo dos séculos. Nota-se que cada período histórico traz uma renovação da empreitada com uma variedade de teóricos criando justificativas próprias para defender suas teses. Por esse motivo, perguntar qual seria a língua perfeita pode gerar um número substancial de respostas, a depender da preferência político-ideológica do teórico que a defende e/ou do período que se investiga. Nossa crítica a Eco (2018) busca demonstrar que o autor raramente explicita os contextos históricos, políticos e econômicos em seu relato sobre a busca da língua perfeita na Europa e, com isso, acaba por fazer parecer que essa busca é neutra, ingênua, descolada da realidade e dos acontecimentos. Ao narrar as elucubrações de diversos pensadores sobre a língua perfeita, Eco (2018) seleciona aquilo que, para ele, lhe parece importante e pertinente, faz uma escolha. A nossa escolha, ao ler seu livro, foi a de ler nas entrelinhas do posto, percebendo de que modo as ideologias se escondiam em seu discurso.

Desse modo, buscamos demonstrar que cada período histórico, cada tensionamento nos modos de conhecer e produzir conhecimento é atrelado à ideologia dominante de cada época, e cada povo trouxe uma diferente empreitada nas concepções de língua perfeita. Procuramos mostrar que os diversos teóricos buscaram justificativas próprias, muitas delas mirabolantes, para defender a primazia de sua cultura e língua sobre as outras, quer seja por motivos políticos, ideológicos, filosóficos ou religiosos. Assim, é possível constatar que, na verdade, a busca por uma língua perfeita está embrenhada em questões de cunho político e ideológico, e acaba por legitimar ações de domínio e exploração de povos considerados menos "civilizados" ou menos "cultos".

Além disso, a defesa de ideias como "verdade universal" e "essência", apresentadas como características da língua perfeita, demonstram a imposição de um modo de pensar ocidental cristão sobre outras culturas, mesmo que sejam ofertadas como uma forma de acesso à verdade, que seria, assim, a verdade daquele grupo que a defende. Segundo essa visão, certos povos que se consideravam mais cultos ou civilizados estariam levando a sua língua e cultura para os desafortunados, e isso tornaria a colonização algo mais aceitável. O pensamento, a cultura e a língua de um povo são, então, levados aos quatro cantos do mundo, oferecidos como remédios para a confusão das línguas. Pela visão do colonizador, os povos colonizados seriam bárbaros, ou seja, seres sem uma língua, ou de uma fala balbuciante, e, portanto, seria um favor levar-lhes a abandonar sua cultura e língua por meio da assimilação da cultura e língua do colonizador.

Ainda que a utopia religiosa tenha sido substituída pela aura cientificista a partir do século XX, momento em que já não se buscava mais desenterrar uma língua originária, observa-se o surgimento de um novo pressuposto, a partir desse período o mito da supremacia cultural e racial passa a ser a principal sustentação de uma língua perfeita. Nesse contexto, notamos uma crescente preocupação em determinar critérios científicos que justificassem as escolhas dos teóricos em favor da língua do progresso e do desenvolvimento. Portanto, fica evidente, mais uma vez, que as dinâmicas de poder e o momento histórico possuem uma forte influência sobre o conceito da língua perfeita.

Entendemos que ainda persiste a ideia de uma língua perfeita que seria, na atualidade, a língua das elites culturais e classes privilegiadas de cada país, e/ou a norma-padrão da língua, ou seja, aquela que é ensinada nas escolas, catalogada nos dicionários e prescrita nas gramáticas, que se impõe como a única variante correta (Bagno, 2015). Nosso objetivo foi demonstrar de que modo a busca pela língua perfeita resultou em justificativas para o imperialismo linguístico e justificou políticas de colonização e exploração de povos que não pertenciam àqueles que dominavam ou pretendiam dominar a língua perfeita, causando uma separação entre o *Eu* e os *Outros*. Essa língua perfeita é aquela que "pertence" a determinado grupo sociocultural, pensado como superior por utilizar certa língua em determinada época; tal língua perfeita exclui outros grupos linguísticos, em geral periféricos, fora dos centros de produção do conhecimento e de poder, que utilizam outras variedades linguísticas. Assim, a busca da língua perfeita na cultura europeia relatada por Eco (2018) pode ser entendida como a busca por justificativas linguísticas para a exploração, domínio e colonização de outros povos, em nome de uma superioridade linguística que não passa na verdade de um mito.

Referências

ABBAGNANO, N. **Dicionário de Filosofia**. 5. ed. São Paulo: Martins Fontes, 2007. p. 490.

ARMSTRONG, K. **Em nome de Deus:** o fundamentalismo no judaísmo, no cristianismo e no islamismo. Companhia das Letras, 2001.

ATMORE, A. *et al.* **História do homem nos últimos dois milhões de anos**. Porto: Selecções Reader's Digest. 1978.

BAGNO, M. **Preconceito linguístico**. 56. ed. São Paulo: Parábola Editorial, 2015.

BAKHTIN, M. **Marxismo e filosofia da linguagem**. 12. ed. São Paulo: HUCITEC, 2006.

BEREZIN, R. O hebraico moderno: um estudo histórico. **Língua e Literatura**, USP, v. 6, p. 225-234, 1977.

BÍBLIA, A. T. Gênesis. *In:* BÍBLIA. Português. **Bíblia de Jerusalém:** Antigo e Novo Testamentos. Tradução de Domingos Zamagna. São Paulo: Paulus, 2002. p. 33.

BÍBLIA, A. T. João 1. *In:* BÍBLIA. Português. **Bíblia de Jerusalém:** Antigo e Novo Testamentos. Tradução de Joaquim de Arruda Zamith. São Paulo: Paulus, 2002. p. 1.884.

BÍBLIA, N. T. Gênesis. *In:* BÍBLIA. Português. **Bíblia de Jerusalém:** Antigo e Novo Testamentos. Tradução de Domingos Zamagna. São Paulo: Paulus, 2002. p. 48.

BOURDIEU, P. **A economia das trocas linguísticas**: o que falar quer dizer. 2. ed. São Paulo: EdUSP, 2008. (Clássicos; 4).

BRANDÃO, J. L. Texto 1: O que é Linguística Comparada? *In:* DUCHOWNY, Aléxia Teles *et al.* **Fundamentos de Linguística Comparada** – Apostila. Belo Horizonte. Faculdade de Letras, jan. 2015, p. 2-11.

BRITTO, L. P. L. Escola, ensino de língua, letramento e conhecimento. **Caleidoscópio**, Unisinos, v. 5, n. 1, p. 24-30, jan./abr. 2007.

CHAUÍ, M. Campos de investigação da filosofia. *In:* CHAUÍ, M. **Convite à filosofia.** São Paulo: Ática, 2000. p. 39-44.

DE MIGUEL, B. O. G. W. Leibiniz, obras filosóficas y científicas. Granada: 2016. Resenha de: LEIBNIZ, G, W. Escritos matemáticos. **Revista Dissertatio de Filosofia**, Pelotas, v. 7, n. 0, p 453-460, 2016.

ECO, U. **A busca da língua perfeita na cultura europeia**. São Paulo: EdUnesp, 2018.

EFFABLE. *In:* Oxford English Dictionay. Oxford: Oxford University press, 2020. Disponível em: https://www.lexico.com/definition/effable. Acesso em: 25 nov. 2020.

FOUCAULT, M. Nietzsche, a genealogia e a história. *In:* **Vozes**. Microfísica do poder. Organizado por Roberto Machado. Rio de Janeiro: Graal, 1979.

QUEM SOMOS NÓS? **Michel Foucault por Oswald Giacoia.** São Paulo: QUEM SOMOS NÓS? 2016 1 vídeo (1h35). Disponível em: https://www.youtube.com/watch?v=5XcxVHo4ozc. Acesso em: 22 jan. 2021.

GODOY, A. S. M. O esperanto jurídico, a utopia da língua normativa universal perfeita e o relativismo do direito. **Direito, Estado e Sociedade**, São Paulo, n. 41, p. 52-63, jul/dez. 2012.

IBRAHIM, A. K. M. Whassup, homeboy? Joining the African diaspora: black English as symbolic site of identification and language learning. *In:* MAKONI, S. *et al.* (ed.). **Language, society, and politics in Africa and the Americas**. 2. ed. Nova Iorque: Routledge, 2005, p. 171.

IRENISMO. *In:* Dicionário Priberam da Língua Portuguesa [em linha]. Porto: Priberam2020. Disponível em: https://dicionario.priberam.org/irenismo. Acesso em: 31 jan. 2021.

KÜNG, H. **A Igreja Católica**. Rio de Janeiro: Objetiva, 2002.

MARCONDES, D. **Iniciação à história da Filosofia**: dos Pré-Socráticos a Wittgenstein. 13 ed. Rio de Janeiro: Zahar, 1997.

MARTELOTTA, M. E. *et al.* **Manual de Linguística**. 2. ed. São Paulo: Contexto, 2017.

NÓBREGA, R. F. A questão das origens das línguas germânicas na história dos estudos da linguagem. **Estudos Linguísticos,** v. 49, n. 2, p. 938-963, jun. 2020.

PENNYCOOK, A. **English and the discourses of colonialism**. Londres: Routledge, 1998.

PINKUSS, F. A Evolução Linguística do Hebraico. **ALFA:** Revista de Linguística, v. 4, p. 167-172, 1963. Disponível em: https://periodicos.fclar.unesp.br/alfa/article/view/3223. Acesso em: 20 jan. 2021

RAJAGOPLAN, K. **Por uma linguística crítica**: linguagem, identidade e a questão ética. São Paulo: Parábola Editorial, 2003.

ROSA, D. A. D. da. Perspectivas sobre memória social. **Psicanálise & Barroco em revista**, Rio de Janeiro, v. 12, n. 2, p. 123-137, dez. 2014.

ROSSI, P. Línguas artificiais, classificações, nomenclaturas. *In:* ROSSI, P. **A ciência e a filosofia dos modernos**: aspectos da revolução científica. São Paulo: EdUnesp Fundação, 1992. p. 299.

SAIONETI, L. **O que foi a Reforma Protestante?** Ruptura da Igreja aconteceu meio século atrás. Super Interessante. Disponível em:https://super.abril.com.br/mundo-estranho/o-que-foi-a-reforma-protestante/. Acesso em: 21 jan. 2021.

SANGENIS, L. F. C. O Franciscano e o Jesuíta: tradições da educação brasileira. **Educação e realidade**, Rio de Janeiro, v. 43, n. 2, p. 691-709, abr/jun. 2018.

SAUSSURE, F. Estruturalismo. *In:* SAUSSURE, F. **Curso de Lingüística Geral**. São Paulo: Cultrix, 1972.

USOS E REPRESENTAÇÕES DA *LENGUAJE SOEZ* COMO SUPORTE NO ENSINO DE ESPANHOL

Wellington Pedro da Silva
Lorena Farias Torres

Introdução

Este estudo direciona seu olhar para os usos e representações sociais da *lenguaje soez* no processo de ensino e aprendizagem da língua espanhola para falantes nativos da língua portuguesa e, apoiados em estudos etimológicos, aponta processos evolutivos dos significados de algumas palavras e seus usos contextualizados social e temporalmente.

Nos últimos anos, a língua espanhola e seus processos de ensino e aprendizagem ganharam visibilidade e ações de fortalecimento, o que apontamos como uma constante expansão do ensino dessa língua no território nacional brasileiro. No entanto, a Lei nº 13.415/2017, conhecida como Lei do Novo Ensino Médio, em seu artigo 35-A, irá definir os direitos e objetivos da aprendizagem do Ensino Médio, e o parágrafo 4º irá propor o ensino da língua espanhola como componente de caráter, preferencialmente, optativo. Ainda é incipiente apontar os impactos dessa nova lei nos avanços dos últimos anos em relação à língua espanhola e seus processos de ensino e aprendizagem. Acreditamos que a realização desse trabalho poderá contribuir no processo de consolidação da formação de estudantes de espanhol, uma vez que, ao estudar as *malas palabras* como um fenômeno social, colocamo-las nas discussões do ensino de línguas, de modo que se leve em consideração a diversidade cultural dos países que falam espanhol, bem como da própria língua materna do estudante.

O estudo é relevante uma vez que propõe servir de suporte ao processo de ensino e aprendizagem da língua espanhola na formação de alunos da licenciatura em Letras Espanhol. Por meio de sua realização, busca-se contribuir para a ampliação de estudos a respeito das palavras *soeces* e seus usos, o que, por diversos fatores, ainda é pouco estudado. Além de contribuir no processo de ampliação lexical do próprio professor e possibilitar que ele trabalhe a estrutura da língua bem como seu processo evolutivo. Em alguns momentos, usaremos a escrita com uso na primeira pessoa do singular, não com propriedades intelectuais, mas a fim de demarcarmos, politicamente, nosso lugar discursivo. No entanto, na nossa escrita, o sujeito passa da primeira pessoa do singular para a primeira do plural, pois é um texto com múltiplas vozes e olhares, fruto da interação entre sujeitos e saberes.

Eu, Lorena, quando optei em cursar uma licenciatura, pude perceber a existência, entre os alunos, de preconceitos com a escolha profissional relacionada à área da Educação. Esse processo se tornou mais evidente quando minha escolha foi a Licenciatura em Letras – Espanhol. A oferta do estudo acadêmico do espanhol, as licenciaturas, por muito tempo foi escassa; embora tenhamos alguns avanços, muito ainda precisa ser feito, cultural e historicamente. O Brasil é visto, por muitos brasileiros, leigos ou acadêmicos, como uma ilha, metaforicamente falando, na América Latina. Por algum tempo tentei ingressar na Universidade de Brasília (UnB); os Institutos Federais em Brasília ainda são recentes e não tinham grande impacto nas escolhas de formação acadêmica. Foi então que, pelo processo de seleção ofertado pelo Sisu – Sistema de Seleção Unificada –, que é um sistema informatizado em que as instituições públicas oferecem vagas aos candidatos que participaram do Exame Nacional do Ensino Médio (Enem), em 2014, entrei no Instituto Federal de Brasília (IFB), integrando a segunda turma de Licenciatura em Letras, com habilitação em Espanhol.

Esse percurso que me levou à escolha do estudo do espanhol como formação superior permitiu o conhecimento da riqueza cultural existente nos países de *habla* espanhola e, em um intercâmbio cultural para o Chile, pude obter contato com as singularidades do ensino do espanhol e da forma oral utilizada no país. Os próprios falantes nativos intitulam o espanhol do Chile como *chileno*, ou mesmo *chilenismo*; foi por meio dos primeiros contatos nas aulas de idiomas, na cidade de Santiago, que percebi essas singularidades. O livro didático utilizado era da Espanha; entretanto, a forma falada era distinta da que se aprende nas escolas de idiomas e até mesmo nas escolas regulares, mesmo que o espanhol de referência dos materiais didáticos seja um espanhol europeizado.

Algumas expressões me chamaram a atenção, a exemplo da forma *coger*, que significa *pegar algo*, que não é utilizada pelos chilenos, pois é considerada uma palavra *soez*; como *follar* para os espanhóis. Em seu lugar, eles utilizam a palavra *tomar*, que também muda de significado dependendo do contexto cultural ou social em que ela é empregada. Foi a partir dessas observações que desenvolvi os primeiros questionamentos que culminaram na realização desta pesquisa e na percepção de que a depender da área abordada, as palavras *soeces* muitas vezes são vulgarizadas nos estudos etimológicos e, por consequência, são desconsideradas no processo de ensino e aprendizagem da língua espanhola. Entretanto, segundo Ortega (2015, p. 10), "As palavras não são boas nem ruins. São somente palavras. E é surpreendente que, por não saber que tipo de pudor, os especialistas não estudaram sistematicamente esse tipo de vocabulário" (Tradução nossa)[29].

Na licenciatura em Letras Espanhol, do IFB, *campus* Ceilândia, tive contato com o Grupo de Estudos e Pesquisas em organização do Trabalho Pedagógico e Formação docente (Gefor), onde, juntamente com o docente Wellington Pedro, foi possível estabelecer os caminhos do ensino de língua espanhol no Brasil, dos quais apresentamos alguns apontamentos na próxima seção.

A expansão do ensino da língua espanhola no Brasil

A Lei nº 11.161/2005, conhecida como Lei do Espanhol, que foi decretada pelo Congresso Nacional e sancionada em agosto de 2005 pelo então presidente Luiz Inácio Lula da Silva, foi um grande avanço nos estudos da língua espanhola para os brasileiros, uma vez que, no art. 1º, consta que "o ensino da língua espanhola, de oferta obrigatória pela escola e de matrícula facultativa para o aluno, será implantado, gradativamente, nos currículos plenos do Ensino Médio". A proposta rompe com um processo histórico de exclusão do ensino de língua espanhola no Brasil, reafirmando o direito ao pluriculturalismo e multilinguismo nas instituições de ensino, além de proporcionar a criação e a distribuição de materiais didáticos na área e o fácil acesso, como a formação acadêmica de profissionais para atuarem no seguimento.

Os Parâmetros Curriculares Nacionais (PCN), de 1998, apontam a importância do ensino da língua estrangeira nas séries iniciais do ensino fundamental como uma forma de aumentar o conhecimento semântico, sociocultural e textual desses alunos, além de formá-los como cidadãos do mundo. Neles, são abordadas duas questões como de grande importância para essa formação: 1) a sociointeracional da linguagem que "indica que, ao se engajarem no discurso, as pessoas consideram aqueles a quem se dirigem ou quem se dirigiu a elas na construção do social do significado"

[29] Las palabras no son ni "buenas" ni "malas". Solo son palabras. Y sorprende que, por no se sabe qué incomprensible pudor, los especialistas no hayan estudiado este tipo de vocablos sistemáticamente.

(Brasil, 1998, p. 15), ou seja, para que ocorra essa interação, é importante o conhecimento do indivíduo na cultura e na história, que são de suma importância para desenvolver a consciência crítica e social usada pela língua estrangeira estudada; 2) a sociointeracional da aprendizagem, que está presente na construção do conhecimento, em que o conhecimento cognitivo é partilhado juntamente com os demais estudantes, construindo, assim, o uso gramatical e oral da língua estudada.

O papel dessas línguas é considerado uma forma de interação econômica, e, ao que se refere à língua espanhola, a participação do Brasil nas nações que integram o Mercado Comum do Sul, o Mercosul, "que apesar da proximidade geográfica com países de fala espanhola, se mantinha impermeável à penetração do espanhol" (Brasil, 1998, p. 23).

No entanto, a entrada da língua espanhola na grade curricular do Ensino Médio se deu no ano de 2000, com as novas diretrizes registradas na Lei de Diretrizes e Bases da Educação Nacional nº 9.394/1996 e no regimento dos PCN nos últimos anos do Ensino Médio, que mantêm a ideia de preservar as manifestações da linguagem, obter conhecimento do mundo e aprender a socializar nacional e internacionalmente para o constante processo de formação do ser humano e do cidadão crítico, capaz de vivenciar experiências sociais que envolvam os usos das práticas da leitura e da escrita. O estudo de línguas estrangeiras torna-se um instrumento para a obtenção de conhecimento da diversidade cultural de outras línguas. Entretanto, o estudo da língua espanhola sempre foi inserido em caráter optativo, juntamente aos interesses da sociedade e à realidade curricular da comunidade.

Na medida em que os estudos das línguas foram sendo inseridos no currículo acadêmico do Ensino Médio, o Plano Nacional do Livro Didático (PNLD), em sua Resolução CD/FNDE nº 60/2009, incluiu os livros didáticos de língua estrangeira para os alunos de 6º e 9º ano, com a opção de se utilizar o livro de espanhol ou de inglês, de acordo com a oferta da língua na escola; já para os alunos de Ensino Médio, são disponibilizados os dois livros, espanhol e inglês, como livros de volume único e consumível. A escolha dos livros fica a cargo do professor de cada área ofertada, desde que estejam no banco de oferta do PNLD.

Depois dessa crescente expansão do ensino da língua espanhola no Brasil, um decreto do Congresso Nacional, sancionado pelo então presidente Michel Temer, a Lei nº 13.415/2017, altera a Lei n. 9.394/1996, que estabelece as diretrizes e bases da educação nacional, e revoga a Lei n. 11.161/2005, que regulamenta o ensino obrigatório da língua espanhola nas escolas de Ensino Médio, retomando o ensino da língua espanhola como componente optativo: No Art. 26, "os currículos do Ensino Médio incluirão, obrigatoriamente, o estudo da língua inglesa e poderão ofertar outras línguas estrangeiras, em caráter optativo, preferencialmente o espanhol, de acordo com a disponibilidade de oferta, locais e horários definidos".

Mesmo diante da realidade educacional do Brasil, e da dificuldade ainda existente em relação ao ensino das línguas estrangeiras, é importante voltarmos os olhos para a crescente utilização da língua espanhola no mundo globalizado, que já se tornou a segunda língua mais falada, apenas atrás do inglês, incluindo-se os falantes nativos ou os que optaram por ela como segunda língua, segundo o Fundo Nacional de Desenvolvimento da Educação "atualmente, esses valores são de até 4005 e 500 milhões de pessoas, respectivamente. O espanhol é o segundo idioma mais falado no mundo, depois do mandarim". Devido a essa realidade, temos um fator já citado anteriormente, que é o geográfico, uma vez que somos o único país da América Latina que não fala espanhol, e dada a importância política e econômica, além da social, somos também o único lusófono do Mercosul.

Essa crescente expansão da língua nos remete à importância da valorização da cultura e da sua diversidade e nos mostra a pluralidade da língua estudada nesta pesquisa, que abarca especificamente a etimologia das palavras originárias da antiga Pompeia, que fazem parte da realidade linguística de muitas línguas que conhecemos, e que podem ser usadas no processo de ensino da língua, que segundo Ortega (2014, p. 118), "o fato dessas palavras serem ditas por pessoas vulgares (comuns), não significa que seu estudo seja vulgar. Pelo contrário: deve ser ainda mais minucioso, se for o caso" (Tradução nossa[30]).

O objetivo central deste estudo é abordar os usos e representações, no contexto comunicacional da língua espanhola, no que diz respeito à utilização, ou não, das chamadas *malas palabras* no suporte ao processo de ensino da língua espanhola, por considerarmos uma relação intrínseca entre linguagem e sociedade. Nesse sentido, apresentamos uma breve discussão da *lenguaje soez* como um fenômeno social da língua.

---

[30] [...] el hecho de que estas palabras sean dichas por gente vulgar (común), no significa que su estudio sea vulgar. Al contrario: debería ser aún más completo, si ese es el caso.

Lenguaje soez: usos e marcas sociais

O termo *malas palabras* faz referência ao que conhecemos como expressões que são consideradas, pela comunidade falante que as usam, como inapropriadas e antinormativas, conforme as regras sociais dos sujeitos. No entanto, o que para um grupo social é considerado como uma ofensa, para determinados grupos poderá ser utilizado até enquanto traços sociais identitários. Para María Cecilia Ainciburu (2004, p. 103):

> Em todas as línguas conhecidas existem insultos e palavras consideradas feias, como xingamentos (que nem sempre são insultos). Suas origens acompanham a própria gênese das línguas e da natureza dos falantes, que encontram nelas uma das formas mais primitivas de se referir a certas realidades do mundo que as rodeia. Tais expressões são uma manifestação explícita de carga agressiva e geralmente se apresentam como uma forma de resposta imediata a algo doloroso do ponto de vista físico ou emocional, ou como resultado de uma situação frustrante. Do ponto de vista psicológico, proferir uma palavra ruim ou um insulto, além dos sentimentos de culpa que possa gerar, produz um sentimento de alívio.

A carga intencional do uso de uma palavra *soez* estará relacionada com o contexto cultural a qual está inserida, com algumas crenças e com os grupos sociais que as utilizam. Desse modo, podemos dizer que a definição do uso de uma palavra como espécie de insulto será um processo de construção histórica e social, ou seja, as mudanças culturais e sociais que ocorrem com o passar dos anos, o surgimento das novas gerações e as mudanças de contexto, acarretarão a ressignificação de algumas palavras, a exemplo da palavra em espanhol *cagón*, que, na antiga Pompeia, dizia respeito de alguém que defecava muito, mas, nos dias atuais, é uma forma utilizada por falantes da língua espanhola para falar de alguém que tem medo. Dessa forma, nem sempre uma expressão utilizada como *palabrota* continuará empregada com o sentido conotativo, algumas palavras e expressões sofreram e sofrem mudanças de significados no seu processo de evolução histórica e cultural.

Dentro do universo da chamada linguagem feia, existem diversas maneiras de nominá-las; elegemos o termo *lenguaje soez* para fazer referência às variações representadas, tais como *palabrotas*, *tacos*, *palabras tabúes*, *maldecir* e *palabras y expresiones malsonantes*. No caso das palavras *soeces*, elas irão fazer parte de campos semânticos distintos, e seus referentes podem ser configurados como objetos ou entidades de campos específicos do universo cultural de uma língua.

A atitude do falante da língua ou a relação estabelecida com ela não será emocionalmente neutra, imperando um sentimento de sagrado, no caso de religiões, ou de proibido, os casos mais frequentes, ou até mesmo um sentimento qualquer de desagrado. Para Bakhtin (1981), as relações entre linguagem e sociedade são indissociáveis. Segundo o autor, as diferentes esferas da atividade humana, entendidas como domínios ideológicos (jurídico, religioso, educacional, jornalístico) dialogam entre si e produzem, em cada esfera, formas *relativamente estáveis* de enunciados dos gêneros discursivos. Desse modo, a linguagem é um fenômeno social, histórico e ideológico. Nessa perspectiva, irá possibilitar a construção social da realidade e a interação entre sujeitos.

O autor fala de três esferas da realidade: a física, a fisiológica e a psicológica e, segundo ele, mesmo procedendo de tal maneira, ainda não teremos encontrado a linguagem como objeto específico. Segundo Bakhtin (1981, p. 72), "para observar o fenômeno da linguagem, é preciso situar os sujeitos – emissor e receptor do som –, bem como o próprio som, no meio social". O indivíduo tem sua consciência individual formada por esses mesmos signos e ideologias enquanto estabelece os diversos sentidos ideológicos da palavra. A unicidade do meio social e a do contexto social imediato são condições para que o complexo abordado por Bakhtin (físico-psíquico-fisiológico) possa ser vinculado à língua e à fala e tornar-se um fato linguístico.

Com os usos sociais das *palabrotas*, na perspectiva da unicidade do meio social proposta por Bakhtin (2006), também apontamos uma distinção de gênero, entendendo gênero como algo mais amplo em sua definição, mas, para fins desta pesquisa, uma vez que não propomos uma discussão teórica de gênero, utilizamos o termo para falar das construções sociais de homens e mulheres. Assim sendo, homens e mulheres não irão utilizar as mesmas *malas palabras* nos contextos sociais de fala que são aplicadas, como, por exemplo, a palavra em espanhol *boludo*, que os argentinos ou chilenos utilizam para expressar euforia ou enfado sobre um homem; entretanto, a origem da palavra é "bola" e não faz nenhuma referência a genitália masculina.

Ainda sobre a diferenciação de gêneros, temos a origem das palavras *coño* e *hímen*, ambas fazem referência ao órgão feminino; contudo, a origem da palavra *hímen* é um vocativo ao deus do matrimônio Himeneo, e *coño*, do latim *cunnilingus*, que significa ser um deslinguado, sem língua. Em todas as línguas, existem expressões com o intuito de proferir insultos e que a própria pragmática da língua dará sentido ao termo utilizado. Para os falantes de qualquer idioma, os significados de algumas palavras certamente não são desconhecidos. Ao empregarem tais palavras, podem atribuir ao vocábulo o sentido proposto para o seu uso social.

Provavelmente, esse mesmo falante não tem conhecimento da origem e evolução dessa palavra; a exemplo disso, temos a origem e o uso atual das palavras *carajo*, que antigamente era utilizada para denominar a verga, na embarcação, onde os piratas ficavam para obter uma melhor vista de terra; entretanto, devido às más condições de tempo e estrutura, os piratas não gostavam de ficar com tal responsabilidade; e *bacanal* era o termo para uma festa em homenagem ao deus *Bacco*, assim como as festas dionisíacas.

Em cada língua, a *lenguaje soez*, palavrões, insultos e grosserias, têm uma carga semântica única, de modo que se faz necessária a aplicação emocional para que ela tenha o efeito desejado, seja de enfado, irritação, exagero; e seu uso somente atingirá o real sentido para seus falantes. Não será apenas a intenção que irá definir um termo como um palavrão, mas também a reação do destinatário. O que para um emissor poderá não parecer ou ter a intenção de um insulto, para o receptor o efeito poderá ser contrário. É o que ocorre com as palavras citadas anteriormente, dependendo do contexto a abreviação de *carajo* em espanhol, *caray*, é utilizada como expressão ou eufemismo que equivale à palavra *caramba* em português. Mas é importante ressaltar que existe uma tradução literal para *carajo* em português, *caralho*; entretanto, ela é malvista na maioria dos contextos em que possa ser empregada, pois pode causar incômodo ao receptor. O que pode diferir e ressignificar uma palavra é a sua inclusão no dicionário.

Nesse sentido, apresentamos, na seção seguinte, os pressupostos teóricos que alicerçam o desenvolvimento desta pesquisa.

A linguagem como interação social: revisitando teorias

A realização desta pesquisa tem como aporte teórico as reflexões desenvolvidas por Benveniste (1995, 1989) e Bakhtin (2003, 2006), por meio da teoria da enunciação, na qual os autores propõem uma noção de linguagem que considera os aspectos intersubjetivos do enunciado para refletirmos acerca do uso e da representação das palavras *soeces*, Buscou-se, a partir do contexto social e cultural dessas palavras, avaliar tais aspectos no processo da enunciação de estudantes da Licenciatura em Letras Espanhol.

Ao optarmos pelo estudo das palavras *soeces*, sob a teoria dos estudos enunciativos, fazemo-lo sob uma perspectiva que possibilite uma maior e melhor compreensão sobre sua natureza e assim contribua para ampliar o estudo da evolução das palavras e das palavras *soeces*, em seu uso social, cultural e histórico, e que possa servir como suporte no processo de ensino/aprendizagem da língua espanhola.

Esse processo evolutivo se dá pelo estudo etimológico das palavras que nos leva às suas origens e transformações com o passar dos anos, cuja inclusão ou exclusão de determinadas palavras ao léxico foram e são subestimadas quanto ao seu nível de importância no processo comunicacional de um estudante de língua estrangeira, no caso do nosso objeto de estudo, o espanhol. As palavras *soeces* fazem parte da linguagem de cada cultura, podem ser utilizadas como instrumento de admiração, para expressar lástima ou exagero, além do seu significado malsoante.

É possível perceber tais mudanças a partir do significado léxico da palavra, ou seja, a sua origem, que nesse caso vem do latim, e sua colocação no contexto social, que diante das pesquisas de Ortega (2015) sobre a etimologia das palavras *soeces*, tem como principal centro lexicológico a devastada cidade de Pompeia, o que nos leva a entender tais origens e os caminhos que as palavras percorrem, até a sua ressignificação no contexto atual. Ortega (2015) aponta que o estudo dessas palavras é tão importante, ou mais, quanto o das palavras que são tidas como pertencentes ao contexto culto e ou da língua padrão. Sua importância pode ser mensurada pela força do significado, da entonação e do contexto em que, geralmente, é empregada, além de sua localização geográfica.

A formulação da teoria da enunciação de Benveniste está descrita em um conjunto de textos escritos entre os anos 1930 e 1970, que teorizam e analisam "a marca do homem na linguagem". No capítulo *O aparelho formal da enunciação*, Benveniste (1989, p. 81-82) diferencia o emprego das formas e o emprego da língua. Para o autor, as condições de emprego das formas e as condições de emprego da língua constituem dois mundos, duas maneiras de descrição e interpretação.

No emprego das formas, uma parte necessária de toda descrição linguística deu lugar a muitos modelos, "tão variados quanto os tipos linguísticos dos quais eles procedem" (Benveniste, 1989, p. 82). Já no emprego da língua, Benveniste afirma tratar-se de um mecanismo que a afeta inteiramente, onde "a enunciação é este colocar em funcionamento a língua por um ato individual de utilização" (Benveniste, 1989, p. 82), sendo o discurso uma manifestação da enunciação. Tal distinção é fundamental para que possamos visualizar a crítica que o autor desenvolve sobre o estruturalismo, assim como o foco central que rege os estudos sobre a enunciação, ou seja, a expressão da subjetividade na linguagem.

Desse modo, a enunciação é vista como um processo de utilização da língua e não como seu produto, sendo percebida, principalmente, pela realização vocal da língua que procede de atos individuais; pelo mecanismo dessa produção, isto é, a própria enunciação, em que ocorre a conversão individual da língua em discurso e, por fim, a enunciação que se realiza em um aparelho formal a partir da enunciação na figura do EU e do TU e a não pessoa (ELE), objeto da interação entre locutor e interlocutor. Benveniste (1989, p. 83) procura "esboçar, no interior da língua, os caracteres formais da enunciação a partir da manifestação individual que ela atualiza".

Será na enunciação que a língua se encontrará empregada para a expressão de certa relação com o mundo, uma necessidade de o locutor se referir pelo discurso, "e, para o locutor, a necessidade de co-referir identicamente, no consenso pragmático que faz de cada locutor um co-locutor" (Benveniste, 1989, p. 84). Dessa forma, a acentuação da relação discursiva irá caracterizar a enunciação, uma vez que o locutor, ao enunciar, instaura o alocutário.

Nesse sentido, ao pensarmos as *palabrotas*, para Hernández (2014, p. 29):

> [...] um insulto é, em primeira instância, uma expressão com a intenção de causar dano a imagem positiva do interlocutor; para realizar este dano, o falante seleciona determinadas palavras cujo campo semântico remete a representações e sentidos que possam denegrir de acordo as normas de cortesia e de descortesia do grupo em questão. Mas nesse ponto, é necessário retomar as contribuições de Mateo e Yus (2013): não é só a intenção do falante que define o insulto, mas também a reação do destinatário. Assim, podem ocorrer diferentes situações que outorgam nuances a definição inicial: por exemplo, pode acontecer que o emissor não tenha a intenção de insultar, mas o destinatário pode ter uma reação agressiva ao se sentir insultado; ou ainda mais pode ser que o emissor profira um insulto, mas o destinatário não se sinta atacado pelo mesmo. (Tradução nossa).[31]

[31] [...]un insulto es, en primera instancia, una expresión proferida con la intención de dañar la imagen positiva del interlocutor; para realizar este daño, el hablante selecciona determinadas palabras cuyo campo semántico

O diálogo constitui um elemento da comunicação verbal, sendo orientado em função das intervenções anteriores na mesma esfera de atividade. Podemos concluir que a preocupação central abordada na teoria da enunciação de Bakhtin encontra-se nos indivíduos. Para a perspectiva bakhtiniana, o enunciado é considerado como unidade da comunicação verbal, possui uma estrutura própria e particular, e que pode ser definida, basicamente, nas características marcantes de relação com o autor e com os outros parceiros discursivos.

Elegemos como referencial, na composição de nosso quadro teórico, os estudos realizados por Benveniste (1995; 1989) e Bakhtin (2003; 2006) no campo dos estudos da teoria da enunciação. Entre outras referências conceituais, apropriamo-nos dos trabalhos de Hernández (2014) e Ainciburu (2004), que apresentam estudos sobre as palavras *soeces*. Artigos e revistas eletrônicas de autores e linguistas como Guerrero (2012), que exemplificam o uso das *palabrotas* nos diversos contextos sociais e culturais. "Hoje é quase uma questão de identidade política falar palavrões e gírias, e até os acadêmicos fazem em suas colunas para a imprensa, e assim as pessoas pensam: Se um acadêmico faz, por que não eu?", indica Guerrero, de acordo com o artigo *¿Somos mal hablados?*, da revista eletrônica *La Vangardia*.

Apoiamos a pesquisa na origem etimológica das palavras, bem como o surgimento de algumas palavras consideradas *soeces* desde o teatro grego, o qual usamos como base as pesquisas de Ortega, em seus livros *Palabralogía* (2014) e *Palabrotalogía* (2015). Também nos apropriarmos de estudos etimológicos de autores da Real Académia Española; pesquisadores e professores que se apropriaram do mesmo conceito a respeito do estudo das palavras *soeces*, passando pela história, pela cultura e pelo estudo diacrônico das palavras em contexto social específico.

Percurso metodológico

Metodologicamente, a pesquisa busca dialogar com os estudos da teoria da enunciação e com os estudos etimológicos voltados para os usos sociais das *palabras soeces*, no que diz respeito à diversidade cultural e à língua

remite a representaciones y sentidos denigrantes de acuerdo a las normas de cortesía y descortesía del grupo en cuestión. Pero en este punto, es necesario retomar los aportes de Mateo y Yus (2013): no es solo la intención del hablante lo que define al insulto, sino también la reacción del destinatario. Así, pueden ocurrir diferentes situaciones que otorgan matices a la definición inicial: por ejemplo, puede suceder que el emisor no tenga la intención de insultar, pero que el destinatario reaccione agresivamente al sentirse insultado; o aún más, puede ser que el emisor profiera un insulto pero que el destinatario no reaccione al no sentirse atacado por el mismo.

como identidade de um povo no processo de ensino da língua espanhola. Os métodos utilizados buscam explorar diferentes percepções por meio dos estudantes de espanhol em seu processo de ensino e aprendizagem do idioma.

A utilização de diferentes métodos justifica-se na exploração de diferentes dimensões dos usos das *palabras soeces* e o ensino do espanhol, objeto de análise dessa pesquisa. Dentro deste leque de possibilidades que abordamos, configura-se como objetivo principal desta pesquisa a análise dos usos e representações sociais das palavras *soeces* como suporte ao processo de ensino e aprendizagem da língua espanhola. Assim, buscamos compreender alguns processos, com base na etimologia, evolução das palavras, bem como de suas transformações sociais. Ainda figurou como objetivo da pesquisa contribuir com o campo dos estudos da língua espanhola ao propormos um trabalho que busca direções não convencionais para o suporte no processo de ensino/aprendizagem do espanhol como língua estrangeira, mas que considere seus aspectos sociais e culturais ao entendermos que o uso das *palabrotas* não pode ser entendido como algo proibido, mas que apresenta singularidades que são responsáveis por alguns traços identitários dos falantes assim como ocorre com outros idiomas que estudamos.

As *palabrotas* foram abordadas como fator social de construção identitária, tendo como foco os contextos e usos sociais e o estudo dos palavrões na língua portuguesa com o intuito de identificarmos os processos pelos quais as palavras que desempenham outros sentidos na língua materna se diferem na língua estudada.

As hipóteses para a realização desta pesquisa foram formuladas em um processo de estreita relação entre a teoria enunciativa, os estudos etimológicos e o que já foi desenvolvido com os usos das palavras *soeces*, uma vez que encontrar estudos e referências teóricas da temática foi um dos maiores desafios desta pesquisa. Os caminhos apontam para que o que é definido como uma *mala palabra* não está diretamente relacionada com o conteúdo ofensivo do enunciado e nem com a intenção do falante, mas o que irá defini-las será o contexto em que são utilizadas e a relação estabelecida entre os falantes.

Nosso objetivo principal com a realização desta pesquisa foi o de apontar os usos de *palabrotas* como suporte para o ensino de espanhol para estudantes da língua. Assim, optamos por realizar, em um primeiro momento, um levantamento teórico/bibliográfico que nos possibilitou, por meio da teoria da enunciação, identificar os usos sociais das chamadas palavras *soeces*, seus contextos e, apoiados nos estudos etimológicos, identificar as transformações sofridas por palavras e expressões que em determinado momento eram consideradas como *palabrotas* e em outros não, ou até mesmo o contrário.

Uma das maiores dificuldades para a realização desta pesquisa, como foi mencionado anteriormente, esteve em encontrar material de estudo referente às palavras *soeces*, embora seu uso seja algo muito presente na língua oral, ainda são poucos os trabalhos sobre a temática. O ideal seria realizar entrevistas com nativos da língua espanhola para identificarmos seus usos sociais; no entanto, pela impossibilidade de abarcar um universo tão vasto, optamos por fazer uma seleção inicial, por meio de filmes, livros literários, materiais didáticos, que apresentem essas expressões.

Após a seleção das palavras e sua análise, no que diz respeito ao uso social, sob a ótica da teoria da enunciação, foi elaborada uma oficina que abordou os aspectos sociais e culturais das *palabrotas*. A oficina foi realizada no segundo semestre de 2017, com os alunos da Licenciatura em Letras Espanhol, do IFB *campus* Ceilândia, como uma forma de suporte metodológico no processo de formação de futuros profissionais da área do ensino-aprendizagem da língua espanhola.

Esse estudo não objetivou abarcar, em seu desenvolvimento, todo o processo evolutivo das *palavras soeces*, mas selecionou, por meio da frequência de uso, algumas palavras mais representativas. As escolhas se deram, também, com base em palavras que são utilizadas pelos falantes da língua portuguesa e que carregam a mesma carga semântica, no intuito de, ao desenvolvermos a oficina, servir como metodologia de aproximação dos participantes e uma forma de iniciar uma discussão sobre o que conhecem da própria língua, além de despertar o interesse no estudo evolutivo de outras palavras. Tais procedimentos nos permitiram alcançar o objetivo principal desta pesquisa no que diz respeito aos usos e representações sociais das palavras *soeces*.

A oficina realizada com os alunos da Licenciatura em Letras Espanhol e futuros profissionais da área foi pensada no intuito de colocar em prática as possibilidades dos usos sociais das *palabrotas* e apresentar aos alunos as diversas possibilidades de uso como apoio didático e de abordagem a respeito da cultura e da pluralidade da língua espanhola. Apresentamos aos alunos a estrutura da oficina, mas não explicitamos inicialmente que seriam abordadas as palavras *soeces*. Foram entregues, com base no livro *Palabrotología*, de Virgilio Ortega, doze exemplos de *palabrotas* e frases com aplicações dessas palavras.

No decorrer da oficina, foi solicitado aos alunos que construíssem enunciados com as palavras entregues, conforme considerassem sua aplicação; depois, foi apresentado o significado primitivo dessas palavras, sua etimologia e aplicação contextual em determinadas regiões de fala hispânica. A oficina foi concluída com uma breve apresentação do percurso metodológico e didático, citando exemplos em que tais palavras poderiam ser aplicadas. Em seguida enfatizamos a importância de conhecer sua origem e as transformações ao longo da história até chegarem à utilização vulgarizada ou não.

Além da oficina como metodologia de geração de dados, utilizamos a aplicação de um questionário, conforme quadro abaixo:

Quadro 1 – Questionário aplicado aos alunos do IFB em formação docente

Com relação às *palabrotas*, como você se identifica pessoalmente e profissionalmente? Aplicaria essa didática aos seus alunos e em quais situações?
Você acredita que seja possível trabalhar quais estruturas da língua por meio do uso da *linguagem soez* e *las palabrotas*? De que maneira?
Como professor, após o tema e a didática, utilizada na pesquisa, esse seria um meio que utilizaria para chamar a atenção dos seus alunos em relação à diversidade da língua espanhola e sua cultura? Explique.
De acordo com estudos etimológicos, as *jergas*, a linguagem *soez*, e as *palabrotas*, são palavras que sofreram modificações léxica, semânticas e sintática, pois dependem de um contexto específico para que elas sejam inseridas. Como futuros profissionais da educação, esse tipo de linguagem incomoda, em que nível? Leve em conta a evolução, o contexto e a carga emocional existente em cada língua.

Fonte: elaboração dos autores

Construindo possibilidades

O instrumento utilizado para as análises foi o questionário com quatro perguntas sobre o tema da oficina e qual tipo de abordagem os estudantes aplicariam quando assumissem o papel de docentes. Aplicamos a quatorze alunos do curso de Letras Espanhol de quarto e sextos semestres. Dos alunos presentes na sala, quatro se retiraram após a exposição sobre o tema abordado; entretanto, representam uma parcela importante do questionamento desta pesquisa. Vale ressaltar que todos os estudantes foram convidados a participarem da oficina.

As análises dos dados serão apresentadas em dois blocos: a) dos alunos que viram o estudo como uma possível forma a ser trabalhada em sala; e b) dos que permaneceram resistentes devido à carga semântica das *palabrotas* ser considerada inapropriada. Abaixo teremos alguns excertos apresentados pelos alunos que levaram em consideração o estudo e a aplicação em sala.

Na primeira pergunta, apontaram fatores como o léxico, as variedades culturais que podem ser aportadas dentro do tema, além de uma forma de identificar essas palavras no contexto comunicacional.

P1: "mostrar as variações e dizer em qual contexto seria aceitável". Em relação a qual tipo de ligação entre estruturas pode ser feita, associaram o tema com imagens, música e vídeos, a possibilidade de trabalhar história e sociedade e trabalhar estruturas gramaticais e semânticas. Além de ser visto como um fator motivacional em relação à língua estudada.

P2: Associar o tema com imagens, músicas e vídeos, como forma de didática, além de trabalhar com a história da sociedade. Podendo obter passagem significativa na semântica, no léxico e no estudo da metalinguagem, e trabalhar também a motivação do aluno em relação a língua estudada.

As questões três e quatro apontaram a importância do tema para estudar as variantes socioculturais e lexicais de países de fala espanhola e da própria língua materna e como meio de chamar atenção aos contextos sociais no qual permeia esse tipo de linguagem, uma vez que o tema pode não desempenhar importância ao ser relacionado às classes baixas ou de pouco estudo.

P3: Para chamar a atenção sobre variedade cultural, diferenças de léxico entre países de fala espanhola, a diversidade e a evolução da língua em diferentes contextos sociais.

P4: Uma relação com a ideia de puro e de religioso pode dificultar a comunicação ou aproximar um diálogo, a realidade da fala em relação à norma padrão estudada nas escolas, pode ser considerada uma forma de "superar tabus,".

Os alunos que desconsideraram total ou parcialmente o tema foram sucintos quanto às perguntas, mesmo que durante a oficina tenham se mantido abertos e participativos. Consideraram o estudo de difícil aplicação, em que a possibilidade de trabalhar superficialmente o tema dependeria do contexto e seria uma forma de inibir a curiosidade do aluno. Descartando a utilização das *palabrotas* devido ao "receio em relação aos pais dos alunos e a direção da escola", conferindo assim que o seu uso incomoda, podendo ser considerado por muitos um tipo de linguagem inadequada e vulgar. Como podemos conferir em respostas apresentadas pelos participantes da oficina para as quatro questões presentes no questionário.

P1: difícil aplicação, dependendo do contexto, se caso houver curiosidade por parte dos alunos e uma forma de inibir essa curiosidade.

P2: não abordaria o tema, mudaria as palavras, conscientização de poder ou não falar.

P3: Contexto sociocultural, "receio em relação aos pais dos alunos" e a utilização de outros métodos, descartando parcialmente, ou totalmente as palabrotas.

P4: Incomoda o locutor e o receptor, ofende, "esse tipo de linguagem não é a mais adequada é vulgar".

Considerações parciais

Diante da pesquisa realizada, foi possível conferir que tais *palabrotas* podem sofrer o processo inverso. As palavras que anteriormente eram consideradas *soeces* sofreram mudanças em seu significado semântico e em sua forma de uso, e algumas são consideradas expressões idiomáticas ou onomatopeias. Segundo a teoria da enunciação postulada anteriormente, é possível perceber a importância que existe para que a comunicação seja efetiva, dados os possíveis contextos que uma palavra mal compreendida, enunciada equivocadamente, pode causar diante do processo comunicacional, seja ele da língua materna ou de uma segunda língua.

Este estudo contribuiu para que novos pesquisadores obtenham material, além de abrir discussões referentes a etimologia de todas as palavras, dada a sua importância no real processo de comunicação do espanhol ou de outra língua. Estudar e compreender a etimologia das palavras *soeces* amplia o conhecimento léxico do professor, além do histórico e cultural, pois aborda áreas importantes para a aplicação de novos temas em sala de aula.

Podendo contribuir também para o processo de formação, pois o mesmo ampliará seu conhecimento semântico, tornando possível explicar e aplicar com segurança temas pertinentes a curiosidade dos alunos, com uma abordagem histórica e sociocultural da língua, tornando possível a capacidade de o professor inibir constrangimentos e chamar a atenção para dados como a contextualização das palavras e sua carga semântica e emocional e contribuir como objeto motivacional.

Referências

AINCIBURU, M. C. **Buscando palabrotas en el diccionario**: las malas palabras como cartilla de tornasol en la enseñanza ELE. Disponível em: http://cvc.cervantes.es/ensenanza/biblioteca_ele/asele/pdf/15/15_0101.pdf. Acesso em: 9 maio 2017.

ASIMOV, I. **Las palabras y los mitos**. 3. ed. Barcelona: Laia, 1981.

BAKHTIN, M. M. **Marxismo e filosofia da linguagem**: problemas fundamentais do método sociológico da linguagem. Tradução de Michel Laude e Yara Frateschi Vieira. São Paulo: Hucitec, 2006.

BAKHTIN, M. **Estética da criação verbal**. São Paulo: Martins Fontes, 2003.

BENVENISTE, Emile. **Problemas de linguística geral I**. Tradução de Maria da Glória Novak. Campinas: Pontes, 1995.

BENVENISTE, Emile. **Problemas de linguística geral II**. Tradução de Eduardo Guimarães. Campinas: Pontes, 1989.

BRASIL. Câmara dos Deputados. **Lei n. 11.161,** de 5 de agosto de 2005. Disponível em: http://www2.camara.leg.br/legin/fed/lei/2005/lei-11161-5-agosto-2005-538072-norma-pl.html. Acesso em: 7 out. 2017.

BRASIL. **Parâmetros Curriculares Nacionais.** Disponível em: http://portal.mec.gov.br/seb/arquivos/pdf/livro01.pdf. Acesso em: 7 out. 2017.

BRASIL. **Lei n. 9.394,** de 20 de dezembro de 1996. Disponível em: http://www.planalto.gov.br/ccivil_03/Leis/L9394.htm. Acesso em: 7 out. 2017.

BRASIL. Página brasileira do Mercosul. Disponível em: http://www.mercosul.gov.br/. Acesso em: 7 out. 2017.

HERNANDÉZ, G. Manifestación de la descortesía y anticortesía en jóvenes de la provincia de Buenos Aires, Argentina: Usos y representaciones de "malas palabras" e insultos. **Signo y Seña**, número 26, diciembre de 2014, p. 23–47. Disponível em: http://revistas.filo.uba.ar/index.php/sys/index ISSN 2314-2189. Acesso em: 9 maio 2017.

RIUS, M. La Vanguardia. **Somos malhablados.** Disponível em: http://www.lavanguardia.com/estilos-de-vida/20120120/54244529265/somos-malhablados.html. Acesso em: 12 maio 2017.

POLO, S. El Mundo. **Ensayo sociolinguístico de las putas palabrotas.** Disponível em: http://www.elmundo.es/f5/2015/10/13/55f9473eca4741f6388b457a.html. Acesso em: 18 maio 2017.

RUNDBLOM, M. Instituto de Español de la Universidad de Estocolmo, 2013. **Un estudio de lenguaje soez entre jóvenes en Madrid. ¿Hay diferencia entre géneros?** Disponível em: http://www.diva-portal.org/smash/get/diva2:645651/FULLTEXT01.pdf. Acesso em: 30 set. 2017.

JEONG, H. J. Universidad Hankuk de Estudios Extranjeros, Corea del Sur. **Groserías en clases de ELE ¿un dilema?** Selección de artículos del II Congreso de Español como Lengua Extranjera en Asia, 2012. Disponível em: https://cvc.cervantes.es/ensenanza/biblioteca_ele/publicaciones_centros/pdf/manila_2011/31_aplicaciones_11.pdf. Acesso em: 5 out. 2017.

CELA, C. J. **Diccionario secreto**. Madri: Alianza Editorial, 1987.

COROMINAS, J. **Breve diccionario etimológico de la lengua castellana**. 3. ed. Madri: Gredos, 1973.

KUBARTH, H. **El idioma como juego social**: la conciencia sociolinguística del porteño. Bogotá: Thesaurus, 1986. Tomo XLI, 187-210.

ORTEGA, V. **Palabrotalogía:** Etimología de las palabras soeces. Barcelona: Critica, 2015.

ORTERGA, V. **Palabralogía:** La vida secreta de las palabras. Barcelona: Critica, 2014.

OS PROCESSOS DE TRADUÇÃO E DE INTERPRETAÇÃO EM CONTEXTOS EDUCACIONAIS: LIBRAS PARA SURDOS NAS PROVAS DO ENEM

Renata dos Santos Costa
Janaína da Silva Cardoso

Introdução

A Língua Brasileira de Sinais (Libras) foi reconhecida legalmente pela Lei de Libras, nº 10.436/2002 e apresenta o reconhecimento da língua de sinais do país como meio de comunicação e expressão das comunidades surdas brasileiras. A Libras possui estrutura gramatical própria, porém, de acordo com os termos legais, a língua de sinais não deve substituir a modalidade escrita da língua portuguesa. O Decreto nº 5.626/2005, está entre os mais relevantes embasamentos legais que envolvem a Libras, as pessoas surdas e os seus direitos linguísticos, sociais e educacionais. No art. 14, apresenta exigências quanto à garantia de acesso das pessoas surdas à educação, comunicação e informação.

Dentre os documentos legais mais recentes, a Lei nº 13.146 – ou Lei Brasileira de Inclusão (LBI) –, destaca a garantia da disponibilização de tradutores e intérpretes de Libras em todos os níveis e modalidades das instituições de ensino, públicas e privadas, além de acessibilidade linguística e tecnológica assistiva. O referido documento, em forma de lei, esclarece que os profissionais que atuam na educação básica – séries iniciais e finais do ensino fundamental e ensino médio – devem ter ensino médio, assim como ao interpretar na educação superior (graduação e pós-graduação) precisam ter diploma de nível superior.

O campo educacional se destaca com o maior quantitativo de vagas para intérpretes de Libras/Português, por meio de contratação em cargo efetivo em instituições de ensino, como escolas, faculdades, universidades e institutos tecnológicos, entre outros. A regulamentação da profissão de Tradutor Intérprete de Libras e Português (TILSP) foi efetivada pela Lei nº 12.319/2010. Grande parte dos TILSP atuavam voluntariamente ou sem vínculo empregatício antes da regulamentação dos profissionais por meio do documento legal correspondente. Após tal respaldo legal, ampliaram-se as propostas de trabalho formal em contratações e processos seletivos em diversas áreas e instituições.

A presença do profissional TILSP é garantida legalmente, mas não deve ser entendida como a única providência necessária em prol da construção de uma educação bilíngue[32] para surdos. As políticas públicas e as políticas linguísticas precisam ser planejadas e implementadas, a fim de atender as reivindicações dos grupos sociais, através de práticas efetivas (Calvet, 2007). É de responsabilidade do serviço público e das secretarias de educação dos municípios atenderem aos pleitos da população através de capacitação dos educadores, no campo da língua de sinais e da educação de surdos. Toda a comunidade escolar e/ou acadêmica precisa receber suporte linguístico e estrutural voltado aos discentes, docentes, funcionários e responsáveis.

É comum pensar que o intérprete de Libras educacional realiza a interpretação de língua portuguesa para a Libras somente para estudantes surdos de escolas e classes inclusivas. Todavia, além de interpretar a fala oral dos discentes e docentes ouvintes na interpretação sinalizada, também interpretam oralmente as falas dos alunos e professores surdos, a fim de que a acessibilidade linguística seja garantida. Pochhacker (2009, p. 11) contribui para a compreensão de que interpretar envolve questões conceituais subjacentes e que perpassam por escolhas teóricas e definições dos campos de estudo envolvidos.

Pochhacker (2009, p. 10) esclarece que a interpretação é realizada de maneira imediata, em tempo real, sendo distinta da modalidade tradução. Segundo a autor, o ato de traduzir envolve o registro, por escrito e/ou por meio de gravação, da tradução em língua de sinais. Entretanto, a interpretação e a tradução não correspondem a uma dicotomia oral *versus* escrita. Sendo assim, os tradutores e intérpretes de língua de sinais também precisam levar em consideração alguns fatores, ao realizar as escolhas tradutórias e interpretativas: o local e a área de atendimento (escola, curso, faculdade, hospital, audiência jurídica, entre outros); o público-alvo da interpretação (faixa etária, nível de escolaridade, dentre outros), e outros muitos fatores precisam ser considerados. Portanto, a comunicação não envolve apenas aspectos linguísticos, mas principalmente culturais.

[32] Educação bilíngue para surdos envolve considerar a relevância de compreender conforme destaca Quadros (2004), que as pessoas com privação auditiva, que são usuárias de Libras, se comunicam em língua de sinais como primeira língua (L1) e na língua portuguesa/ modalidade escrita, como segunda língua (L2).

Algumas reflexões se fazem necessárias: como traduzir materiais escritos que circulam em âmbito educacional: textos, atividades, provas e demais avaliações em língua portuguesa? Será que na educação inclusiva, a maioria dos materiais, conteúdos e atividades já são bilíngues e/ou adaptados para a realidade das pessoas surdas que possuem a língua de sinais como primeira língua (L1) e a língua portuguesa como segunda língua (L2)? O intérprete pode assumir a responsabilidade de realizar a leitura simultânea de textos escritos extensos, quando na realidade a tradução precisa passar por várias etapas e ser organizada com antecedência e tempo posterior de produção? Schleiermacher (2007) endossa as diferenciações entre interpretação e tradução ao descrever que a atividade de interpretar é mais voltada para a comunicação e a atividade de traduzir se utiliza mais da escrita.

Um dos objetivos deste trabalho envolve investigar divulgações sobre a tradução das provas do Enem da língua portuguesa escrita para vídeos em língua de sinais. O desenho metodológico deste trabalho foi pensado na perspectiva de uma pesquisa qualitativa (Freitas, 2002) e buscou construir informações por meio de um levantamento bibliográfico (GIL, 2002), com autores do campo dos Estudos da Tradução e da Interpretação (Lefevere, 1990; Schleiermacher, 2007; Pochhacker, 2009; e Silva, 2013, 2020). Foi realizada uma investigação com referências legais, a fim de apresentar um embasamento por meio de leis e decretos – Lei de Libras, nº 10.436/2002; o Decreto de regulamentação a Lei de Libras, nº 5.626/2005; a Lei Brasileira de Inclusão, nº 13.146/2015; a lei de regulamentação da profissão de Tradutor Intérprete de Libras e Português, nº 12.319/2010, entre outros. Estes documentos legais apontados são fundamentais para assegurar os direitos linguísticos da comunidade surda e dos profissionais do campo da Libras e da tradução e interpretação.

A seguir, veremos conceitos e reflexões gerais a respeito de processos tradutórios e interpretativos.

Os processos de tradução e interpretação em línguas orais e de sinais

Ao pensar nos campos da tradução e interpretação, é possível constatar que ao longo dos séculos, através dos contatos entre povos e culturas, os processos de traduzir e interpretar foram ocorrendo e se aperfeiçoando. Os estudos sobre a profissionalização de tradutores e intérpretes foram sendo criados e disseminados mais fortemente a partir da criação do campo dos estudos da tradução e dos estudos da interpretação. Inúmeras pesquisas apontam que realizar as traduções e as interpretações são demandas distintas ou que se complementam. Sendo a tradução um campo maior e bem mais consolidado por estar há mais tempo delimitado. Cavallo (2016) apresenta algumas das diferenças entre os campos de tradução e interpretação como, respectivamente, atividade escrita e atividade oral.

Silva (2013) nos ajuda a compreender que um dos enormes desafios da interpretação é a produção ao vivo, em uma única vez. Ao não permitir reformulações do discurso interpretado, o risco de ocorrer falhas é potencializado ainda mais pela tensão da produção imediata e que nem sempre permitirá correções. Na tradução, há a vantagem de realizar ajustes e pesquisas em um tempo estipulado e posterior. As traduções também são aprimoradas em nível de qualidade através do uso das novas tecnologias e dos suportes midiáticos. Ambas, traduções e interpretações, são potencializadas pelos recursos tecnológicos, e de modo ainda mais intensificado em tempos de pandemia ocasionada pela Covid-19.

Os intérpretes de línguas orais realizam a mediação linguística de uma língua para outra, em geral de modo simultâneo ou consecutivo, e se destacam em diversas áreas de atuação, dentre elas: no turismo, ao atender estrangeiros em espaços de lazer; no âmbito empresarial, em reuniões e atividades de negócios; em eventos profissionais, congressos e palestras internacionais; em espaços midiáticos, em entrevistas, reportagens, entre outros. O nível de concentração e de experiência serão cruciais ao se tratar de interpretações simultâneas. Algumas reflexões teóricas de Magalhães (2007), contribuem com a discussão apresentada:

> Mas tem também a interpretação simultânea. Nessa modalidade, o intérprete vai repetindo na língua de chegada cada palavra ou ideia apresentada pelo palestrante na língua de partida. A diferença é que agora o palestrante não faz mais pausas, e o intérprete fala ao mesmo tempo que o conferencista, daí o nome dado à técnica (Magalhães, 2007, p. 44).

Dentre as várias modalidades de interpretação, a simultânea é uma das mais conhecidas e utilizadas pelos intérpretes de língua de sinais, em diversas áreas de atuação. Para interpretar, geralmente o intérprete estará diante de um público e realizará a passagem da informação de uma língua fonte para uma língua alvo. Quando há um intervalo mínimo entre a fala do emissor e a interpretação do mediador linguístico para o público em questão, é possível que a interpretação seja simultânea. As escolhas tradutórias e interpretativas não são automáticas. Sobre as questões de materiais tecnológicos, Silva (2013, p. 80) faz esclarecimentos "é preciso levar em conta a humanidade do intérprete. Não sendo ele um equipamento de tradução automática, estará sempre informado por valores e crenças de cunho pessoal, profissional". Os profissionais não são máquinas, precisam de dedicação, preparo prévio e formação continuada.

Na obra de Silva (2020) verificamos que há maior escassez de pesquisas no campo dos Estudos da Interpretação em virtude do maior investimento nos Estudos da tradução e na atuação prática. Segundo o autor, o foco maior no trabalho do que nas pesquisas pode estar relacionado ao fato de que o retorno financeiro é maior nos trabalhos de interpretação, e bem menor em pesquisas e publicações científicas e acadêmicas. Outrossim, salienta que as contratações por grandes empresas e instituições possibilitam melhor remuneração do que na área de docência e do ensino em cursos de formação para tradutores e intérpretes.

Silva (2020) esclarece ainda, que a consolidação dos Estudos de Interpretação é mais recente do que dos Estudos da tradução. A partir de 1992, se ampliaram as pesquisas e publicações no campo. E, principalmente a teoria do Modelo dos Esforços, de Gile (2000), foi um marco na ampliação do campo. Ademais, o autor aponta que a partir de 2010, o interesse pelos Estudos da Interpretação foi renovado. O autor explica ainda que os estudiosos da área de interpretação de conferências têm se debruçado cada vez mais em pesquisas voltadas para os contextos de interpretações comunitárias (educação, saúde, jurídica, política, dentre outras). Um dos enormes desafios dos intérpretes de Libras do campo de conferência é realizar a mediação linguística estando expostos diante da plateia ao interpretar da língua portuguesa para a Libras.

No imaginário popular, quando são mencionados intérpretes, visualizamos profissionais em cabines com fones de ouvidos e/ou tela de computador à frente, diante de um espaço de eventos com públicos enormes. Os TILSP de Libras não costumam atuar em cabines, caso o evento não seja de grande magnitude, porque precisam estar em frente ao público que acompanha a exposição visual da língua de sinais. No caso da interpretação de Libras para a língua portuguesa (da modalidade visual para a oral) em eventos de grande porte, tem se expandido a atuação em cabines e com exibição em telões, assim como tradicionalmente ocorre com os intérpretes de línguas orais atuando em grandes eventos internacionais. Contudo, os intérpretes também podem trabalhar em atendimentos individuais e particulares sem o uso de microfones, ou realizando uma interpretação sussurrada, além dos vários tipos de interpretação e técnicas interpretativas que podem ser utilizadas.

Quando se imagina a atuação de tradutores, pode se pensar em trabalhos isolados e solitários por escrito com consultas em *sites* diversos, dicionários e pesquisas inúmeras. É necessário buscar ao máximo os mais variados suportes possíveis dos clientes e de pessoas oriundas da cultura da língua alvo de tradução. Nascimento (2016) aponta que essa habilidade de construir suas escolhas linguísticas, enunciativas e discursivas, por meio do acesso prévio ao material referente à tradução, é denominado por Aubert (1994) de competência *referencial*. Trata-se da preparação prévia e da procura por conhecimentos relacionados aos textos e discursos a serem traduzidos e interpretados.

Os tradutores realizam processos e etapas variadas e distintas a depender do embasamento teórico adotado e estipulam o tempo necessário para a produção levando em consideração o volume de conteúdo a ser traduzido. Dentre os vários materiais, as solicitações podem envolver traduções de livros, reportagens, músicas, *sites*, trabalhos acadêmicos, peças teatrais, filmes, além de outros. Cavallo (2016, p. 365) contribui ao afirmar que no campo das línguas orais, as demandas de interpretação são menos praticadas do que a tradução, que é voltada para a escrita.

Há de se considerar a expansão da oferta de cursos de formação para intérpretes de línguas orais e de sinais. No contexto brasileiro, as formações têm sido expandidas em nível técnico e acadêmico, assim como em contextos de formação inicial e continuada de campos especializados e/ou generalistas. Segundo o recorte histórico apontado por Silva (2020), a primeira formação em tradução começou em uma universidade na Alemanha, em 1930. Em nível nacional, a organização dos tradutores se consolidou a partir dos anos de 1950 e 1960. No Brasil, a formação começou em 1968, no curso de Letras da Pontifícia Universidade Católica do Rio de Janeiro (PUC/RJ). O campo dos Estudos da Tradução se expandiu para os tradutores de línguas orais a partir de 1972, com Homes. A ampliação das formações e publicações estão datadas entre 1970 e 1980.

Um dos diferenciais entre a interpretação de línguas orais e de sinais, em nosso país, está atrelado à diferença de tempo de oferta de cursos de formação e capacitação profissional. Schleiermacher (2007, p. 234) retrata que o trabalho do intérprete se efetiva no exercício do seu ofício e no domínio linguístico e de conhecimentos adquiridos na área profissional em que exerce a sua função. A formação para intérpretes de línguas orais está sendo ofertada há algumas décadas. No caso dos intérpretes da Língua Brasileira de Sinais, as propostas de cursos e a obrigatoriedade deles é bem mais recente, e vêm sendo garantidos pelos documentos legais em vigor desde as últimas duas décadas, aproximadamente.

O Decreto de regulamentação da Lei de Libras (nº 5.626/2005) apresenta as diretrizes para a formação de bacharéis em tradução e interpretação ou Letras Libras/Português. Em destaque estão os cursos de formação de graduação em Letras Libras, bacharelado e os cursos de pós-graduação para formar e certificar especialistas em tradução e interpretação de Libras e língua portuguesa. Ter formação específica no campo de atuação está sendo recomendado e exigido com mais frequência nos dias atuais.

Em seguida, veremos considerações sobre a metodologia adotada, os materiais selecionados e as fontes de pesquisa, que trazem subsídios e embasamento para as próximas discussões.

Metodologia da pesquisa

A construção de dados para a análise da temática apresentada foi selecionada a partir de reportagens, simulados, provas e vídeos com tradução de provas do Exame Nacional do Ensino Médio de língua portuguesa para a língua de sinais. A partir dos registros encontrados em *sites* de instituições públicas ligadas ao Ministério de Educação (MEC), ao Instituto Nacional de Estudos e Pesquisas Educacionais Anísio Teixeira (Inep), à Universidade Federal de Santa Catarina (UFSC) e ao Instituto Nacional de Educação de Surdos (Ines), foram localizados e consultados vídeos com treinamentos de preparação para as avaliações do Enem.

Por fim, foi feita uma análise das traduções de provas do Enem, a partir do acesso a algumas questões disponíveis no *site* do Inep e de outras referências virtuais, vinculadas ao MEC. Esses endereços eletrônicos exibem dados e informações sobre as propostas de acessibilidade e de tradução, em língua de sinais.

O intuito da seleção dos materiais foi agrupar o *corpus* escolhido e analisar as informações encontradas para relacionar de acordo com as principais questões teóricas e práticas descritas ao longo do trabalho. A presente pesquisa não pretende trazer resposta aos questionamentos e perguntas apresentadas ao longo do trabalho, mas produzir interrogações que contribuam para novas pesquisas, estratégias e investigações futuras.

A seguir, veremos exemplificações específicas de alguns processos de tradução de língua portuguesa para a Libras que ocorrem no sistema educacional brasileiro, em diversas atuações de tradutores e intérpretes em: provas, avaliações, exames, concursos e processos seletivos, dentre outros.

Um olhar para as questões de provas do Enem, traduzidas de língua portuguesa para a Libras

As avaliações do Exame Nacional de Ensino Médio (Enem) tiveram início em 1998, no Brasil. Até o ano de 2008, eram propostas 63 questões aplicadas em um único dia (domingo). Entre os períodos de 2009 a 2016, passaram a ser disponibilizadas 180 questões em dois dias de exames (sábado e domingo). E, a partir do ano de 2017, as 180 questões foram aplicadas em dois domingos seguidos. Apesar dos mais de vinte anos de existência e aplicação das provas, a primeira edição do Enem com videoprovas traduzidas para a Libras ocorreu somente em 2017.

Em período mais recente, conforme mencionado acima, ocorreu a inauguração das provas traduzidas para a Libras, tornando possível que os candidatos surdos[33] ou com Deficiência Auditiva[34] (DA) optassem pela prova traduzida ou pelo suporte presencial de um intérprete de Libras no momento da prova. Os candidatos surdos e deficientes auditivos que optam pelo suporte presencial de intérprete de Libras nos dias das provas, têm 60 minutos de tempo adicional para a sua realização. Ao solicitar a videoprova traduzida, ganham um tempo adicional de 120 minutos. Esse breve recorte do Enem contribui para perceber algumas das mudanças e reestruturações mais significativas, ao longo do tempo.

A Lei Brasileira de Inclusão (LBI) (Brasil, 2015) destaca, no capítulo IV, "Do direito à educação", no art. 30, que os processos seletivos para ingresso e permanência no ensino superior e na educação profissional e tecnológica precisam garantir "I – disponibilização de provas em formatos acessíveis

[33] De acordo com o Decreto de regulamentação da Lei de Libras (BRASIL, 2005), é considerada surda a pessoa com perda auditiva que "compreende e interage com o mundo por meio das experiências visuais, manifestando sua cultura principalmente pelo uso da Língua Brasileira de Sinais" (Art. 2º).

[34] De acordo com o Decreto de regulamentação da Lei de Libras (BRASIL, 2005), é considerada pessoa com deficiência auditiva, aquela que "com perda bilateral, parcial ou total" (Parágrafo único).

para atendimento às necessidades específicas do candidato com deficiência". Essa conquista da garantia de acesso a prova traduzida em Libras foi possível por conta da longa militância e reivindicação da Federação Nacional de Educação e Integração dos Surdos (Feneis), das demais associações de surdos e de intérpretes, além das instituições de ensino voltadas para a formação de estudantes surdos. Essas instituições respaldaram também as reivindicações da comunidade surda, no que tange a exigência das provas do Enem traduzidas da língua portuguesa para a Libras.

A LBI (Brasil, 2015) motivou a evidência da acessibilidade linguística e educacional das pessoas surdas em avaliações e processos seletivos das instituições educacionais. No capítulo IV, art. 30, é enfatizada como fundamental a adoção de critérios nas avaliações das provas escritas em língua portuguesa, sendo necessário considerar as singularidades linguísticas dos candidatos e as regionalidades nas diversas regiões do país, no que concerne à tradução completa de editais, textos, questões e alternativas de provas. No entanto, esses embasamentos legais nem sempre são considerados ou cumpridos pelos governos responsáveis pelas secretarias de educação, que estão à frente das propostas de ensino, educação e avaliação aplicadas nas escolas públicas do país.

Alguns dos enormes desafios, no que se refere à construção da infraestrutura de tradução das provas do Enem, de língua portuguesa para a Libras, podem ser vislumbrados: primeiro, uma organização sigilosa com a atuação de tradutores vinculados a instituições públicas de ensino superior e a investida do não vazamento das informações; segundo, o compromisso de manter a realização das várias etapas e processos tradutórios, dentro de um tempo prévio suficiente para a gravação e o registro em materiais e plataformas de multimídias; terceiro, a garantia de seleção da equipe de TILSP com ampla experiência e treinamento, para conseguir manter as construções frasais e textuais, de modo a não descaracterizar as questões e alternativas das avaliações.

É preciso evitar indicações das respostas corretas, por meio de expressões faciais e corporais carregadas de pistas. A língua de sinais é visual e caso não haja amplo treinamento e experiência dos profissionais envolvidos, podem não identificar equívocos tradutórios, por isso a revisão e regravação fazem parte deste cenário de trabalho. Venuti (1996, p. 111) possibilita a reflexão de que "A prática da tradução está repleta de questões problemáticas com as quais o tradutor se confronta ao realizar sua tarefa". Sendo assim, os profissionais precisam sempre se posicionar defendendo as melhores condições e garantias de trabalho com qualidade.

O *site* oficial do Inep, em 27 de setembro de 2017, apresentou uma matéria da Revista Gestão Universitária, intitulada "Inep explica a videoprova traduzida em Libras usando a própria língua de sinais". A assessoria de comunicação social do Inep esclarece na reportagem que alguns dos vídeos com a tradução em Libras das provas do Enem foram encontrados no endereço do *site* do Instituto Nacional de Estudos e Pesquisas Educacionais Anísio Teixeira (enem.inep.gov.br). O objetivo foi mostrar de que maneira a acessibilidade passou a ser ofertada para as pessoas surdas candidatas ao Enem. Na reportagem (Inep, 2017), é mencionada que "além da videoprova o participante poderia ter optado pelo já tradicional auxílio de intérpretes de Libras". Nesse caso, o termo "auxílio" é inadequado, pois há por parte do poder público o dever de ofertar a acessibilidade linguística, conforme os parâmetros legais.

Essa fala da reportagem acima do Inep (2017) remete à origem da atuação de muitos intérpretes e tradutores de Libras, que iniciaram a atuação de forma voluntária ou em instituições religiosas. Nesses outros contextos laborais, muitas vezes havia uma visão assistencialista de "ajuda, voluntariado", e não de trabalho profissional remunerado. Entretanto, a tarefa tradutória exige perfil, formação, profissionalismo e remuneração adequada. Conforme esclarece Guedes (2020), é preciso que os tradutores possuam "uma série de habilidades, atitudes e conhecimentos específicos, os quais nem sempre serão compartilhados por outros profissionais TILSP que não traduzem do português para a Libras em vídeo" (Guedes, 2020, p. 55).

Ainda segundo a matéria do Inep (2017), para atuar tanto na gravação da tradução das videoprovas quanto na interpretação presencial no dia do exame, é exigido que os profissionais possuam certificação em exame de proficiência em tradução e interpretação. O Programa Nacional para a Certificação de Proficiência no Uso, Ensino e a Tradução e Interpretação da Libras (Prolibras), com avaliações respectivamente para professores e tradutores/intérpretes de Libras, foi garantido pelo decreto de regulamentação da Lei de Libras, nº 5.626/2005 (BRASIL, 2005), e esteve previsto legalmente por 10 anos de duração, prazo estipulado a fim de que fosse possível que a formação em cursos de graduação fosse efetuada e garantida em larga escala. Atualmente, as instituições contratantes de tradutores e intérpretes que são as responsáveis por avaliar a proficiência dos profissionais.

Os dados quantitativos da reportagem do Inep apontam que 52 mil participantes solicitaram o Atendimento Especializado para o Enem, 4.957

deficientes auditivos e 2.184 surdos. Dentre eles, 1.897 optaram pela videoprova traduzida e 1.489 optaram pelo intérprete de Libras. É possível constatar que o quantitativo de preferência pelo vídeo com a tradução em Libras é próximo ao número que optou pela atuação presencial do intérprete. "A tradução das provas para a Libras tem, de modo geral, o objetivo de garantir aos candidatos surdos o direito de participar de processos seletivos em sua própria língua" (GUEDES, 2020, p. 17); apesar disso, não são todos os candidatos surdos e deficientes auditivos que optam pelo Atendimento Especializado no Enem, esses fatores precisam ser analisados e investigados em pesquisas futuras.

É importante salientar que a videoprova em Libras mantém o mesmo quantitativo de questões e alternativas da avaliação original em língua portuguesa. A matéria em destaque ressalta a "garantia de qualidade e normas de segurança máxima de todas as provas do Enem". Ao afirmar a atuação sigilosa da equipe de tradutores que têm acesso as provas antes dos candidatos, a reportagem esclarece que somente as questões de língua estrangeira moderna não são integralmente traduzidas, somente os trechos originalmente em português escrito. Os participantes recebem, em cada dia de prova, um notebook e dois DVDs com as questões e alternativas em Libras, além dos materiais impressos, o caderno de questões, a folha de redação e o cartão de respostas. Sobre a tradução de uma língua para outra, Lefevere (2007) apresenta mais considerações:

> Uma vez que a tradução é a forma mais reconhecível de reescritura e a potencialmente mais influente por sua capacidade de projetar a imagem de um autor e/ou de uma (série de) obra(s) em outra cultura, elevando o autor e/ou as obras para além dos limites de sua cultura de origem. (Lefevere, 2007, p. 24, 25)

A autora da citação acima, afirma que as traduções de obras são reescrituras e apresentam influências culturais que não ficam delimitadas à cultura do autor do original e atingem as culturas dos públicos que acessam as novas versões produzidas. A tradução como reescritura pode projetar as obras originais para um maior alcance de públicos específicos, quando atrelados a instituições consolidadas que fomentam essas demandas. Lefevere (2007, p. 15) afirma que as obras transportam as culturas relacionadas à obra original. Isso significa que os materiais traduzidos têm um maior alcance e disseminam a língua e cultura traduzida em outra versão.

Dentre as características dos vídeos em Libras estão a vestimenta padronizada dos tradutores na cor preta; as legendas em português que acompanham a tela com a sinalização; a alternância das cores de fundo da tela exibida (azul, amarelo, roxo, cinza, preto, vermelho); as imagens e os letreiros que acompanham os assuntos mencionados, dentre outros. Também estão disponíveis na internet todos os editais do Enem que foram traduzidos para a língua de sinais, mesmo antes da garantia das videoprovas traduzidas. Há, no Youtube, várias traduções dos editais com as orientações das avaliações do Enem. Também é possível encontrar na internet vídeos caseiros elaborados por iniciativa particular de profissionais e/ou de instituições.

Foi possível identificar no Youtube, vídeos em língua portuguesa oral com legenda exibindo comentários sobre o tema da redação do Enem, que teve enorme repercussão, em 2017, "Desafios para formação educacional de surdos no Brasil". Não é adequado falar sobre a língua de sinais, sem disponibilizar a tradução em Libras para o público surdo, estando ou não sendo diretamente mencionado pelas informações divulgadas.

O *site* da empresa denominada Empresa Brasil de Comunicação (EBC) apresentou uma reportagem, no dia 17 de maio de 2017, intitulada "Inep divulga exemplo de Enem em vídeo traduzido em Libras", de Tokarnia (2017). Na mesma data de publicação da matéria foi disponibilizado um vídeo, em parceria com a Universidade Federal de Santa Catarina (UFSC), com um modelo de prova traduzida em língua de sinais. Portanto, a exemplificação de um modelo de prova traduzido pela UFSC, têm grande repercussão entre os usuários de Libras. Lefevere (2007, p. 26) afirma a força política e ideológica de uma instituição no sentido de implementar trabalhos aceitos e reconhecidos pela sociedade. Foram usadas 60 questões de edições anteriores, que podem ser encontradas no endereço do *site* do Inep.

A UFSC já realizava vestibular com a opção de prova traduzida em Libras, antes mesmo da inauguração das provas traduzidas do Enem. Nesse modelo do Inep, o treino e a escolha das alternativas foram realizados pelo próprio *site* apontado. No *site* da empresa EBC da Agência Brasília é informado que, em 2018, o Inep lançou a Plataforma Enem em Libras com vídeos de enunciados e opções de resposta com modelo semelhante ao aplicado pelo Enem. No qual, oferece a possibilidade de melhor preparo para o exame de avaliação, sendo possível assistir as questões e conferir o gabarito. Foi selecionado um vídeo de uma questão do Enem 2018, "Questão 16 – Linguagens, Códigos e suas Tecnologias e Redação", que estava disponível no Canal do Inep no Youtube. Assim como outras questões das provas do Enem.

Foi possível notar uma padronização visual dos *layouts* da tela com as traduções das avaliações: as questões são disponibilizadas em fundo de tela azul com o número da questão à esquerda e a logomarca e o ano da edição do Enem ao lado direito. Na questão 16, quando a tradutora sinaliza o termo "TEMA", aparece de modo concomitante, na parte inferior da tela, uma legenda com a referência bibliográfica do texto base da questão. Dentre as estratégias de tradução a profissional utiliza a soletração (datilologia) do nome do autor mencionado. Ao longo da tradução do texto, não foi verificado a legenda retornar novamente. O conteúdo se trata de um trecho da obra de Fróes (1998) intitulada "Vertigens", no qual é descrita uma paisagem, onde uma mulher está sozinha e é feita a descrição imagética do espaço e das características e ações da personagem central. Ao finalizar a sinalização da questão, entra em cena uma outra tradutora para sinalizar as alternativas de respostas. Durante a descrição das alternativas foi perguntado qual era a única resposta correta relacionada a descrição da cena da narrativa apresentada.

Analisando a Questão 7 do Enem 2019, "Prova de Linguagens, Códigos e suas Tecnologias", do *site* oficial do Inep no Youtube, no lado superior direito aparece o *print* do texto traduzido na questão, denominado "Palavras têm poder". O *link* de referência aparece logo abaixo do texto em forma de legenda. Uma das estratégias técnicas dos tradutores para apresentar uma pausa da sinalização envolve a junção das mãos à frente do corpo, evidenciando uma sinalização formal. Após a sinalização do subtítulo, que há um corte muito breve de mudança de tela, o que indica que após a tradução do título e subtítulo, a tradutora faz uma interrupção do vídeo e grava cada sentença separadamente. Provavelmente, foge do risco de traduzir blocos de textos longos, minimizando equívocos e regravações constantes.

As expressões corporais e faciais da tradutora, características gramaticais da língua de sinais, marcam as alternâncias de entonação e mudança de ideias nas sentenças. O resultado é fruto de estudo, treinamento e vasta experiência de atuação. É possível notar que a profissional fixa o olhar em um ponto afastado do centro da tela, à direita. Pode ser um indício de que utilizou suporte de teleprompter (TP) para ter apoio na sequência das informações. Além da estratégia de suporte do Teleprompter (TP), é plausível que os tradutores tenham sempre suporte de um outro tradutor presente para espelhar a versão ensaiada, uma tela de retorno com as GLOSAS[35]

[35] Glosas são anotações curtas que auxiliam o tradutor a se lembrar da sequência ou dos tópicos da tradução no momento da gravação. (Guedes, 2020, p. 35)

do texto escrito ou o áudio do texto gravado anteriormente, no caso dos tradutores ouvintes. Segundo Guedes (2020, p. 124), os tradutores atuam de modo interativo a partir de suas próprias estratégias de tradução e da interpretação e fazem as suas opções de gravação em vídeo, alguns optam pelas glosas, e outros têm a preferência por apoio escrito, desenhado, sonoro ou sinalizado.

Durante a análise dos vídeos foi perceptível que a maior parte dos tradutores das avaliações do Enem são profissionais surdos doutores. Segundo Guedes (2020, p. 46), "a integração dos profissionais surdos na área da tradução estabeleceu-se nacionalmente a partir da atuação sistemática dos tradutores surdos na graduação em Letras Libras à distância oferecida pela UFSC". Eles são vinculados às universidades públicas do país e reconhecidos pela comunidade surda acadêmica nacional. Lefevere (2007, p. 24) explica que "o estudo da reescritura poderá mesmo ser de alguma relevância para além do círculo privilegiado das instituições educacionais". Ou seja, as traduções alcançam instituições e espaços diversos da sociedade, em larga escala. A autora reitera o poder institucional de promover as traduções, que são reescrituras, através de materiais escritos publicados.

Dentre as instituições de referência vinculadas aos tradutores, algumas foram identificadas: o Instituto Nacional de Educação de Surdos (Ines), que oferece educação básica somente para alunos surdos e departamento de ensino superior inclusivo; e a Universidade Federal de Santa Catarina (UFSC), pioneira na oferta do curso de Letras Libras/Português de bacharelado em tradução e interpretação.

A Libras e a língua portuguesa são línguas de modalidades distintas. Não há equivalência direta entre os idiomas e as culturas, tanto de modalidades visuais/espaciais quanto orais/auditiva. Por isso, respectivamente "traduzir provas para a Libras em vídeo, a partir de textos escritos em Língua Portuguesa, é uma atividade relativamente recente, o que constitui uma nova área nos Estudos da Tradução e da Interpretação de Línguas de Sinais (ETILS)" (Guedes, 2020, p. 109). Algumas escolhas tradutórias foram perceptíveis, a exemplo da inversão na ordem da estrutura das sentenças na tradução em Libras. Uma das hipóteses levantadas giram em torno das características linguísticas da visualidade das línguas de sinais, que possibilitam com mais frequência realizar topicalização ou focalização do discurso, para realizar uma descrição imagética com captura visual mais direta e imediata.

Ao assistir inúmeros vídeos de diferentes edições de provas do Enem, foi possível verificar que grande parte da equipe de tradutores é mantida desde o primeiro ano de aplicação do exame. Alguns desses profissionais também atuaram em outras traduções significativas de anos bem anteriores, a exemplo das traduções para o Programa Nacional para a Certificação de Proficiência no Uso e Ensino ou tradução e interpretação da Libras/língua portuguesa (Prolibras), que iniciou em 2006 e que teve cerca de dez anos de funcionamento; e a tradução do vestibular e dos materiais e textos do Curso de Letras Libras, iniciado a distância também em 2006 pela UFSC, nos cursos de licenciatura e bacharelado. Guedes (2020) retrata que "embora o Enem tenha se baseado na dinâmica de produção do Prolibras, ele inaugura um novo modo de produzir videoprovas". Ou seja, o Enem inaugurou um modo próprio de tradução e oferta de acessibilidade linguística.

Os processos de tradução e interpretação no campo educacional apontam os desafios linguísticos e cognitivos que perpassam os mediadores linguísticos do campo das línguas orais e de sinais. A aproximação com teorias e o campo dos estudos de tradução contribuem de maneira significativa a pensar nas relações possíveis de serem criadas entre as diversas línguas das quais nos aproximamos. É necessário considerar as questões sociais, políticos e culturais relacionadas a temas específicos de comunidades de fala. Para traduzir e entender uma mensagem no próprio ou em outro idioma, é fundamental ter consciência de que não há equivalências entre línguas distintas.

A partir das escolhas dos profissionais renomados, conhecidos e experientes em realizar traduções reconhecidas, é notório que as instituições atreladas a esses tradutores possuem forte influência no tipo de trabalho e do público que terá acesso à tradução, sendo "influência dos leitores profissionais ao âmbito das instituições de ensino" (Lefevere, 2007, p. 16). De fato, os profissionais envolvidos nesses trabalhos de tradução e reescritura, de visibilidade nacional como o Enem, influenciam os modos de traduzir em âmbito formal e acadêmico por todo o país, assim como influenciam e produzem efeitos sobre o próprio público de profissionais que têm acesso ao trabalho.

Conclusão

Desde o ano de 2017, as provas do Enem estão garantidas na língua de sinais e os tradutores têm acesso prévio aos textos e questões para construir a tradução do texto escrito para os vídeos de registro sinalizado

"Um dos aspectos observados na videoprova do Enem é a utilização dos recursos gráficos/visuais atrelados ao texto sinalizado" (Guedes, 2020, p. 50). Essa conquista dos candidatos pode fomentar reflexões sobre o modo como as escolas e as universidades têm disponibilizado materiais escritos e em Libras. É fundamental garantir materiais bilíngues (nas duas línguas envolvidas) como é previsto por vários documentos da legislação vigente.

Durante muito tempo, no Exame Nacional do Ensino Médio, os tradutores intérpretes de língua da Língua Brasileira de Sinais não tinham acesso prévio as provas escritas por questões sigilosas. Ao invés de realizarem a tradução dos materiais escritos, seguindo etapas importantes de processos de tradução, realizavam improvisadamente uma interpretação simultânea de materiais escritos que deveriam ter sido acessados e traduzidos com antecedência. Contudo, as últimas edições do Enem disponibilizam a tradução de todas as questões em dois dias de provas. Guedes (2020, p. 118) ressalta a complexidade da tarefa de tradução para o Enem "foi possível inferir que provas mais complexas e extensas como o Enem tendem a demandar mais tempo de estudo, de gravação, de revisão, assim como tempo para possíveis ajustes.

De acordo com as leituras de referências importantes realizadas a partir do campo dos estudos da tradução, vimos que a prática da tradução está há mais tempo delimitada e consolidada teoricamente há mais tempo. A área dos estudos da interpretação teve uma consolidação mais recente e está extremamente vinculada aos estudos da tradução, a exemplo da explicação de Guedes (2020, p. 35) sobre a prova do Enem "É no estúdio, de frente para a câmera que vemos a interpretação e, com a filmagem finalizada, voltamos a trabalhar a tradução". Ao pensar no campo educacional como área de maior atuação dos Tradutores Intérpretes de Libras e Português (TILSP), é relevante analisar algumas realidades presentes.

As videoprovas do Enem em Libras são modelos para as escolas polo, inclusivas e bilíngues, com propostas de tradução para as pessoas surdas, da Libras e língua portuguesa. A partir desse relevante exemplo, outras estratégias de criação e adaptação de materiais, concomitantemente em Libras e português, precisam ser fomentadas. É relevante refletir sobre as estratégias inadequadas que são recorrentes nas escolas e instituições de ensino, com improvisação de "interpretação simultânea" de textos escritos que deveriam ser traduzidos nas avaliações escolares, assim como nos exames nacionais ofertados pelo Ministério da Educação, a exemplo da Prova Brasil, do Enem, do Encceja, dentre outros.

É necessário refletir de que forma os mediadores linguísticos que atendem pessoas surdas e ouvintes estão de fato inseridos em garantia de direitos de acessibilidade linguística através da tradução e interpretação. É preciso investir futuramente em estudos e pesquisas que tragam dados sobre a realidade dos tradutores e intérpretes de Libras e português, nas instituições públicas. A construção de trabalhos e publicações impulsionam as investigações e as divulgações de práticas e conhecimentos produzidos ao longo da experiência profissional. Se torna fundamental levar em consideração os investimentos a médio e longo prazo, por meio de aparato profissional e tecnológico, desde que aplicado à realidade do público-alvo e das instituições públicas do país.

Referências

AUBERT, F. H. **As (in) fidelidades da tradução**: servidões e autonomia do tradutor. 2. ed. Campinas: EdUnicamp, 1994.

BAUER, M. W.; GASKELL, G (ed.). Pesquisa qualitativa com texto imagem e som: um manual prático. Tradução de Pedrinho A. Guareschi. Petrópolis: Vozes, 2002.

BRASIL. Decreto nº 5.626 de 22 de dezembro de 2005. Regulamenta a Lei nº 10.436, de 24 de abril de 2002. Dispõe sobre a Língua Brasileira de Sinais – Libras. **Diário Oficial da União,** Brasília, DF, 2005.

BRASIL. Lei nº 13.146, de 06 de julho de 2015. Dispõem sobre a Lei Brasileira de Inclusão da Pessoa com Deficiência (Estatuto da Pessoa com Deficiência). **Diário Oficial da União,** Brasília, DF, 2015.

BRASIL. Lei nº 12.319, de 1º de setembro de 2010. Regulamenta a profissão de Tradutor e Intérprete da Língua Brasileira de Sinais – Libras. **Diário Oficial da União,** Brasília, DF, 2010.

BRASIL. Lei nº. 10.436, de 24 de abril de 2002. Dispõe sobre a Língua Brasileira de Sinais – LIBRAS e dá outras providências. **Diário Oficial da União,** Brasília, DF, 2002

BRASIL. Ministério da Educação. Instituto Nacional de Estudos e Pesquisas Educacionais Anísio Teixeira. **Portal do Inep oficial**. Enem em Libras, Brasília, 2018. Disponível em: youtube.com/c/inep_oficial/vídeos. Acesso em: 19 jun. 2021.

CAVALLO, P; REUILLARD, P. C. R. Estudos da Interpretação: tendências atuais da pesquisa brasileira. **Letras & Letras**. Uberlândia: UFU, 2016.

CALVET, L. J. **As políticas linguísticas**. São Paulo: Parábola; IPOL, 2007.

FREITAS, M. T. A.; RAMOS, B. S. (org.). **Fazer pesquisa na abordagem histórico-cultural**: metodologias em construção. Juiz de Fora: EdUFJF, 2010.

GIL, A. C. **Como elaborar projetos de pesquisa**. 4. ed. São Paulo: Atlas, 2002.

GUEDES, F. E. **Tradução de Provas para Libras em Vídeo**: mapeamento das videoprovas brasileiras de 2006 a 2019. Dissertação (Mestrado em Estudos da Tradução) – Centro de Comunicação e Expressão, Universidade Federal de Santa Catarina. Florianópolis, 2020.

LEFEVERE, A. Pré-Escrito e Mecenato. *In:* LEFEVERE, A. **Tradução, rescrita e manipulação da fama literária**. Tradução de Cláudia Matos Seligmann. Bauru: Edusc, 2007. p. 13-49.

NASCIMENTO, V. Da norma legislativa à atividade interpretativa: acessibilidade comunicacional de surdos à mídia televisiva. *In:* SILVA, A. A. da; ALBRES, N. de A.; RUSSO, A. (org.). **Diálogos em estudos da tradução e interpretação de língua de sinais**. 1.ed. Curitiba: Prisma, 2016.

PÖCHHACKER, F. **Introducing Interpreting Studies**, Nova Iorque: Routledge, 2009.

QUADROS, R. **O tradutor e intérprete de língua brasileira de sinais e língua portuguesa**. *In:* BRASIL. Ministério da Educação. Secretaria de Educação Especial. Programa Nacional de Apoio à Educação de Surdos Brasília: MEC; SEESP, 2004.

RODRIGUES, C. C. Tradução, reescrita e manipulação da fama literária de André Lefevere. **Cadernos de Tradução**, v. 1, n. 27, p. 321-326, 2011.

SCHLEIERMACHER, F. E. D. Sobre os diferentes métodos de traduzir. Tradução de Celso Braida. **Princípios**, Natal, v. 14, n. 21, jan./jun. 2007, p. 233-265.

SILVA, C. S. V. da. **Tradução em Revista**. Rio de Janeiro: PUC-Rio, 2020. v. 28.

SILVA, C. S. V. da. **Questões de poder e ideologia nos estudos e na prática da interpretação**. Tese (Doutorado em Estudos da Linguagem) – Departamento de Letras, Centro de Teologia e Ciências Humanas, Pontifícia Universidade Católica. Rio de Janeiro, 2013.

TOKARNIA, Mariana. **Inep divulga exemplo de Enem em vídeo em Libras**. Disponível em: https://agenciabrasil.ebc.com.br/educacao/noticia/2017-05/inep-divulga-exemplo-de-enem-em-video-traduzido-em-libras Acesso em: 25 out. 2022.

VENUTI, L. A invisibilidade do tradutor. Tradução de Carolina Alfaro. **Palavra**, Rio de Janeiro, n. 3, [1986] 1996.

SOBRE OS ORGANIZADORES E AUTORES

Alcebiades Martins Arêas

É graduado e licenciado em Letras (1991) – Português-Italiano-Literaturas pela Universidade do Estado do Rio de Janeiro; tem mestrado (1993) e doutorado (1998) em Língua e Literatura Italianas pela Universidade Federal do Rio de Janeiro. Atua como professor associado do Departamento de Letras Neolatinas (Setor de Italiano) do Instituto de Letras da Universidade do Estado do Rio de Janeiro. Na graduação da UERJ, ocupa-se das disciplinas de língua italiana, literatura italiana, prática docente e estudos da tradução. Na pós-graduação, trabalha com as disciplinas de tradução de textos literários e teorias da tradução. Participa dos grupos de pesquisa vinculados ao CNPq: Italianística Aplicada ao Ensino e Discurso e Estudos de Tradução. Atualmente tem se dedicado à pesquisa e ao estudo dos processos que envolvem tradução e revisão das traduções, tradução comparada e tradução e comunicação. Participa dos projetos de Extensão Revista Italiano UERJ e Formação de Tradutores: Prática de Tradução Literária, e coordena o projeto de ensino Oficina de Tradução e Versão em Italiano como Estratégia de Ensino e Aprendizagem.

E-mail: bideareas@gmail.com

Orcid: 0000-0002-9589-9770

Carmem Praxedes

Realizou pós-doutorado em Letras Clássicas e Vernáculas (USP – 2012), é doutora em Linguística (Linguística Geral e Semiótica) (USP – 2002), mestre em Literatura Brasileira (UFRJ – 1994), especialista em Literatura Pós-moderna (UERJ – 1991), graduada (bacharelado e licenciaturas plenas) em Português--Italiano e respectivas Literaturas (1990 e 1991). Professora titular do Instituto de Letras (UERJ – 2019), lotada no Departamento de Letras Neolatinas desde 1996, atua na graduação, na pós-graduação *lato sensu* e no Programa de Pós-Graduação *Stricto Sensu* em Letras, especialidade Linguística. Com 40 anos de experiência em Educação, já tendo sido professora auxiliar (estágio) da Escola Montessoriana Senso (1982), professora da educação básica e de cursos regulares (1990-1994), professora assistente da Universidade Castelo Branco (1997-2002), onde foi coordenadora de Letras (EAD), além de ter se dedicado ao ensino da Linguística; foi professora doutora do Centro Universitário da Zona Oeste (Uezo), de 2006 a 2009, onde participou da fundação e ministrou a disciplina Língua Portuguesa Instrumental. Na UERJ desde 1992, como técnica, e 1996, como docente, foi assistente administrativo da Sub-reitoria de Pós-graduação e Pesquisa (1992-1994), assessora da Diretoria de Planejamento e Orçamento (1994-1996) e coordenadora da habilitação em Português-Italiano por duas vezes. Nessa instituição de ensino superior, ministra as disciplinas de Língua Italiana do bacharelado e da licenciatura. É líder do grupo de pesquisa de Italianística Aplicada ao Ensino (2012) e pesquisadora do grupo de pesquisa de Semiótica, Leitura e Produção de Textos – Seleprot (2008-2015, e de 2020 até os dias atuais); vinculada a esse grupo, atuou também no Laboratório de Semiótica (Labsem), tendo sido colaboradora e editora adjunta da revista *Ecos de Linguagem*, quando supervisionou, conjuntamente com a editora-chefe, os processos de editoração, revisão e tradução do periódico. As pesquisas desenvolvidas em mais de 25 projetos demonstram a sua preocupação com o ensino e a aprendizagem de línguas, a gestão e a formação de professores, inclusive na modalidade a distância. Para esta modalidade de ensino, preparou material didático em ambiente virtual de aprendizagem e fez a gestão de disciplinas e instrucionais como bolsista da Capes/Universidade Aberta do Brasil (2012). Nos anos de 2012 e 2013, representou o Instituto de Letras da UERJ no Programa de Iniciação à Docência da Capes – Prodocência. Em julho de 2007, dedicou-se ao curso de Aperfeiçoamento em Glotodidática, na Faculdade de Ciências da Linguagem de Ca Foscari, Veneza; em abril de 2012, ao Curso de Arqueologia Clássica, no Instituto Vesuviano (RAS), em Castellammare di Stabia, Nápoles, e, em janeiro de 2014, ao curso de editoração de revistas no sistema SEER, produto da parceria Rede Sirius e SR-3/UERJ. Em agosto de 2016, foi convidada pela SR-1 da UERJ para participar da Capacitação na Disciplina de Empreendedorismo (Educação Empreendedora). Dedicou-se nos anos de 2012 a 2015 à gestão de projetos no Cetreina/SR -1/UERJ, tendo organizado *Os Cadernos de Graduação de Graduação: Dialogando com a Práxis* conjuntamente com a Direção do Cetreina à época. De 2016 a 2019, foi assessora acadêmica da Sub-reitoria de Graduação da UERJ. Atualmente, além das atividades de ensino – na graduação e pós-graduação *lato sensu* de Italiano e stricto sensu em Linguística –, da pesquisa e da extensão, entende como o seu principal desafio articular as atividades de gestão à necessidade de consolidar suas pesquisas e experiências de trabalho ao longo de sua vida em publicações e ampliar a orientação de estudantes na graduação e na pós-graduação, de modo a colaborar no desenvolvimento dos estudos em Italianística, Linguística,

Semiótica, Tradução, tendo como principais interesses de pesquisa os temas vinculados à Tradução, Línguas e Ensino, suas relações, descrição e aplicações em variados universos de discurso, sob a base teórica da Semiótica.

E-mail clppraxedes@gmail.com

Orcid: 0000-0002-0096-8869

Cassandra Rodrigues

É mestre em Estudos de Língua pela Uerj, especialista em Linguística Aplicada ao Ensino de Inglês como Língua Adicional (2020), também pela UERJ. Foi bolsista do PPGL/UERJ, financiada pela Coordenação de Aperfeiçoamento de Pessoal de Nível Superior – Brasil (Capes). Formada em Letras – Português e Inglês na Universidade Estácio de Sá (2013), tendo cursado por dois anos Lenguas Modernas na Universidad de Buenos Aires. Possui dois certificados internacionais de qualificação pedagógica, TKT (Teaching Knowledge Training) e TESOL (Teaching English to Speakers of Other Languages), adquiridos na International Language School of Canada, país onde viveu por seis meses. Além disso, também possui certificado de proficiência na língua inglesa, o IELTS. Ensina língua inglesa desde 2011, tendo lecionado em diferentes cursos de inglês ministrando aulas para adolescentes, adultos e idosos, desde o nível iniciante até o avançado, e trabalhado com diversas metodologias de ensino do inglês, dentre elas o communicative approach, o direct method, o audiolingual method e o psycholinguistic approach. Atualmente é professora particular de inglês.

E-mail: rodriguescassandra21@gmail.com

Orcid: 0000-0001-6423-5747

Edvaldo Sampaio Belizário

É professor assistente do Instituto de Letras da UERJ e professor de Língua Italiana e Língua Portuguesa junto à Secretaria de Estado de Educação do Rio de Janeiro. É mestre em Letras pela USP (2005) e doutorando em Letras Neolatinas pela UFRJ. Na UERJ, atua no ensino de graduação e pós-graduação (*lato sensu*), ministrando aulas de Língua, Literatura e Cultura Italianas, além de trabalhar com Estudos da Tradução. Participa de projetos ligados ao ensino e à extensão, entre os quais Línguas Estrangeiras para a Terceira Idade – Italiano.

E-mail: edvambel@bol.com.br

Orcid: 0009-0000-6470-5964

Fernanda Conceição Pacobahyba de Souza

É mestra em linguística na Universidade do Estado do Rio de Janeiro. Possui graduação em Letras – Português e Francês pela Universidade do Estado do Rio de Janeiro (2009). Atualmente é professora substituta de francês no Colégio de Aplicação UFRJ, tutora em curso de pós-graduação EAD (Unyleya Editora e Cursos), professora de francês (Aliança Francesa – Delegação Geral). Tem experiência na área de Letras, atuando principalmente nos seguintes temas: Oralidade, Ensino de Francês Língua Estrangeira e DELF. Pesquisa em oralidade no ensino de Francês Língua Adicional – FLA.

E-mail: nandapacosouza@gmail.com

Orcid: 0009-0000-8068-9837

Francisco José Bezerra da Silva

É graduado em Letras – Português e Inglês (dupla habilitação) pela Universidade Estácio de Sá (2018). Cursa especialização em Linguística Aplicada: Inglês como Língua Estrangeira na Universidade do Estado do Rio de Janeiro (UERJ) e mestrado em Linguística na mesma instituição. Atualmente é técnico universitário da Universidade do Estado do Rio de Janeiro (UERJ) e secretário em Comissão Permanente de Tomada de Contas da Secretaria de Estado das Cidades (Secid). Tem 25 anos de experiência na área de ensino-aprendizagem como professor, tendo ministrado aulas de inglês em empresas públicas e privadas, bem como em projetos sociais do PAC (Programa de Aceleração do Crescimento). Como tradutor, realizou trabalhos para pessoas físicas e jurídicas e trabalhou como intérprete em alguns eventos, como a Rio+20 (Conferência das Nações Unidas sobre Desenvolvimento Sustentável. Guia de Turismo Credenciado pela Embratur, tem trabalhos realizados em *transfers, tours,* interpretação/tradução e guia de turismo para agências de turismo. Tem cursos diversos na área de ensino-aprendizagem de línguas, tradução e gestão de pessoas e liderança, entre outros.

E-mail francisbezerra@gmail.com

Orcid: 0009-0006-3436-5165

Janaina Cardoso da Silva

Possui graduação (1984), mestrado (1997) e doutorado (2005) em Letras pela Universidade Federal Fluminense e especialização em Administração Escolar pela Universidade Cândido Mendes (2006). Possui também o RSADip (Diploma da Royal Society of Arts) pela Universidade de Cambridge. Atualmente é diretora e professora associada do Instituto de Letras da Universidade do Estado do Rio de Janeiro, tesoureira da Aplierj, editora do periódico Mindbite (Aplierj), participa do Conselho Editorial Consultivo do Cadernos do IL da UFRGS e do Conselho Editorial da Cartolina editora. Tem experiência na área de Letras, com ênfase em Língua Inglesa na graduação e especialização e Linguística no mestrado e doutorado, atuando principalmente nos seguintes temas: uso de tecnologia para a ensino e aprendizagem de idiomas, processo de compreensão oral, estratégias de aprendizagem, plurilinguismo e gestão educacional. Coordenadora do Projeto de Extensão: CEALD (Colaboração, Estratégias de Aprendizagem e Letramento Digital: o desafio da equidade na formação dos professores de línguas). Participante do Grupo de Trabalho (GT) da Anpoll: Formação de educadores na linguística aplicada (http://anpoll.org.br/gt/formacao-de-educadores-na-linguistica-aplicada/). Líder do grupo de pesquisa CNPq: Ensino e aprendizagem de línguas: abordagens, metodologias e tecnologias (http://dgp.cnpq.br/dgp/espelhogrupo/3270478120833682). Bolsista de Produtividade em Pesquisa CNPq e Procientista da UERJ.

E-mail: janascardoso1@gmail.com

Orcid: 0000-0003-2974-6546

Lorena Farias Torres

É professora titular no Colégio Esplanada e instrutora de Língua Espanhola no Centro de Cultura Anglo Americana (CCAA); Graduada em Letras – Espanhol pelo IFB (2020).

E-mail: lorenatorres.espanhol@gmail.com

Orcid: 0009-0009-7968-8015

Marcelo Costa Sievers

É mestre em Linguística pela Universidade do Estado do Rio de Janeiro (2021), especialista em Gestão Pública pela Universidade Cândido Mendes e graduado em Letras Português-Italiano (UERJ, 2013). Atua na Administração Pública desde 2006, e paralelamente, com revisão e tradução de textos desde 2010, tendo sido o tradutor para o português da obra *O futuro chegou*, de Domenico de Masi (2014). Atualmente, é aluno do Doutorado em Língua Portuguesa do Instituto de Letras da UERJ e tem por principal interesse acadêmico a língua portuguesa em uso.

E-mail marcelosievers@yahoo.com.br

Orcid: 0009-0002-70123383

Maria Aparecida Cardoso Santos

É graduada em Comunicação Social (Jornalismo) pela Pontifícia Universidade Católica do Rio de Janeiro e em Letras (Português-Latim--Literaturas e Português-Italiano-Literaturas) pela Universidade do Estado do Rio de Janeiro, onde cursou a especialização em Língua Italiana, o mestrado e o doutorado em Língua Portuguesa. É doutora em Letras (2010) e atua como professora adjunta do Departamento de Letras Neolatinas (Setor de Italiano) do Instituto de Letras da Universidade do Estado do Rio de Janeiro e como colaboradora da Faculdade de São Bento do Rio de Janeiro. Na graduação da UERJ, ocupa-se das disciplinas de língua italiana e de prática docente. Na pós-graduação, trabalha com as disciplinas de tradução de textos não literários e de metodologia da tradução. Participa dos grupos de pesquisa vinculados ao CNPq Semiótica, Leitura e Produção de Texto (Seleprot) e Discurso e Estudos de Tradução. Professora e revisora de textos, atualmente tem-se dedicado à pesquisa e ao estudo dos processos que envolvem tradução e revisão das traduções, tradução e comunicação, revisão e escolhas lexicais em textos bíblicos. Coordena o projeto de Extensão Revista Italiano UERJ como editora-chefe e atua como editora adjunta da revista Ecos de Linguagem.

E-mail: cardoso.aparecida@gmail.com

Orcid: 0000-0001-6433-9941

Michelle Silva de Lima Delfino

É professora e pesquisadora com interesse especial em temas referente ao ensino-aprendizagem de Inglês como língua adicional. Possui experiência como professora de Língua Inglesa e Português para estrangeiros e atua no campo de ensino desde 2008. Atualmente, dedica-se ao ensino da Língua Inglesa para alunos e alunas da rede pública municipal do Rio de Janeiro. Especialista na área de Linguística Aplicada: Inglês como língua estrangeira, cujo curso foi concluído em 2020 pela Universidade do Estado do Rio de Janeiro (UERJ). No momento, está cursando sua pós-graduação *stricto sensu* (mestrado) em Letras na mesma instituição com o intuito de dar prosseguimento às pesquisas relacionadas aos temas de interesse: ensino, aprendizagem, línguas, aquisição de linguagem, Linguística e análise do discurso.

E-mail: michelle.s.l.delfino@gmail.com

Orcid: 0000-0002-9758-1491

Naira de Almeida Velozo

É doutora em Letras Vernáculas, área de concentração em Língua Portuguesa, pela Universidade Federal do Rio de Janeiro (UFRJ, 2015), mestre em Letras, área de concentração em Linguística (Bolsista Faperj), pela Universidade do Estado do Rio de Janeiro (UERJ, 2012) e bacharel e licenciada em Letras – Português/Italiano e respectivas Literaturas (2009) também pela Universidade do Estado do Rio de Janeiro. No ano de 2014, foi pesquisadora-doutoranda do Programa Nacional de Apoio à Pesquisa (PNAP)/Fundação Biblioteca Nacional (Edital 2013). De agosto de 2014 a agosto de 2016, foi vice-diretora de publicações do Círculo Fluminense de Estudos Filológicos e Linguísticos (CiFEFiL). É professora associada de Linguística da UERJ (Dedicação Exclusiva) e bolsista Procientista 2023-2025 (UERJ/Faperj). Lidera, em conjunto com a professora Sandra Bernardo (professora titular da UERJ), o Núcleo de Estudos Língua(gem) em Uso e Cognição (Neluc-UERJ/CNPq), que compreende as seguintes linhas de pesquisa: Processos linguístico-cognitivos nas modalidades falada e escrita de língua em uso; Processos linguístico-cognitivos em textos multimodais; e Processos linguístico-cognitivos em língua de sinais; e integra o grupo de pesquisa EAL (Ensino e Aprendizagem de Línguas: abordagens, metodologias e tecnologias) (UERJ/CNPq), coordenado pela Prof.ª Janaina Cardoso (Professora Associada UERJ). De 2017 a 2020, foi chefe do Departamento de Estudos da Linguagem do Instituto de Letras da UERJ e, atualmente, exerce o cargo de vice-diretora do Instituto de Letras da UERJ (2020-2023). Desenvolve pesquisas em Semântica Cognitiva (Teoria dos Espaços Mentais, Semântica de Frames, Teoria dos Modelos Cognitivos Idealizados, Teoria da Integração Conceptual, Teoria da Metáfora Conceptual, Teoria da Metáfora Conceptual Estendida. Além disso, investiga as relações entre metáfora, discurso e multimodalidade a partir dos desenvolvimentos de estudos da metáfora e da Semântica de Frames, a visão multiníveis da metáfora conceptual, os estudos sobre metáforas monomodais pictóricas e multimodais, os conceitos de metáfora situada, nicho metafórico, frames superficiais, intermediários e profundos e frames em competição.

E-mail: naira_velozo@yahoo.com.br

Orcid: 0000-0002-4868-5526

Rafael Mendonça de Souza

É graduado em Teologia pelo Seminário Adventista Latino-Americano de Teologia (2012) e mestre em Teologia Bíblica pela Pontifícia Universidade Católica do Rio de Janeiro (2021).

E-mail rms_mendonca@yahoo.com.br

Orcid: 0000-0003-0194-5586

Renata dos Santos Costa

É doutoranda em Linguística, estudos de língua (UERJ). Mestre em Educação (UFRJ) (2017). Especialista em Educação de Surdos (Ines, 2014). Bacharel em Letras Libras-português, Tradução e Interpretação (UFSC, 2012). Licenciada em Pedagogia (UNIRIO, 2008). Participou do Grupo de Estudos e Pesquisa sobre Surdez (GEPeSS/UFRJ, 2015-2020). Atua como tradutora e intérprete de Libras do Instituto Nacional de Educação de Surdos (Ines), lotada no Departamento de Ensino Superior (Desu). Também atua como professora II – Intérprete de Libras, no município de Nova Iguaçu. Atuou, por quatro anos (2017-2021), na equipe de coordenação do curso de extensão para intérpretes educacionais do Ines/Desu (180h), intitulado "Formação Continuada do Profissional Tradutor Intérprete de Libras/Português Educacional nos Espaços de Educação Superior". Atuou como parecerista *ad hoc* da revista *Fórum* (Ines). Participa do Projeto de Pesquisa e Extensão: CEALD – Colaboração, Estratégias de Aprendizagem e Letramento Digital: o desafio da equidade na formação dos professores de línguas. E, do grupo de pesquisa EAL - Ensino e aprendizagem de línguas: abordagens, metodologias e tecnologias.

E-mail: reebenezer@hotmail.com

Orcid: 0000-0003-1086-8201

Satia Marini

É tradutora graduada pela Universidade de Brasília (1991), mestre em Estudos de Tradução pela Universidade de Brasília (2013) e doutora em Linguística pela Universidade de Brasília (2019). Tem experiência na área de Linguística, com ênfase em Tradução, atuando principalmente nas áreas de terminologia, tradução e revisão de textos, áreas em que atua como *freelancer*.

E-mail satia.marini@gmail.com

Orcid: 0009-0000-8070-6684

Waldecir Gonzaga

É doutor em Teologia Bíblica pela Pontificia Università Gregoriana (2006), com tese sobre a "A verdade do Evangelho (GL 2,5.14) e a Autoridade na Igreja. Gl 2,1-21 na exegese do Vaticano II até os nossos dias. História, balanço e novas perspectivas", com texto integralmente publicado na Itália e no Brasil. Como formação acadêmica, tem graduação em Teologia pelo Centro de Estudos da Arquidiocese de Ribeirão Preto (Ribeirão Preto/SP), graduação em Teologia (PUC-Rio), licenciatura Plena em Filosofia (Facitol/PR), mestrado (2000) e doutorado (2006) em Teologia Bíblica pela Pontificia Università Gregoriana di Roma, Itália. Possui pós-doutorado na FAJE/BH (2016-2017), com pesquisa sobre o Cânon Bíblico: Antigo Testamento e Novo Testamento, tendo enfoque nas Listas dos Catálogos Bíblicos antigos e contemporâneos, especialmente no *Corpus Paulinum* e no *Corpus Catholicum*. Também é pesquisador de textos bíblicos e extrabíblicos ligados ao Cânon do Novo Testamento, bem como professor de grego e hebraico. Conta com diversas publicações: livros, capítulos de livros e artigos em revistas de excelência acadêmica em sua área. Faz parte de corpos editoriais de editoras e de revistas nacionais e internacionais, e atua como revisor de periódicos para várias revistas, dentro e fora do Brasil. Além disso, já residiu e trabalhou em vários países. Atualmente leciona como professor do quadro principal no Departamento de Teologia da PUC-Rio (40 horas), na graduação e na pós-graduação, bem como junto ao Seminário São José (Rio de Janeiro). Junto ao Departamento de Teologia, atuou como coordenador da graduação e presidente do NDE (Núcleo Docente Estruturante). Atualmente é o diretor do Departamento de Teologia da PUC-Rio; membro das Comissões de Diretores e do Decanato do CTCH da PUC-Rio; igualmente das Comissões Especial, Geral, Carreira Docente e Pós-graduação do Departamento de Teologia da mesma universidade. Membro e sócio fundador da SBTS: Sociedade Brasileira de Teologia Sistemática (Rio de Janeiro/RJ: 7/9/2017) e da SBCC: Sociedade Brasileira de Cientistas Católicos (Aparecida/SP: 3/5/2019) Atuou em programa diário na Rádio Catedral (RJ: 2013-2017). Atualmente, atua em programa semanal na Rádio Vida Nova, Jaboticabal/SP (2020). Desde 2009, escreve artigos religiosos mensais em Jornal, de Jaboticaba/SP; e a partir de 2013, para Jornal do Rio de Janeiro. Realiza trabalhos pastorais em comunidades (favelas) e no Santuário São Judas Tadeu, Cosme Velho/RJ. É curador do programa no Youtube "Canal Bíblia Católica", assessor para a série bíblica "Bem-aventuranças" e outras assessorias pastorais. Criador e líder do Grupo de Pesquisa Análise Retórica

Bíblica Semítica, junto ao CNPq, Método aplicado a textos Bíblicos (AT e NT) e à Literatura Extrabíblica. Coordenador da Série Teologia PUC-Rio. Desde 06/02/2020, é membro da Fundação Pe. Leonel França da PUC-Rio, da Associação Mantenedora da PUC-Rio e do Conselho Universitário da PUC-Rio. Ainda, desde 2020, é membro do Grupo de Análise de Conjuntura Eclesial Continuada da CNBB. Desde 18/03/2021 é o secretário da Mantenedora da PUC-Rio. Desde agosto de 2021, é membro do Conselho de Administração do ICT Sustentável Global (Instituto de Ciência, Tecnologia e de Inovação Sustentável) Global. Presidente da CIPA PUC-Rio Gestões 2020-2021 e 2021-2022. Desde maio de 2018, é o delegado da COCTI para a América Latina e o Caribe (COCTI – Conference of Catholic Theological Institutions; CICT – Conférence des Institutions Catholiques de Théologie; CICT – Conferencia de las Instituciones Católicas de Teologia; CICT – Conferência das Instituições Católicas de Teologia). No dia 31/05/2022, foi eleito presidente mundial da COCTI/CICTI, na Assembleia Geral da COCTI Lisboa 2022, continuando, com isso, a ser também o delegado continental para América Latina e o Caribe, para um mandato de 4 anos.

E-mail: waldecir@hotmail.com

Orcid: 0000-0001-5929-382X

Wellington Pedro da Silva

É doutor em Linguística pelo Programa de Pós-Graduação em Linguística, da Universidade de Brasília. Mestre em Letras pela Universidade Federal de Ouro Preto (Ufop, 2013), na linha de pesquisa Estudos da Linguagem e Memória Cultural. Graduado em Letras Português/Espanhol pelo Centro Universitário de Belo Horizonte (UNI-BH, 2008). Atualmente é consultor na Organização das Nações Unidas para a Educação, a Ciência e a Cultura (UNESCO). Atuou como professor do curso de Letras/Inglês, do Centro Universitário do Distrito Federal (UDF). Atuou como professor colaborador da Universidade de Brasília – Faculdade de Ceilândia e como professor substituto do Instituto Federal de Brasília – Campus Estrutural. Atuou como professor substituto do Instituto Federal de Brasília, entre 2016 a 2018, lecionando na licenciatura em Letras Espanhol. Desenvolveu atividades como professor colaborador do curso de Pedagogia do Centro de Educação Aberta e a Distância da Universidade Federal de Ouro Preto (Ufop), como professor formador do Pacto Nacional de Alfabetização na Idade Certa (PNAIC). Atua como professor/tutor da Faculdade Unyleya. Desenvolveu consultoria na Organização dos Estados Ibero-Americanos para a Educação, a Ciência e a Cultura (OEI), no Projeto de Desenvolvimento Institucional e Técnico-Operacional para a Ampliação e Consolidação de Projetos Relacionados à Memória Social no Brasil. Atuou como membro da Comissão Nacional de avaliação do 12 Prêmio Ibermuseus de Educação. Desenvolveu trabalhos de consultoria junto à população atingida pelo rompimento da Barragem da Mina do Córrego do Feijão, em Brumadinho-MG, nas áreas de Cultura, Turismo, Esporte e Lazer. Participa do Gefor (Grupo de Estudos e Pesquisas em Organização do Trabalho Pedagógico e Formação Docente), do Instituto Federal de Brasília (IFB). Participa do grupo de pesquisa MULTDICS (Multiletramentos e usos de tecnologias digitais da informação e comunicação na educação). Participa do Geplad (Grupo de Estudos e Pesquisa em Linguagem e Análise de Discurso Crítica). Atuou no Programa Pontos de Memória, do Instituto Brasileiro de Museus (Ibram/Minc) como articulador local e em ações de construção de políticas públicas para a memória social brasileira. Tem experiência na área de Memória, com ênfase em Linguagem, Memória Social, estudos da oralidade e Análise de Discurso Crítica.

E-mail: wellpedro13@gmail.com

Orcid: 0000-0003-3407-5935